Christa Brüstle (Hg.)
Pop-Frauen der Gegenwart

Studien zur Popularmusik

Christa Brüstle (Hg.)

Pop-Frauen der Gegenwart

Körper – Stimme – Image.
Vermarktungsstrategien zwischen Selbstinszenierung
und Fremdbestimmung

[transcript]

Bibliografische Information der Deutschen Nationalbibliothek
Die Deutsche Nationalbibliothek verzeichnet diese Publikation in der Deutschen Nationalbibliografie; detaillierte bibliografische Daten sind im Internet über http://dnb.d-nb.de abrufbar.

© 2015 transcript Verlag, Bielefeld

Die Verwertung der Texte und Bilder ist ohne Zustimmung des Verlages urheberrechtswidrig und strafbar. Das gilt auch für Vervielfältigungen, Übersetzungen, Mikroverfilmungen und für die Verarbeitung mit elektronischen Systemen.

Umschlaggestaltung: Kordula Röckenhaus, Bielefeld
Umschlagabbildung: fotolia.com
Lektorat & Satz: Christa Brüstle, Thomas Wozonig
Printed in Germany
Print-ISBN 978-3-8376-2774-9
PDF-ISBN 978-3-8394-2774-3

Gedruckt auf alterungsbeständigem Papier mit chlorfrei gebleichtem Zellstoff.
Besuchen Sie uns im Internet: *http://www.transcript-verlag.de*
Bitte fordern Sie unser Gesamtverzeichnis und andere Broschüren an unter: *info@transcript-verlag.de*

Inhalt

Einleitung
Christa Brüstle | 7

Imagebildung und Gender

Sexploitation and Constructions of Femininity in Contemporary She-Pop
Sheila Whiteley | 17

Like a Virgin. Sound, Image und Geschlechteridentität(en) in der Popmusik
Beate Flath | 33

Uni-Sex-Voice, das Erregende und Performative im Pop-Sound
Werner Jauk | 47

Pop-Frauen der Gegenwart

Lady Gaga – The Scream of a Rock Star
Mathieu Deflem | 73

»I'm the kinda that you wanna…«. Die queeren künstlerischen Strategien der Musikerin und Performerin Peaches
Rosa Reitsamer | 95

Geboren, um zu sterben. Lana del Reys melodramatischer American Dream
Vito Pinto | 115

»Stronger than Me«? Zum performativen Spiel mit Klischees bei Amy Winehouse
Claudia Bullerjahn | 135

Lady Bitch Ray und die diskursiven Grenzen weiblicher Maskulinität
Marion Gerards | 161

Queer Style. Inszenierungsstrategien von Pink, Robyn und La Roux
Katharina Rost | 179

Schöne Schale, harter Kern? Über Frauenrollen im Metal
Susanne Sackl-Sharif | 205

(Selbst)Inszenierung und Visualisierung

Verlockende Madonna, frohlockende Björk? Zur Visualisierung von Frauenstimmen im Videoclip
Matthias Weiß | 225

Voices on and off. Audible empowerment in recent documentary films about female pop artists
Elisabeth Jagl & Kordula Knaus | 249

Autoren und Autorinnen | 265

Einleitung

CHRISTA BRÜSTLE

Körper und Stimme sind in der aktuellen Popmusik in einen Komplex von Inszenierungsstrategien und unterschiedlichen Konzepten von Performance eingebunden, in dem zumeist eine künstlerische Identität, die auf das musikalische Genre bezogen ist, und die individuelle Persönlichkeit eines Musikers oder einer Musikerin zusammengeführt werden, um eine spezifische Imagebildung zu begründen und auszuprägen. Diese Zusammenhänge sind bei der internationalen Konferenz *Adele, Katy, Sasha & Co. Pop-Frauen der Gegenwart. Zwischen Selbstdarstellung und Fremdbestimmung: Körper, Stimme, Image* vom 6. bis 8. Juni 2013 an der Kunstuniversität Graz am Beispiel von aktuellen Popsängerinnen wie beispielsweise Amy Winehouse, Lady Gaga, Peaches, Lady Bitch Ray, Madonna, Grimes, Katy Perry oder Lana Del Rey diskutiert worden. In der vorliegenden Publikation wurden einige Beiträge der Tagung, zum Teil in überarbeiteter Form, zusammengestellt. Es wird in diesen Texten unter anderem thematisiert, wie Stimmen und Körper bei der Imagebildung eingesetzt werden, welche stereotypen Vorstellungen von Weiblichkeit und Männlichkeit in Auftritten und medialen Inszenierungen, vor allem in Videoclips, repräsentiert oder unterlaufen werden und inwiefern Popmusikerinnen (aber auch aktuelle Popmusiker) Marktstrategien ihrer Labels unterliegen beziehungsweise selbst ihre Vermarktung zu steuern vermögen. Im Zentrum der Betrachtungen stehen aktuelle Popsängerinnen, weil sich an ihrem Beispiel nicht nur die inszenatorische Nutzung von weiblichen Klischees zeigen lässt, sondern weil sich gerade hinsichtlich ihrer genderspezifischen medialen (Selbst-)Inszenierung auch viele Veränderungen erörtern lassen, die sich in den letzten Jahren ergeben haben. Während beispielsweise bei den *Spice Girls* in den 1990er Jahren das Imagerepertoire ›Girl Power‹ umfasste, wobei dieser Aspekt damals einige neue Akzente setzte, auch wenn »Sporty Spice, Scary Spice, Baby Spice, Ginger

Spice und Posh Spice [...] die Palette vorstellbarer Girlie-Personae in einer bald global vermarkteten Band« verkörperten, ist heute das Spiel mit Imagewechseln und Alter Ego-Figuren sowie mit Tendenzen des ›gender bending‹ hervorzuheben.[1] Diese Veränderungen, die vor allem, wie es scheint, häufiger von den Künstlerinnen selbst gesteuert und kontrolliert werden (bestes Beispiel: Lady Gaga), sind unter anderem Aspekte der Beiträge der vorliegenden Publikation. Dabei werden auch die grundlegenden Mechanismen der Imagebildung, wie sie beispielsweise der Popmusikforscher Simon Frith und der Theater- und Medienwissenschaftler Philip Auslander untersucht haben, berücksichtigt. Sie betrachten das Image eines Sängers oder einer Sängerin in der Popmusik als Ergebnis aus musikalischem Genre, Persönlichkeit und der Schnittmenge aus unterschiedlichen Rollen, die in verschiedenen Songs repräsentiert werden.[2]

Die Stimme in der Popmusik wurde bislang häufig vor dem Hintergrund von bestimmten Gesangstechniken und emotionalen Wirkungen eines Timbres untersucht.[3] Zusammenführende Perspektiven, in denen das Verhältnis zwischen Stimme, Körper, Gender und Image in den Blick genommen wird, sind bislang eher selten anzutreffen. Sie werden in der Popmusikforschung durch Impulse aus den angrenzenden Disziplinen wie der Medienwissenschaft oder Theaterwissenschaft ergänzt. Dabei lässt sich vor allem die Frage der Authentiziät der Stimme, aber auch ihre Ablösung vom Körper diskutieren. Die »personale Stimme« kann »als ein komplex verschaltetes Netzwerk von Stimm-Körper, biographischen Spuren, audiotechnischen Prozessen und kulturellen Mustern des Singens und des Sängers« verstanden werden, »dessen Profil dann in der Vortragsweise einzelner Vokalisten zu konkretisieren wäre.«[4]

In aktuellen Kontexten der Popmusik wird das Image eines Künstlers oder einer Künstlerin jedoch auch durch weitere Faktoren geprägt, beispielsweise durch die Verbreitung von Informationen über sein oder ihr spezielles soziales Engagement. Sarah McLachlan etwa hat mit ihren Veranstaltungen der *Lilith Fair* Musikerinnen in der Popmusik eine eigene Bühne geschaffen, Shakira setzt sich für die Rechte von Kindern und Jugendlichen ein und engagiert sich in Kolumbien mit ihrer Stiftung *Pies Descalzos*. Zeugen diese Tätigkeiten von persönlicher Integrität und Authentizität, oder sind diese Aktivitäten ebenfalls nur

---

1 Vgl. A. Baldauf: Feminismus und Popkultur, S. 91-109, Zitat S. 99. Vgl. auch Th. Mania et. al. (Hg): ShePop.
2 Vgl. S. Frith: Performing Rites; P. Auslander: Performance Analysis and Popular Music, S. 1-13; ders.: Musical Personae, S. 100-119.
3 Vgl. M. Pfleiderer: Stimmen populärer Musik, S. 233-274.
4 C. Bielefeldt: Voices of Prince, S. 201-219, Zitat S. 213.

ganz berechnete und wirksame Mittel zur Imagebildung und -bekräftigung? Welche Bedeutung erhält in diesem Zusammenhang die Stimme, die als wiedererkennbares Merkmal einer Sängerin insofern möglicherweise geradezu manipuliert werden *muss*, um aus dem Mainstream hervorzutreten? Die marktorientierte Positionierung von Popmusikerinnen, die im internationalen Kontext noch immer stark unterrepräsentiert sind, obwohl in den letzten Jahren die Präsentation von jungen Sängerinnen ununterbrochen anhält, wirft ferner die Frage auf, inwiefern gerade die Künstlerinnen als Produkt behandelt werden, oder ob sie ihre Präsentation und Inszenierung selbst mit dem Ziel von ›fame‹ mitbestimmen beziehungsweise planen, ausagieren und kontrollieren. Bei der Beschäftigung mit diesen Fragen sind soziologische Untersuchungsansätze und Diskussionspunkte der Kreativwirtschaft mit musikwissenschaftlichen Themenbereichen zu verknüpfen. Die Gesichtspunkte der feministischen und postfeministischen Frauen- und Genderforschung treten hinzu, die wiederum mit einem aktuellen, postmodernen Verständnis von Professionalität verbunden werden können.[5]

In den Beiträgen des vorliegenden Bandes sind insofern aktuelle Tendenzen der Musikwissenschaft, insbesondere der Popmusikforschung, der Theaterwissenschaft, Kunstgeschichte und Geschlechterforschung sowie der Kultur- und Konsumsoziologie zusammengeführt worden. So ist Sheila Whiteley in ihrem Grundsatzreferat *Sexploitation and Constructions of Femininity in Contemporary She-Pop* zunächst den Imagewechseln von Popsängerinnen nachgegangen, die mit einer mehr oder weniger plakativen und provokativen Pornografisierung verbunden sind. Aus freundlich wirkenden und durchschnittlich bühnenwirksamen jungen Frauen, die eine Sängerinnenkarriere eingeschlagen haben, werden plötzlich Softporno-Darstellerinnen oder Protagonistinnen aus der S/M-Szene, als Beispiele verweist Whiteley auf Sängerinnen wie Taylor Swift oder Miley Cyrus. Sheila Whiteley betrachtet diese Imagewechsel nicht nur als eine zum Teil besorgniserregende Veränderung von weiblichen Rollenbildern im Kontext der Jugendkultur, sondern auch als eine perfide Steuerung der Vermarktung junger Sängerinnen, die darauf abzielt, einen einseitigen Blick der Voyeure anzuziehen.

Im Beitrag von Beate Flath *Like a Virgin. Sound, Image und Geschlechteridentität(en) in der Popmusik* wird näher darauf eingegangen, welche Rolle die Musik und der Sound in der Vermittlung von Geschlechterrollen einnehmen. Hier wird demnach neben der Wirkung von (klischeehaften) Bildern in der medialen Vermarktung auch die spezifische Wirkung der Musik beziehungsweise

---

5 Vgl. A. Mc Robbie: Top Girls; M. Pfadenhauer: Professionalität.

von Sound diskutiert, die sich in einer jeweils besonderen Emotionalisierung der Produkte eines Popstars manifestiert. Nicht zuletzt wird der Popstar selbst als ›Marke‹ durch seinen oder ihren Sound mit einer besonderen gefühlsmäßigen Anziehungskraft ausgestattet. Dabei wird die jeweilige Genderperformance unterstützt, die keineswegs im Dualismus zwischen Männlichkeit und Weiblichkeit aufgeht, sondern auch Zwischenformen oder Zwischenräume eröffnet (bestes Beispiel dafür wäre der Erfolg von Conchita Wurst).

Der Beitrag von Werner Jauk *Uni-Sex-Voice, das Erregende und Performative im Pop-Sound* bedeutet eine Vertiefung der vorhergehenden Betrachtungen, mit einer Konzentration auf die Stimme. Die Stimme wird in der Popmusik als körperliches und mediatisiertes Instrument in Betracht gezogen, das in jedem Fall eine unmittelbare Wirkung auf den Hörer oder auf die Hörerin ausübt. Im Schrei und im Schreien wird das Affektive und Somatische der Stimme auf die Spitze getrieben, daher hat dieser Ausdrucksbereich in der Popmusik besondere Funktionen, auch wenn er mit einem Musikinstrument wie der E-Gitarre nachgeahmt oder mit einer Software transformiert wird. Der Schrei und das Schreien, so postuliert Werner Jauk, kann deshalb als Ausdruck einer Uni-Sex-Voice verstanden werden.

Im Mittelteil der vorliegenden Publikation werden verschiedene weibliche Popstars und ihre aktuellen Arbeiten sowie ihre Bedeutung in der Popmusik vorgestellt und diskutiert. Mathieu Deflem, der sich als Soziologe mit dem Phänomen von ›fame‹ in der Popmusik beschäftigt, arbeitet in seinem Beitrag *Lady Gaga – The Scream of a Rock Star* heraus, dass Lady Gaga in erster Linie als Rockmusikerin zu gelten hat. Er führt dies auf grundlegende Elemente ihrer Musik zurück, die manchmal durch ihre Inszenierungen in Videoclips oder bei ihren Auftritten in den Hintergrund geraten sind. Sie selbst scheint jedoch die ›Maskierung‹ ihrer musikalischen Wurzeln in der Rockmusik vorangetrieben zu haben.

Während Lady Gaga Klischeebilder als Teil ihres Performancekunst-Images einsetzt, sind bei Musikerinnen wie Amy Winehouse oder Lana Del Rey Stereotype von Weiblichkeit ausgeprägt, die eine Einheit von Persönlichkeit, Image und Musik suggerieren, wobei diese Einheit auch in Videoclips unterstrichen worden ist. Beide Musikerinnen gehören beziehungsweise gehörten im weitesten Sinne zur Gruppe der Singer-Songwriter, die sich gerade durch die größtmögliche Einheit von Persönlichkeit und Musik auszeichnet. Eine besondere Authentizität gilt in diesem Zusammenhang als unbedingte Forderung. »Nakedness of emotion, they seem to suggest, is all that matters.«[6] In ihrem Beitrag »*Stronger*

---

6   Vgl. D. Brackett: Dark Mirror, S. 3.

than Me?« Zum performativen Spiel mit Klischees bei Amy Winehouse beschreibt Claudia Bullerjahn die Voraussetzungen und Konsequenzen dieser Haltung bei der verstorbenen britischen Sängerin. Zugleich diskutiert die Autorin die unterschiedlichen Grundelemente der Musik von Amy Winehouse.

Vito Pinto hat in seinem Beitrag *Geboren, um zu sterben. Lana del Reys melodramatischer American Dream* die Disposition der Imagebildung bei Lana Del Rey herausgearbeitet. Er geht davon aus, dass die Kunstfigur Lana Del Rey hauptsächlich durch einen melodramatischen Modus geprägt wird, mit dem Melancholie und Todessehnsucht, aber auch die Erinnerung an den ›American Dream‹ verknüpft ist. Die Weiblichkeit Lana Del Reys mäandert zwischen American Beauty und Kindfrau, zwischen unnahbarer Eleganz und größter Verletzlichkeit.

Mit den Beiträgen *»I'm the kinda that you wanna...« Die queeren künstlerischen Strategien der Musikerin und Performerin Peaches* von Rosa Reitsamer und *Lady Bitch Ray und die diskursiven Grenzen weiblicher Maskulinität* von Marion Gerards sowie mit Katharina Rosts *Queer Style. Inszenierungsstrategien von Pink, Robyn und La Roux* werden Popmusikerinnen in den Blick genommen, die nicht dem Mainstream entsprechen. Aus unterschiedlichen Gründen und mit ganz verschiedenen Mitteln werden in ihren Inszenierungen zwar Klischees aufgegriffen, aber zum Teil vollkommen destruiert oder jedenfalls nicht affirmativ, sondern spielerisch, ironisch und provokativ eingesetzt. Peaches und Lady Bitch Ray sind Künstlerinnen, die mit Selbstpornografisierungen arbeiten, doch sie präsentieren sich in unterschiedlichen Genres und Medien. Während Peaches Punk und Bühnenperformances bevorzugt, um sexuelle Identitäten zu hinterfragen, bewegt sich Lady Bitch Ray mit türkischem Hintergrund als Extremfigur im deutschsprachigen Hip Hop und inszeniert weibliche Maskulinität. Die Intentionen beider Künstlerinnen liegen darin, sich der Objekthaftigkeit als Frau im Porno zu entziehen, indem sie sich pornografische Sprachhandlungen, Inszenierungen, Bilder und Aktionen selbst aneignen, um sie eigenmächtig und provokativ beziehungsweise soziopolitisch-kritisch im Sinne von Empowerment zu verwenden.

Die queeren Selbstinszenierungen von Pink, Robyn und La Roux sind dagegen eher im Design und in der Mode anzusiedeln. Es wird ein ›lesbian chic‹ rezipiert, der den Künstlerinnen ein homoerotisches Auftreten verleiht, obwohl sie sich nicht als lesbische Popmusikerinnen verstehen. Jedenfalls wird auch in diesem Zusammenhang klar, dass genderbezogene Eindeutigkeiten und Uneindeutigkeiten Faktoren der Performance sind, in denen Klischees zu frei verfügbaren Attributen werden.

Im Heavy Metal spielen stereotype Vorstellungen ebenfalls eine wichtige Rolle, wie Susanne Sackl-Sharif in ihrem Beitrag *Schöne Schale, harter Kern? Über Frauenrollen im Metal* darlegt. Frauen zeigen hier in der Regel genau die musikalischen Kompetenzen, die auch Männer vorweisen müssen, um geschätzt zu werden. Doch sie sollen zudem auf der Bühne eine gute Figur machen und gewissen Schönheitsidealen entsprechen.

Im letzten Teil der vorliegenden Publikation wird der Schwerpunkt gelegt auf den Zusammenhang von Inszenierung und Visualisierung, der jedoch auch in den vorhergehenden Beiträgen bereits angesprochen wurde. Matthias Weiß hat sich in seinem Aufsatz *Verlockende Madonna, frohlockende Björk? Zur Visualisierung von Frauenstimmen im Videoclip* mit ausgewählten Musikvideos von Madonna (TAKE A BOW) und Björk (WHO IS IT) beschäftigt, um vor allem die Einstellungen und Perspektiven der Szenen und die Bildsequenzen in ihrem Zusammenspiel mit der Musik darzustellen. Zugleich legt er Bezüge der Videos zu anderen Bildkontexten frei, die in diesen intermedialen Konstellationen mitschwingen.

Kordula Knaus und Elisabeth Jagl gehen mit ihrem abschließenden Beitrag *Voices on and off. Audible empowerment in recent documentary films about female pop artists* auf die Bedeutung von Dokumentarfilmen über weibliche Popstars ein, in denen das Image einer Popmusikerin verstärkt und dem Publikum ›glaubhaft‹ vermittelt werden soll. Ausgangspunkt ist das Genre des Dokumentarfilms, in dem Sprech- und Singstimmen unterschiedliche Funktionen erhalten. Popstars kommentieren ihren Erfolg und ihre Inszenierungen, reflektieren ihre Rollen oder lassen ihrer Gesangsstimme den Vortritt. Neben den Musikclips schaffen die Dokumentarfilme daher eine zusätzliche Facette der Präsentation eines Popstars, die auf deren Persönlichkeit abzielt.

Neben den Vorträgen der Tagung in Graz, die in der vorliegenden Publikation zum Teil zusammengefasst wurden, fanden zwei Diskussionsrunden statt, in denen ein Austausch über die Einschätzung von aktuellen Popsängerinnen und Popsängern stattfand. Im einführenden Round Table *Popfrauen der Gegenwart – künstliche Figuren?* leitete Beate Flath ein Gespräch zwischen Christian Schachinger, Journalist der österreichischen Tageszeitung *Der Standard*, und einer Nachwuchsgruppe der Pop-Forschung mit Barbara Frischling, Christina Lessiak, Aaron Olsacher und Susanne Sackl-Sharif. Zum Abschluss der Tagung diskutierten unter der Leitung von Christa Brüstle der Popautor Michael Fuchs-Gamböck, Rosa Reitsamer, die ORF-Journalistin Eva Umbauer sowie Matthias Weiß über *Popfrauen der Gegenwart in der Forschung*.

Allen Teilnehmerinnen und Teilnehmern der Tagung sowie allen Autorinnen und Autoren der vorliegenden Publikation sei für die Beiträge und für den

Austausch über die Popfrauen der Gegenwart herzlich gedankt. Mein Dank gilt ferner der Kunstuniversität Graz und ihrem ehemaligen Geschäftsführenden Rektor sowie Vizerektor für Forschung Robert Höldrich für die Förderung und Grundfinanzierung der Tagung und der Publikation. Darüber hinaus danke ich im Namen aller Beteiligten für die Kofinanzierung der Konferenz und der Veröffentlichung des vorliegenden Bandes durch die Abteilung Wissenschaft und Forschung der Steiermärkischen Landesregierung sowie für die Unterstützung der Tagung durch den Bürgermeister der Stadt Graz Mag. Siegfried Nagl. Ich danke nicht zuletzt unseren organisatorischen Kooperations- und Medienpartnern, dem Grazer Club *Kottulinsky*, Nina Popp von *Kultur^a*, dem *Parks Bio Fairtrade Coffee Shop*, Rainer Pammer von der Werbeagentur *cubaliebtdich* sowie der Band *Just Friends and Lovers* für ihren Spontanauftritt.

Ein besonderer Dank für ihre Unterstützung gilt dem Vorstand des Instituts für Musikästhetik Andreas Dorschel, den Kolleginnen und Kollegen Sieglinde Roth, Maria Klinger und Gerhard Lamm sowie den Mitarbeiterinnen und Mitarbeitern des Zentrums für Genderforschung der Kunstuniversität Graz, namentlich Anna Benedikt, Barbara Frischling und Veronika Grießlehner, darüber hinaus Vivienne Kraigher-Krainer, Marlene Priller und Julia Mair. Für die außerordentlich sorgfältige und zuverlässige Herstellung und Endredaktion der Druckvorlage danke ich ganz besonders Thomas Wozonig. Sehr dankbar bin ich darüber hinaus dem transcript Verlag für die Aufnahme des Bandes in das Verlagsprogramm sowie für die zuvorkommende Betreuung und angenehme Zusammenarbeit.

Graz, im Februar 2015
Christa Brüstle

LITERATUR

Auslander, Philipp: »Musical Personae«, in: The Drama Review 50 (2006), S. 100-119.

— »Performance Analysis and Popular Music: A Manifesto«, in: Contemporary Theatre Review 14 (2004), S. 1-13.

Baldauf, Anette: »Feminismus und Popkultur«, in: Andrea Ellmeier/Doris Ingrisch/Claudia Walkensteiner-Preschl (Hg.), Sreenings. Wissen und Geschlecht in Musik, Theater, Film (= mdw Gender Wissen, Band 1), Wien, Köln, Weimar: Böhlau 2010, S. 91-109.

Bielefeldt, Christian: »Voices of Prince. Zur Popstimme«, in: Christian Bielefeldt/Udo Dahmen/Rolf Grossmann (Hg.), PopMusicology. Perspektiven der Popmusikwissenschaft, Bielefeld: Transcript 2008, S. 201-219.

Brackett, Donald: Dark Mirror. The Pathology of the Singer-Songwriter, London, Westport, CT: Praeger Publishers 2008.

Frith, Simon: Performing Rites. On the Value of Popular Music, Cambridge, MA (paperback edition): Harvard University 1998.

Mania, Thomas et. al. (Hg.): ShePop – Frauen.Macht.Musik!, Münster: Telos 2013.

McRobbie, Angela: Top Girls. Feminismus und der Aufstieg des neoliberalen Geschlechterregimes, Sabine Hark/Paula-Irene Villa (Hg.), Wiesbaden: Verlag für Sozialwissenschaften 2010.

Orth, Maureen: The Importance of Being Famous. Behind the Scenes of the Celebrity-Industrial Complex, New York: Henry Holt and Company 2004.

Pfadenhauer, Michaela: Professionalität. Eine wissenssoziologische Rekonstruktion institutionalisierter Kompetenzdarstellungskompetenz, Opladen: Leske + Budrich 2003.

Pfleiderer, Martin: »Stimmen populärer Musik. Vokale Gestaltungsmittel und Aspekte der Rezeption«, in: Rolf Bader (Hg.), Musical Acoustics, Neurocognition and Psychology of Music/Musikalische Akustik, Neurokognition und Musikpsychologie (= Hamburger Jahrbuch für Musikwissenschaft, Band 25), Frankfurt am Main u.a.: Peter Lang 2009, S. 233-274.

Imagebildung und Gender

Sexploitation and Constructions of Femininity in Contemporary She-Pop

SHEILA WHITELEY

In 2004 Routledge published my investigation into the exploitation of young pop stars. My book was called *Too Much Too Young* and while some of my thoughts were tragically realised in the death of Michael Jackson, my attention has been drawn to the increasing sexploitation of pop and how this is causing problems – not least for teenagers – in its blend of 1950s ›girly girly‹ images and soft porn. Although this may seem ›nothing new‹ – and that pop music has always capitalised on sexualised images – I share Camille Paglia's concern that for many young people, this juxtaposition of »sugar and spice (good girl mask over trash and flash)«[1] is causing an underlying schizophrenic engagement with their sexuality, and it is these constructions of femininity that I want to explore. As Taylor Swift explains in the Prologue to her album *Red* 2012:

»There's an old poem by Neruda that I've always been captivated by, and one of the lines in it has stuck with me ever since the first time I read it. It says ›love is so short, forgetting it is so long‹. It's a line I've related to in my saddest moments, when I needed to know someone else had felt that exact same way. And when we're trying to move on, the moments we always go back to aren't the mundane ones. They are the moments you saw sparks that weren't really there, felt stars aligning without having any proof, saw your future before it happened, and then saw it slip away without any warning. These are moments of newfound hope, extreme joy, intense passion, wishful thinking and in some cases, the unthinkable letdown.«[2]

---

1 C. Paglia: Return to the Valley of the Dolls, p. 40.
2 www.mediafire.com/view/?ihwml6r1qnnw569.

Certainly her album *Red* is chock-a-block with these moments from »Everything Has Changed« (with singer Ed Sheeran) to »We Are Never Ever Getting Back Together« and »Stay Stay Stay«. As Camille Paglia writes, »her themes are mainly complaints about boyfriends, faceless louts who blur in her mind«.[3] Clearly Paglia doesn't rate her vocal style either, which she describes as »monotonous... pitched in a characterless keening soprano and tarted up with a snarky spin that is evidently taken for hip by multitudes of impressionable young women worldwide«.[4] Taylor has been claimed as America's latest sweetheart and in TV interviews affects a persona of cultivated blandness and self-deprecation. And yet, and yet... »Just how mainstream the porn aesthetic has become was made abundantly clear during last week's [2013] Brit awards. Pop star Taylor Swift stripped off her virginal white lace to writhe and grind in black, basque-esque bondage kit replete with flicky porn hair. ›Now I'm lying on the cold hard ground‹, she sang. ›Trouble, trouble, trouble‹«.[5]

For those who have followed Taylor Swift's career, she is known for her shrewd, glam dress sense and ›golly gee whizz‹ persona, but her performance at the Brit Awards puts a whole new spin on »I Knew You Were Trouble«, one that is not suggested by simply listening to the song. Gone are the dejected reminiscence, »flew me to places I'd never been«, and the self-knowing, »I guess you didn't care and I guess I liked that«. Rather she displays a raunchy eroticism, so raising the question: What does »trouble, trouble, trouble« refer to? Does it relate to personal experience, or is it a shrewd take on the pop music industry's fascination with soft porn: the virginal white spiced up by a sexually provocative performance?

Clearly there is a distinction between performativity and performance, not least the way in which the latter can both expose and subvert the rigidity of normative gender roles. As Judith Butler writes, »Performativity is neither free play nor theatrical self-presentation; nor can it be simply equated with performance«.[6] Rather, »performativity is a precondition of the subject, a forced and repetitious performance of norms sustained by the constraints society applies to those norms that effectively endorse some sexual and gender practices and outlaw others«.[7] Its contexts are social, cultural and historical. In contrast, »per-

---

3   C. Paglia: Return to the Valley of the Dolls, p. 40.
4   Ibid.
5   E. Mills: Surrendering our children to porn, p. 4.
6   J. Butler: Bodies that matter, p. 95.
7   J. Taylor: Playing it Queer, p. 33.

formance is [...] a chosen enactment that we ›put on‹ at will« and is (for the most part) voluntary.⁸ To return to my self-imposed question – does Taylor Swift's performance at the Brit Awards reveal that gender identities are a *mélange* of concealed norms and performed acts – and to further explore the current trend of ›sugar and spice‹, I want first to explore a few earlier precedents.

In 1985, Madonna released her debut video LIKE A VIRGIN. Directed by Mary Lambert, it exhibited a professional confidence in its play on pornographic imagery and metaphor against a lightweight disco pop format. Dressed in a frothy white wedding dress, the virginal white signified a denial of sexual knowledge, but Madonna's simulated writhing on a Venetian gondola also underpinned the simulation of deceit: like a virgin but with the soul of a whore. Her removal of the chaste petticoats of her wedding dress, and erotic play with the wedding veil simulate strip-tease, while her inviting ›come on‹ look at the camera enhances the connotations of desirable: desiring.⁹ As I earlier observed, »the intrusion of a male lion, evoking the city's patron, St Mark, who morphs from feline to human confirms the underlying discourse of both bestial mythology and pornographic sex. Cavorting with her lover, she sheds the veneer of innocence and shows her propensity for wild animal passion«.¹⁰ The ›like‹ (LIKE A VIRGIN) suggests then

---

8   Ibid.
9   The album cover for *Material Girl* added to the connotation of Madonna as a ›tarted-up floozy‹. The wedding dress, with its tight-fitting bustier and long white gloves featured the barely visible ›boy toy‹ buckle, so creating a highly fetishized image of sexuality. It also established Madonna as a fashion icon.
10 S. Whiteley: Women and Popular Music, pp. 136-137. Bestiality is, of course, nothing new. 19th century art was obsessed with women's special predilection for animals with Auguste Matisse portraying a group of women and long-beaked birds (*In the Gold of the Evening* c.1905), a thematic connotation which was also evident in depictions of Leda and the swan. While Félicien Rops' etching is the most explicit rendition, Cezanne, Renoir and Heinrich Hofmann also played on their audience's knowledge of the Leda theme. Similar connotations are evident in the symbol of the snake and its erotic association with *Medusa* (Carlos Schwabe, 1895), *Istar* (Fernand Khnopff, 1888), *Lilith* (Kenyon Cox, c.1892) and *Sensuality* (Franz von Stuck, 1897), while Flaubert's description of Salammbô's encounter with the python (1862) heightened the appeal of bestial myths (cf. G. Flaubert: Salammbô, pp. 174-175). The relationship of women with cats can be linked to the Dionysian cult, where Cybele, the goddess of fertility and wild nature engaged in sinful dances and orgies with lions. Artists such as Angelo Graf von Courten, in his painting *Love and Strength* (c. 1894) showed that he knew very well how to play the game of visual double entendre: the lion (symbol of

an underlying duplicity, but as we are all aware, Madonna's self-presentation cannot be read simply from the surface of the text and her various excursions into femininity suggest more an acute awareness of gender politics, as consciously manipulating the dominant discourses surrounding femininity. By exaggerating the performative codes that underpin gender, presenting sexuality as play, and problematising what constitutes femininity in its relationship to sexuality, the viewer is left to struggle over meaning.

The attraction of performances that mask sexual desire by a simulation of purity is not confined to the pop genre. Jules Massenet's oratorio *Mary Magdalene* (1871) views the last three days of Jesus' life through her perspective. The implied intimacy between the two lead characters was highly controversial, despite Tchaikovsky's praise for their love duet. As a fantasy scenario, the viewer is invited to explore prohibited desires without fear of social reprisal, allowing access to otherwise transgressive thoughts and acts via the *mise en scène* and implied narrative. Dangerous territory, but one that has long fascinated writers[11], artists[12], and musicians.[13] Mary Magdalene's relationship to Jesus is also explored in Lady Gaga's video for JUDAS[14], which was released in 2011. Against the sound of Harley Davidson motorbikes, reminiscent of the 1960s hit »Leader of the Pack« (*the Shangri-Las*, Red Bird Records, 1964), Lady Gaga is seen riding pillion behind Jesus, who wears a golden crown of thorns, leading his twelve disciples cast, it seems, as latter-day Hell's Angels. Her blonde hair is framed by a jewelled crown, her blue cloak streams out behind her as she looks toward Judas, »the demon I cling to«. Choreographed by co-director Laurieann Gibson, the narrative provides a contemporary take on the betrayal of Christ against a backdrop of violence, Catholic iconography and pseudo-biblical references. As

---

masculine strength) is shown to have been »brought to the point of somnolent exhaustion by the amorous attentions of the spirited young woman who is hugging him« (B. Dijkstra: Idols of Perversity, p. 293).

11 D. Brown's *The Da Vinci Code* (2003) explores the possibility of Mary Magdalene having been married to Jesus and her role in the history of the Christian church.

12 See, for example, Donatello's statue of *Mary Magdalene at the Crucifixion* (c.1457) in the Duomo Museum, Florence.

13 Most recently Mark Adamo's opera *The Gospel of Mary Magdalene* (San Francisco Opera, 2013).

14 JUDAS featured on Lady Gaga's second studio album, *Born This Way* (Interscope Records, April 15, 2011) and was written and produced by Lady Gaga and RedOne. The music video was co-directed by Lady Gaga and Laurieann Gibson and co-starred Norman Reedus as Judas.

Mary Magdalene, Lady Gaga is torn between the implied purity of her love for Jesus and her lustful obsession with Judas, which is opened out in the orgiastic dance scenes and the repetitive chorus »I'm in love with Judas«. Biblical references emerge in the washing of Christ's feet (thus drawing on the mythology surrounding Magdalene as the penitent whose sins are forgiven when she washes Christ's feet with her tears and dries them with her hair[15]), while her inability to prevent Judas' betrayal of Christ suggests a possible reference to the mythology surrounding her earlier life as a ›fallen woman‹: her gun is loaded with crimson-red lipstick, which she daubs on Judas's mouth. The vision of Lady Gaga in cascades of water again draws on its symbolic role in washing away sins, but her failure to exorcise her passion for Judas ends with further references to the mythology surrounding Mary Magdalene, a somewhat self-indulgent interpretation of the anonymous woman ›taken in adultery‹, where Christ tells her accusers that only those without sin should throw the first stone.[16]

While countless Hollywood movies would attest to the fact that the relationship between popular culture and religion is nothing new, the impact of JUDAS relies largely on shock-tactics in its transgression of religious iconography and subject matter. Condemned by the Catholic league, its psychodramatic flirtation with iconic figures, sex and violence reflects Lady Gaga's love of what she terms the »aggressive metaphors« of sadomasochism and violent imagery and their potency in exploring desire and sexual arousal.[17] Evidenced further in her

---

15 Mary Magdalene is mentioned in all four gospels, but not once is it mentioned that she was a prostitute or a sinner. This confusion comes from the description of the penitent woman who wipes Christ's feet with her tears and anoints them with perfume (Luke 7: 36-50). She is described as having lived a sinful life, but is unnamed. However, Mary Magdalene is mentioned in Luke 8:3 as being delivered by Christ of seven demons. She is often confused with Mary of Bethany, the sister of Martha, who also anointed Christ's feet a week before his crucifixion (John 12: 3). Mary Magdalene was one of the women who witnessed his death (Mark 15: 40) and was the first to encounter the risen Christ (Mark 16; John 11-18). Despite the Catholic Church declaring that she was not the sinner described in Luke's gospel (1969), the image of Magdalene as sinner/penitent continues to exert a powerful presence in popular religious iconography.

16 John 8: 3-11.

17 »I will say that the theme of the video and the way that I wanted to aesthetically portray the story was as a motorcycle [Federico] Fellini movie, where the apostles are revolutionaries in a modern-day Jerusalem.« (Phone interview with Kevin Ritchie, see

blend of sex and death in the music video BAD ROMANCE (which ends with her lying on a bed next to the incinerated skeleton of her victim), the S-M connotations of »Take a bite of my bad girl meat« (TEETH), the sexually explicit »I wanna take a ride on your disco stick« (LOVE GAME), and the bantering »I won't tell you that I love you, kiss or hug you, 'cause I'm bluffin' with my muffin« (POKER FACE[18]) there is the implication that the freedom to explore your sexuality includes embracing the sexually powerful woman, one who accepts and delights in the intersection of violence and pleasure. Yet whilst it is acknowledged that without taboos there can be no transgression, and that gender norms are all too often puritanical in maintaining largely patriarchal definitions of femininity, Lady Gaga's enthusiasm for dominatrix and transvestite motifs and the performance of sexual violence in her videos suggests more a homage to soft porn, vampire movies and raunchy one-liners than a genuine sexual revolution. More specifically, her hyper-sexual performances appear cartoonish in comparison with the sexual charge and camp sensibility that characterised such Madonna videos as EXPRESS YOURSELF and VOGUE (1990). As such, while Lady Gaga's fantasy scenarios signal the plurality of pleasure and conflicting ways of engaging with desire, sexual arousal and denial, the overall impression is one of gimmicky posturing rather than an authentic challenge to gender norms. Nevertheless, she has been championed as the icon of her generation, the first major star of the digital age, and by 2011 had sold more than 66 million singles and 23 million albums worldwide.

While Lady Gaga's championing of her so-called freaks and »little monsters« and her command to accept »who you are« (BORN THIS WAY, 2011) has attracted a substantial queer following, it is suggested that the extent to which she has influenced her teenage fans is due less to her hypersexual videos and more to her successful marriage of music with fashion, being sensational[19], and ›being in the moment‹. The significance of being ›flavour of the month‹ is also evident in the rise of artists like Katy Perry, whose persona of cultivated girly-

---

Internet sources). Martin Scorsese's LAST TEMPTATION OF CHRIST also suggests a precedent.

18 BAD ROMANCE, TEETH and LOVE GAME, *The Fame Monster*, 2009; POKER FACE, *Born This Way*, 2011.

19 At the 2014 South by Southwest festival in Austin, Texas, Lady Gaga arrived on stage being turned on a big spit. »F*** your cell phone! F*** your friends instead!« screamed the singer, in front of a big ad for the sponsors Doritos and the Twitter hashtag #BoldStage«. She also »did some energetic sex thrusts on a bucking bronco« (J. Dean: Postcard from the Edge, p. 22).

ness sits uneasily with her raunchy lyrics and videos depicting dissipated party scenes.[20] Ranked 7th in *Rolling Stones* global *Queen of Pop* poll in July 2011 and dubbed *Woman of the Year* by Billboard (2012)[21], Perry is known for her unconventional dress style, which draws on different pop decades, most provocatively in Dominique Swain's little-girl image in Adrian Lynes' 1997 filmed version of Nabakov's *Lolita*.[22] Claiming influences from, among others, Alanis Morisette (the music as personal therapy of *Jagged Little Pill* 1995), Cyndi Lauper (feminism as popular culture in *Girls Just Wanna Have Fun* 1983), and Madonna (in Perry's flirtation with bi-sexual and same-sex video, I KISSED A GIRL), and crediting Freddie Mercury as inspiring her to pursue a career in pop, her albums have moved from the gospel genre, through rock and electropop and at 28, the release of *Prism* finally demonstrated that the »cartoon popster is now a star made of flesh and blood«.[23]

As Cairns writes, »*Prism* straddles three sides – naughty Katy, heartbroken Katy and the empowered version you hear on her recent No. 1 single, *Roar*.«[24] While there are vulnerable songs which relate to her break-up with Russell Brand (»By the Grace of God«) there are echoes of »Last Friday Night« in »This is How We Do It«, while »Carry on California« reflects the »single-entendre side of Perry that is obviously impossible to contain«.[25] Even so, the album is far removed from the frothy teen-queen persona of *Teenage Dream* and the candy-pop of *California Gurls* which blended girly-girly images with an underlying

---

20 C. Paglia: Return to the Valley of the Dolls, p. 40.
21 Perry's albums *One of the Boys, Teenage Dream,* and *Prism* earned eleven Grammy nominations, two American Music Awards, eleven MTV Video Music Awards, and fourteen People's Choice Awards. From May 2010 to September 2011, she spent a record-breaking total of 69 consecutive weeks in the top ten of the Billboard Hot 100. *Teenage Dream* became the first female album to produce five number-one hits, the second album after Michael Jackson's *Bad* (1987). She was voted Top Global Female Recording Artist of 2013 by the International Federation of the Phonographic Industry and by March 2014, had accumulated a total of nine number-one singles on the Hot 100, the most recent being »Dark Horse« (http://www.tvguide.com/celebrities/katy-perry/bio/295183; http://en.wikipedia.org/wiki/Katy_Perry).
22 S. Whiteley: Too Much Too Young, pp. 26-32, discusses the relationship between the Lolita image and 1950s teen star Brenda Lee.
23 D. Cairns: Hear Her Roar, p. 4.
24 Ibid.: p. 5.
25 Ibid.

soft-porn focus, thus raising the question of whether her success has been as much due to shrewd calculation as to creative passion.

It's interesting here to briefly contrast the singles »Teenage Dream« and »The One That Got Away« from her 2008 album – which reflect the fixation on love, romance and angst characteristic of traditional pop songs – beside the more dissipated party scenes of »Last Friday Night«, where Perry is cast in the mode of an ugly Betty who has rocked the boat by throwing »the best party ever«. With all three resonating with the theme of the middle-class white girl breaking through the barriers of her bourgeois home-life, it isn't difficult to appreciate the songs' emotional appeal as teenage fantasies. Yet far from being overtly rebellious, Perry's teenage heroines suggest both a performative pretence as she engages with the camera, and a resonance with the communication-skills of a generation weaned on mobile phones and Facebook culture. The invitation to »let's go all the way tonight, no regrets, just love« (»Teenage Dream«), the website invite to »send the ringtone to your cell (phone)«, with the underlying connotation that this will demonstrate that you're part of the scene, together with the accompanying instruction to »remember to enjoy, and remember to sub *like, comment*«, which resonates with the circulation of personal photos hinted at in »Last Friday Night's« lyrics (»pictures of last night ended up online, I'm screwed«) are indicative of the sharing experience promoted by iPhones, iPads and a hook-up culture where sex is projected as superficial, casual and inconsequential. There is also the suggestion that alcohol is a necessary ingredient for a fun life (»got drunk on a beach«, »Teenage Dream«; »Smell like a mini bar... too many shots«, »Last Friday Night«), an issue reflected in current reports on binge drinking, which reveal that the numbers of girls having at least eight drinks (most probably ready-to-drink alcopops) at a sitting had almost doubled since the previous survey carried out in 2004.[26]

While it is not suggested that there is a direct correlation between Perry's ›cheerleader‹ songs and the realities of teenage life, it is not insignificant that the anthemic »Teenage Dream« was top of the US Hot Dance Club Songs. As Lucy O'Brien tellingly foretold »Creating the fuckable fantasy woman has long been a

---

26 The iconic status of Amy Winehouse, her confrontation with alcohol and drug abuse in »Rehab«, and her death by accidental alcohol poisoning (8 January, 2013) remains a poignant reminder that her addiction ultimately killed her. Nevertheless, teenage binge-drinking continues to increase. A recent BBC report found that most teenage girls drink because of peer pressure and curiosity (http://news.bbc.co.uk/1/hi/health/3662585.stm).

preoccupation of pop music, especially now the medium has become so visual«[27] and it seemed that Perry was following in the footsteps of Britney Spears, Christina Aguilera and Atomic Kitten where their display of sexuality and the imitative response by young fans raised similar problems. Yet their performances cannot compare with that of Miley Cyrus whose twerking of Robin Thicke at the MTV awards (2013), licking hammers on her WRECKING BALL video, and lighting up what appeared to be a joint on stage at the European Music Awards attracted global attention.[28] Originally, a wholesome tweenie pin-up, and known for her role as Miley Stewart in the sitcom, HANNAH MONTANA and loaning her voice to several Disney characters, including Penny in Disney's animated film, BOLT (2008), she has now, to use a somewhat tired cliché, become everything parents fear. But as Katie Nicholls observes, »Is Miley Cyrus asserting her role as an adult performer, or has she been sexualised by a male dominated music industry?«[29]

Vanessa Reed, Music Foundation Executive Director for the Performing Rights Society provides a partial explanation: »the music industry has a responsibility to ensure that a diverse range of artists are recognised in order for female artists to feel like they have genuine choices in how they are portrayed«.[30] Agreed, but it would appear that it is only well-established and well-paid performers who can ignore the dictates of a patriarchal music industry, and for teenagers, the impact of overtly sexualised performances by earlier role-model idols can be confusing, implying perhaps that the passage to adulthood has to be both sexy and calculating. There are certainly mixed messages when Cruz made it on to the short list of *Time* magazine's *Person of the Year* award (2013) only to be narrowly pipped by Pope Francis.

It would appear that sexualised images of women now form an integral part of the music industry's marketing strategy. Most recently, Ellie Goulding, the »squeaky-clean British singer« who was »hand-picked [by Wills = Prince William and Kate] to perform at their wedding reception« also opted for a more sexy image and, at 27, performed on the *X Factor* (December 2013) »in a sliver of gold sequins«, while wearing »a plunging corset at the Cosmopolitan Ultimate Women of the Year awards«.[31] While claiming that »my management would

---

27 L. O'Brien: She Bop, p. 231.
28 Cf. S. Watson: 2013 Women of the Year, p. 12.
29 K. Nicholls: Sexism in Music, p. 16.
30 Quoted in ibid.: p. 16.
31 K. Murison: Ellie's Got The Edge, pp. 12-13.

never force me to do anything«[32], her determination to shake off her earlier squeaky-clean image and the fact that »the more successful she becomes, the nuder she gets«[33] reinforces the view that success in the pop world continues to depend on a sexualised image. As Katy Perry acknowledged: »I haven't played my taking-off-all-my-clothes card yet. Maybe when I'm 35 I will… if I get super-desperate I will«.[34]

The tacit acceptance that earlier identity associations need to change with age if a star is to maintain a successful career in the music business is something I earlier explored in my Postscript to *Too Much Too Young*[35] where, it seemed, the dividing line between youthful attraction and being ›over the hill‹ occurs around the age of 27. While continuing success in the pop world, as evidenced by live performances and tours by such stars as Kylie Minogue (*Kiss Me Once*, 2014), Madonna (*I'm Gonna Tell You A Secret*, 2014) and Cher (*Dressed to Kill*, 2014) has depended on their keen sense of survival and a constant up-grade in body fitness, the somewhat optimistic claim that, today, ›you can be whoever you want to be‹ is clearly not the case for many of the young hopefuls[36] anxious to succeed in the field of pop. Whether the decision to present highly-sexualised performances is self-imposed, or whether it is related to management pressure remains a matter for debate. As folk musician and Chair of the Musicians Union Equality Committee Jacquelyne Hynes observes, »I don't believe there is anything wrong with a sexualised performance if that is the performer's choice and the area they want to investigate. The problem arises if there is a pressure to do so.«[37]

The singer Charlotte Church is in no doubt as to where this pressure comes from. In her Peel Lecture for BBC6 she cuts to the quick, identifying the »male-dominated industry with a juvenile perspective on gender and sexuality«, where the image of the female artist as a sexual object is all-pervasive. »Female musicians […] are ›encouraged to present themselves as hyper-sexualised, unrealistic,

---

32 Ibid.: p. 12.
33 Ibid.
34 D. Cairns: Hear Her Roar, p. 6.
35 S. Whiteley: Too Much Too Young, pp. 175-197.
36 While it is recognised that the sexualisation of the body is not confined to pop music, and that such singers as Laura Mvula and Adele have succeeded without acceding to image make-overs, shows such as the *X-Factor* continue to promote image over musicianship and creativity in their promotion of instant celebrity culture.
37 Quoted in K. Nicholls: Sexism in Music, p. 16.

cartoonish, as objects, reducing female sexuality to a prize you can win.‹«[38] Hynes would agree: »We are up against a multi-million pound industry that in some respects relies for its business on engendering insecurity in women.«[39] Yet as Nicholls observes, »As well as the overt influence of what Church refers to as the ›middle-aged men‹ in the music industry, there are the more subtle pressures that stem from cultural hegemony regarding perceptions of women. [Hynes:] ›This begs the question of our free choice in the wider context of the pressure on all women to look a certain way, be a certain size‹«.[40] Exemplified in a recent video by Hungarian singer Csemer Boglarka, who reveals »the unobtainable artifice of a Photoshop transformation while she performs her song *Nouveau Parfum*«[41], it demonstrates the wide-spread concern[42] that insecurity allied to image continues to dominate what has been identified as the ›feminine ideal of survival‹[43]: that to succeed involves compliance and attaining a certain look.

The look, as satirised by Lily Allen for her video HARD OUT THERE (2014), was to send »herself up as the pop singer who is forced to have body-reshaping surgery and then learn how to twerk and eat a banana provocatively«; her »video for Hard Out Here was just the punchiest voice in a chorus of disapproval relating to the porn-saturated presentation of women in the music industry«.[44] »Allen sings sweetly about ›Them boys be talking 'bout their bitches, No one's making a fuss‹, and parodies Robin Thicke's Blurred Lines: ›Have you thought about your butt, who's going to tear it in two?‹«[45] While some have criticised her performance for its racism (its cast of predominantly black, female backing dancers, gyrating in bikinis), and that to get attention women have to take their clothes off, Allen's edgy riposte to sexism in the music industry is also claimed to be one of »the smartest moves of the year.«[46] »Laughing at MTV video culture and mocking the way women are objectified and hypersexualised in the

---

38 Quoted in K. Nicholls: Sexism in Music, p. 14.
39 Ibid.: p. 16.
40 Ibid.
41 Ibid.
42 Boglarka's video »has been watched by over three million viewers and has received both national and international press coverage« (cf. K. Nicholls: Sexism in Music, p. 17).
43 Cf. B. Appleyard: Why Kylie? Why Now?, p. 4.
44 S. Watson: 2013 Women of the Year, p. 10.
45 Ibid.
46 Ibid.

context of pop music«[47] she draws on an old feminist strategy: confront the banality of pop and gender-stereotyping through satire.[48] Even so, her most recent performances remain highly controversial, and the video OUR TIME (2014) was banned from MTV's daytime selection and framed by a »Parental Advice, Explicit Content« on YouTube.[49]

If Allen skirts a narrow dividing-line between mischievous satire and sexual display, Miley Cyrus and Lady Gaga a blend of soft porn and contrived sensationalism, Taylor Swift a combination of self-deprecating lyrics and provocative dress sense, and Katy Perry a song-specific and studied dressing-up box of facial expressions that suggest »Fake it to make it«[50], where then is the sense of genuine gender rebellion that once revolutionised the pop vocabulary? Maybe it's partly due to my age, having been around the pop and rock scene from the 1950s; maybe it's the continuing fixation of the music industry on the commercial potential of sexually-charged front-line singers[51]; maybe it's the instant mediation of personal experience and hook-up culture offered by iPhones, Facebook and Twitter. Whatever the underlying cause and effect, the end-result seems more a fixation on image than a true confrontation with gender politics. Lady Gaga's love of aggressive metaphors, which was reflected in the ›meat

---

47 Ibid.

48 Sonya Madan earlier demonstrated a shrewd understanding of the sexist attitude of the music business in Echobelly's debut EP, »Bellyache« (October 1993): »Any offers, any pre-sales we're the Umm & R«, and the tabloid press »›Sell your soul, to papers that cater for cock 'n' roll«. Her masquerade in *Insomniac*, where she dressed as a transvestite highlighted the reading of gender as a performative construction and evoked memories of Annie Lennox's play on gendered images in the video LOVE IS A STRANGER. Both can be read as evidencing their political and moral frustration concerning feminism and gender under the controlling gaze of the music industry. Cf. S. Whiteley: Trainspotting: The Gendered History of Britpop, pp. 66-67.

49 www.youtube.com/watch?v=pfACIxjsuu0.

50 D. Cairns: Hear Her Roar, p. 5.

51 My discussion of teen-directed pop does not include such artists as Amy Winehouse, whose multimillion sales album *Back to Black* arguably influenced the major labels to promote the retro-soul stylings of Adele and Duffy. Adele, in particular, has achieved a significant presence in mainstream pop, winning the Mercury Prize and the 2013 Golden Globe Award for best original song for *Skyfall*, which she composed and sang for the James Bond movie of the same name. Emeli Sandé is also proving to be an iconic figure, blending strong soul vocals with a shrewd fashion sense aimed more at a sophisticated twenties market than as teen-fashion.

dress‹ worn to the 2010 MTV Video Music Awards, attracted praise by *Time* as the top fashion statement of 2010, and despite condemnation by animal rights groups was claimed to be emblematic of her concern for human rights rather than another example of celebrity sensationalism. Compared with punk feminism's overt challenge to the music industry's marketing of women as ›disco dollies and rock chicks‹ its shock value seemed more a pandering to the media than art-terrorism and did little to redefine the gendered boundaries of mainstream pop.[52] I think, for example, of the avant-garde Manchester punk group *Ludus* (1978-1983) when Linder Sterling sang at Manchester's Hacienda Club covered in pig's entrails and wearing a large black dildo as an aggressive statement of femininity. Yet as 1960s rock star Arthur Brown once stated, »After you've set fire to your guitar, what else can you do? Set fire to yourself?« Is it feasible, then, to simply interpret today's pop scene as a mischievous take on the pop industry's obsession with sexualised images, or are these performances of contemporary femininity damaging our teenagers imagined and/or future encounters with the opposite sex? While my research is concerned with the effect on young girls, it is also evident that it also causes problems for adolescent boys who are uncertain as to how to interpret sexually provocative behaviour and the extent to which »no« really means »no«. Given that pop establishes a point of communication between the performer and the fan, where listeners and viewers find a sense of their own identity confirmed, modified or constructed in the process and that both performer and listener are gendered and sexual creatures, I would suggest that the music industry's continuing fixation on the sexualised body is highly problematic in reflecting and constructing a pervasive pornification of contemporary youth culture. Not least, it creates an underlying schizophrenic bewilderment among its young audience as they tussle with the implications that »female sexuality« is »a prize you can win«[53], that porn and rape fantasies are the norm, and that any exploration of sexuality is up-for-grabs. With so many performers extolling the value of their bodies, rather than their musicianship, it seems that the notion of being empowered/empowering has been severely compromised. What is important is for the Music Industry »to take responsibility for their audiences«, to promote »talent, individuality and authen-

---

52 Lady Gaga has often cited David Bowie as an influence for her gender-bending, and Warhol for his marketing of appropriated material and in transforming photos of stars and politicians into brightly coloured silk-screen prints. By comparison, her ostentatious redefinitions and garish costumes suggest more a melodramatic ploy to sustain the attention of a worldwide media who lavishly script her every move.
53 Charlotte Church in K. Nicholls: Sexism in Music, p. 14.

ticity rather than relying on sexual provocation«.[54] But given its long history of misrule and profit-chasing, is this really likely to happen?

LITERATURE

Appleyard, Bryan: »Why Kylie? Why Now?«, in: The Sunday Times Magazine, 21.10.2001, pp. 4-5.
Brown, Dan: The Da Vinci Code, London: Doubleday 2003.
Butler, Judith: Bodies that matter: On the discursive limits of »sex«, New York: Routledge 1993.
Cairns, Dan: »Hear Her Roar«, in: The Sunday Times, 20.10.2013, pp. 4-6.
Dean, Jonathan: »Postcard from the edge«, in: The Sunday Times Culture Magazine, 23 March 2014, pp. 22-23.
Dijkstra, Bram: Idols of Perversity. Fantasies of Feminine Evil in Fin-de-Siècle Culture, New York, Oxford: Oxford University 1986.
Flaubert, Gustave: Salammbô, transl. A. J. Krailsheimer, New York: Penguin 1977.
Mills, Eleanor: »Surrendering our children to porn«, in: The Sunday Times, 24.02.2013, p. 4.
Murison, Krissi: »Ellie's Got The Edge«, in: The Sunday Times Magazine, 02.02.2014, pp. 12-13.
Nicholls, Katie: »A Man's World«, in: The Musician, Summer 2012, pp. 26-28.
— »Sexism in Music«, Feature article in: The Musician, Spring 2014, pp. 14-17.
O'Brien, Lucy: She Bop. The Definitive History of Women in Rock, Pop and Soul, London: Penguin Books 1995.
Paglia, Camille: »Return to the Valley of the Dolls«, in: The Sunday Times Magazine, 13.01.2013, p. 40.

---

54 Kathy Dyson's motion to the TUC Women's Conference, March 2014, regarding the sexualisation of women in the entertainment industry, cited in K. Nicholls: Sexism in Music, p. 17. Other initiatives include ›Women Make Music‹ by the Performing Rights Society Foundation for Music (2010) in response to the low percentage of registered women composers in the UK (14%), and ›Rewind and Reframe‹, a platform for young women to have their voices heard about the content of music videos. See www.rewindreframe.org (28.04.2014). As K. Nicholls: Sexism in Music, reports: They are asking the music industry to stop creating over-sexualised images of women and for video sharing sites not to host them. Annie Lennox has also been outspoken about this issue. Cf. also K. Nicholls: A Man's World, pp. 26-28.

Taylor, Jodie: Playing it Queer. Popular Music, Identity and Queer Worldmaking, Bern: Peter Lang AG, International Academic Publishers 2012.
Watson, Shane: »2013 Women of the Year«, in: The Sunday Times Style Magazine, 29.12.2013, pp. 10-13.
Whiteley, Sheila: Women and Popular Music. Sexuality, Identity and Subjectivity. London, New York: Routledge 2000.
— Too Much Too Young. Popular music, age and gender, London, New York: Routledge 2005.
— »Trainspotting: The Gendered History of Britpop«, in: Andy Bennett/Jon Stratton (eds), Britpop and the English Music Tradition, Farnham UK and Burlington USA: Ashgate 2010, pp. 55-70.

INTERNET RESOURCES

Drink binges put children in hospital, http://news.bbc.co.uk/1/hi/health/3662585.stm on 09.01.2015.
Kevin Ritchie: Phone interview, MSN (Canada) Entertainment, 26 April 2011, http://entertainment.ca.msn.com/music/features/pop-culture-as-religion-lady-gaga-explains-the-controversial-biblical-imagery-in-her-upcoming-music-video-judas on 09.01.2015.
http://en.wikipedia.org/wiki/Katy_Perry on 09.01.2015.
http://www.tvguide.com/celebrities/katy-perry/bio/295183 on 09.01.2015.
www.youtube.com/watch?v=pfACIxjsuu0 on 09.01.2015.

Like a Virgin

Sound, Image und Geschlechteridentität(en) in der Popmusik

BEATE FLATH

EINLEITUNG

Popfrauen der Gegenwart sind nicht zwangsläufig Popmusikerinnen, es handelt sich dabei ebenso um Frauen der Modewelt, des Sports, der Politik oder der Wirtschaft. Was jedoch Popfrauen und Popmusikerinnen gemein ist, ist ihre mediale Präsenz und ein mehr oder weniger präzise konzipiertes und kommuniziertes Image – Musik beziehungsweise Sound sind Teil seiner Kommunikation und innerhalb einer sich durch Erlebnisse und damit durch »innenorientierten Konsum«[1] konstituierenden Gesellschaft eine Art »emotionales und soziales Guiding-System«[2].

Welche Perspektiven eröffnen sich nun, wenn Musik beziehungsweise Sound nicht nur Teile dessen sind, sondern – im Fall von Popmusikern und Popmusikerinnen – im ökonomischen Sinne (auf den ersten Blick) das »Produkt«, welches ebenso verkauft wird wie viele andere Produkte auch, welches sich an eine spezifische Zielgruppe richtet, die durch sozio-demografische Parameter wie Alter, soziale/kulturelle Herkunft beziehungsweise Verankerung et cetera beschreibbar ist und sich das, was darin als »männlich«, »weiblich«, »somewhere in between« oder überhaupt als »abseits dieser Kategorien« bezeichnet wird, je unterschiedlich definiert beziehungsweise konstituiert? Der Ausgangspunkt dieses Beitrags ist zunächst jener, dass Popmusik im Gefüge von Massenmedien und Ökonomie

---

1 G. Schulze: Die Erlebnisgesellschaft, S. 422.
2 W. Jauk: Pop – ein emotionales politisches Konzept, S. 58; B. Flath: Experteninterview zum Thema Sound Branding, S. 234.

als emotionaler Katalysator innerhalb der Kommunikation von Geschlechterbildern erachtet wird und damit zur emotionalen Aufladung von Popmusikern und Popmusikerinnen im massenmedialen Kontext beiträgt.[3] Sehr pointiert formuliert hieße das, dass Popmusik beziehungsweise ihr Sound – ähnlich den klanglichen/musikalischen Erscheinungsformen in Formaten der Werbung – Geschlechterbilder kommuniziert und als Teil eines Gesamtkonzeptes ›verkauft‹: Dieser Ansatz soll mit den gendertheoretischen Positionen von Judith Butler in Verbindung gebracht werden, um mögliche Schlussfolgerungen im Hinblick auf die Rolle von Musik beziehungsweise Sound innerhalb der Vermittlung von Geschlechterbildern und in weiterer Folge Geschlechteridentitäten zu ziehen.

WAS ›VERKAUFT‹ DIE MUSIKINDUSTRIE?

Betrachtet man aus rein musikwissenschaftlicher Perspektive die imagebasierte Vermarktung von Popmusikern und Popmusikerinnen, dann übersieht man leicht, welches Potpourri an Merchandise-Produkten den jeweiligen »Popstar« flankiert – längst handelt es sich dabei nicht mehr nur um Kaffeetassen, T-Shirts oder Kühlschrankmagneten, sondern ganze Modelinien, Kosmetikprodukte, Parfums oder Bücher sind Teile eines imagebasierten »Konzeptes« von Popmusikern und Popmusikerinnen. Man könnte meinen, Musik wäre eigentlich ein Nebenprodukt. Aufbauend auf jener Definition, die Popmusik als funktionale Musik[4] und damit als Teil der Erzeugung eines emotionalen Klimas[5] einer Kultur erachtet, wird im Rahmen dieses Beitrages jener Ansatz verfolgt, der Musik beziehungsweise Sound innerhalb des Gesamtkonzeptes »Popmusiker und Popmusikerin« als emotionalisierende Werbemusik beziehungsweise Werbesound erachtet. Dies geschieht an den vielfältigen Überschneidungsbereichen und Knotenpunkten von Massenmedien und Ökonomie. Die entsprechenden Mechanismen und Strukturen folgen unter anderem den Paradigmen des (ökonomischen) Erfolges[6] und der (medialen) Aufmerksamkeit.[7] Innerhalb dieser Paradigmen

---

3 Dieser Text bezieht sich primär auf den Mainstream-Pop und die Strukturen der Majors, was nicht bedeutet, dass einzelne Aspekte nicht auch in Hinblick auf musikalische Nischen gedacht werden können.

4 Vgl. W. Jauk: Pop – ein emotionales politisches Konzept, S. 57.

5 Vgl. N. Elias: Studien über die Deutschen, S. 85ff., siehe insbesondere die Ausführungen zum Verhaltens- und Empfindungskanon; W. Jauk: Pop – ein emotionales politisches Konzept, S. 57.

6 »Pop ist, was erfolgreich ist.« (P. Gross: Pop-Soziologie?, S. 33).

ereignet sich die Produktion, mediale Präsentation und Rezeption von Popmusik als ein Industrieprodukt[8], und in diesem Kontext ist auch ihr Beitrag zu einem emotionalen Klima über die Unmittelbarkeit klanglicher Kommunikation zu sehen. Wesentlicher Bestandteil der Erzeugung emotionaler Klimata ist die emotionale Bindung an Ideen, Produkte, Personen, Konzepte et cetera, unter anderem über die Kommunikation von Images. Ein Image ist ein für eine spezifische Zielgruppe gezielt und präzise konzipiertes, mehrdimensional zu denkendes Konzept und ist zunächst im weitesten Sinne »das Bild, das man sich von einem bestimmten Meinungsgegenstand macht.«[9]

»Images sind somit subjektiv durchaus nicht voll bewusst, aber mehr oder weniger bewusst zu machen, durchaus nicht nur sprachlich kodiert, sondern auch bildhaft, episodisch, metaphorisch. Images sind nicht nur kognitiv, sondern auch gefühlsmäßig, erlebnisbezogen und wertend.«[10]

Diese »inneren« Bilder stehen in steter Wechselbeziehung mit im Außen sichtbaren (auch medial vermittelten) Vorstellungen, Werthaltungen, Normen und konkretem Verhalten.[11] In der Forschungsliteratur wird hinsichtlich der Definition dieses Begriffes je nachdem, ob es sich um ein Produktimage oder um das Image einer Person handelt, differenziert. Als primärer Unterschied wird hier ein relationales[12] Moment, welches nur zwischen Person und Rezipienten und Rezipientinnen anzunehmen ist, genannt. Dieser Unterschied wurde vor allem in den letzten Jahren zum einen durch den Trend, Marken über Persönlichkeitseigenschaften zu positionieren[13], zum anderen, Popmusiker und Popmusikerin-

---

7   »Populäre Kultur ist, was viele beachten.« (Th. Hecken: Populäre Kultur, S. 85).
8   »Musikindustrie definiert, was Popmusik überhaupt sein kann, indem sie Bedingungen setzt, auf die sowohl die Musiker wie deren Publikum reagieren.« (P. Wicke: Popmusik als Industrieprodukt).
9   J. Zentes/B. Swoboda: Grundbegriffe des Marketing, S. 209.
10 V. Trommsdorff: Konsumentenverhalten, S. 159.
11 Vgl. S. Borgstedt: Der Musikstar, S. 116.
12 Vgl. ebda.: S. 120.
13 Vgl. J. Aaker: Dimensions of Brand Personality. Die Ergebnisse der empirischen Untersuchung von Bettina Lorenz zur Beziehung zwischen Marke, Konsumenten und Konsumentinnen zeigen vier grundlegende Typen dieser Beziehungen: Beste Freundschaft, unbefriedigende Zweckgemeinschaft, oberflächliche Bekanntschaft und glückliche Partnerschaft (vgl. B. Lorenz: Beziehungen zwischen Menschen und

nen als Marke(n)[14] zu verstehen und dementsprechend zu platzieren, relativiert – dieser Relativierung folgt auch die Argumentation des vorliegenden Beitrages.

Eine weitere definitorische Klärung soll an dieser Stelle zwischen den Begriffen Markenidentität und Markenimage erfolgen: Die Identität einer Marke (auch der Marke ›Popstar‹) bezieht sich auf die interne Sicht des Unternehmens, das Image (der Marke ›Popstar‹) bezieht sich auf die Wahrnehmung der Konsumenten und Konsumentinnen, damit auf die Außenwahrnehmung.[15]

In einem nächsten Schritt soll das bisher Ausgeführte in einen managementtheoretischen Rahmen gesetzt und davon ausgehend Sound beziehungsweise Soundpolitik fokussiert werden. Bezugnehmend auf das »4C-Modell«[16], welches die Formalisierung des identitätsorientierten Markenmanagements für die Musikindustrie und so auch das Ineinandergreifen der Produktions- und der Rezeptionsebene – als zwei Wheels[17] beschrieben – darstellt, sei im folgenden Abschnitt die so genannte *Content-Ebene*[18] herausgegriffen, da innerhalb dieser die Positionierungspolitik und damit auch die Imagepolitik zu verorten ist. Nach

---

Marken, S. 315). Diese Terminologie dokumentiert die Tendenz, diese Beziehungen zu ›vermenschlichen‹ und damit die Grenze zwischen Mensch und Produkt aufzuweichen beziehungsweise gänzlich verschwinden zulassen.

14 Vgl. M. Engh: Popstars als Marke. Personenmarken sind neben Produkt- und Unternehmensmarken wesentlicher Bestandteil der Medienlandschaft, wobei diese fiktive Charaktere (z.B. Dr. Best), bereits Verstorbene (z.B. Marilyn Monroe für VW oder Elvis für Audi), Unternehmensrepräsentanten (z.B. Bill Gates) oder auch Testemonials sein können. Nicht zu unterschätzen sind in diesem Zusammenhang Personen aus der internationalen Mode- Sport-, Musik-, Kunst- und Kulturszene mit sehr hohen Markenwerten (z.B. Madonna, Claudia Schiffer, Michael Schumacher etc.; vgl. K. Kilian: Mensch Marke!).

15 Diese Differenzierung wird im IMF-Modell (Modell der identitätsbasierten Markenführung) von Meffert und Burmann formalisiert (vgl. H. Meffert/Ch. Burmann: Theoretisches Grundkonzept der identitätsorientierten Markenführung).

16 Die 4 Cs bezeichnen Content, Channel, Corporate und Consumer – diese Bereiche stehen in Beziehung zu marketingstrategischen Prozessen, die operativ/durchführend oder strategisch sind, d.h. auf Detailentscheidungen oder Basisentscheidungen, wie die Festlegung des »Artist-and-Repertoire-Leitbildes«, die Künstlerpositionierung sowie die Strategieoptionen beruhen (vgl. M. Engh: Popstars als Marke, S. 196f.).

17 Nach diesem Modell greifen das so genannten »Tool-Wheel«, welches aus der Content-Ebene, der Channelebene (Verwertungspolitik) und der Corporate-Ebene besteht, und das »Image-Wheel« (Consumer-Ebene) ineinander.

18 Vgl. M. Engh: Popstars als Marke, S. 241.

diesem Modell werden auf dieser Ebene die Personendimension (zum Beispiel Künstlerpersönlichkeit, die Künstlerbiografie oder der Künstlername) und die Produktdimension (Song- und Soundpolitik) festgelegt. Damit bezieht sich das Artist-&-Repertoire-Leitbild sowohl auf eine außermusikalische als auch auf eine innermusikalische Ebene; der Fragestellung folgend, fokussiert der vorliegende Beitrag die Soundpolitik. Diese hat zum einen die Funktion zu markieren, das heißt die Funktion in Hinblick auf ein Alleinstellungsmerkmal abzugrenzen, zum anderen die Funktion über Sound emotional zu binden, das heißt – und hier sei wiederum die Parallele zu Strukturen der Werbung angeführt – emotionale Qualitäten von Sound zu nutzen, um die Popmusikerin und den Popmusiker und sein/ihr Image über einen bestimmten Zeitraum möglichst eindeutig zu kommunizieren. Dabei ist die Passgenauigkeit von Sound und Künstlerimage beziehungsweise Einstellungs- und Wertekanon der Rezipienten und Rezipientinnen wie in jedem werbenden Kontext von Bedeutung.[19] Soundpolitik wird daher in weiterer Folge als Basisentscheidung begriffen. Unter Anwendung des Konzeptes der »multiplen optimierten Passung in Produktionsketten der Popmusik« von Lehmann und Kopiez[20] würde die Autorin Soundpolitik – im Gegensatz zu den Autoren – ganz explizit als Teil des musikalischen Materials (von den Autoren als »Musikstück« bezeichnet) und innerhalb der Produktionskette an erster Stelle verorten, da Popmusiken in erster Linie als Soundkonzepte verstanden werden. Sound ist darin ein spezifizierendes und im Kontext musikökonomischer Prozesse damit ein markierendes Element.

Wesentlich ist es, an dieser Stelle auch die Bedeutung von Musiktechnologie – sowohl im Kontext der Produktion, Distribution als auch der Rezeption – herauszustreichen; spezifische Sounds sind an technologische Bedingungen und Möglichkeiten geknüpft, die ein spezifisches Klangbild nicht nur im Kontext der Produktion, sondern auch im Kontext der Rezeption von Popmusik – man denke an die den Sound bestimmenden technischen Eigenschaften von Speicher- und Abspielgeräten – entscheidend mitbestimmen.[21]

---

19 Vgl. S. Roth: Akustische Reize als Instrument der Markenkommunikation, S. 138; P. Stout/J. Leckenby: Let the Music Play.
20 Vgl. A. Lehmann/R. Kopiez: Entwurf eines Forschungsparadigmas, S. 37.
21 Eine theoretische Einordnung erfährt dies durch das Modell der Mediamorphose (vgl. etwa K. Blaukopf: Beethovens Erben in der Mediamorphose; A. Smudits: Mediamorphosen des Kulturschaffens).

Wenn in diesem Beitrag über Sound gesprochen wird, dann wird darunter eine Wahrnehmungsqualität[22] verstanden, welche sowohl auf der Ebene seiner Produktion als auch auf der Ebene seiner Rezeption empirisch fassbar ist. Ohne hier auf die Vielzahl an empirischen Studien, die in diesem Zusammenhang vorliegen, im Detail einzugehen, kann dennoch zusammenfassend festgehalten werden, dass diese den Einfluss akustischer Parameter auf das emotionale und konnotative Empfinden sowie die Wahrnehmung von Raum und Klangerzeuger belegen.[23] Neben dem Zusammenhang von akustischen Parametern und spezifischen Wahrnehmungsqualitäten ist es vor allem *ein* Aspekt klanglicher Kommunikation, der im massenmedialen Kontext und so auch für die hier vorliegende Fragestellung von besonderer Bedeutung ist: Formuliert in jener Theorie, die Musik als Mediatisierungsphänomen[24] erachtet, ist es die hier explizit theoretisch ausformulierte Möglichkeit, unmediatisert und damit ›un-mittelbar‹ über Klang zu kommunizieren. Dies meint, dass Sound und/oder Musik zunächst sehr unmittelbar (körperlich) ›wirken‹ und damit in weiterer Folge in massenmedialen Kommunikationsprozessen unmittelbar kommunizieren. Dieser Ansatz basiert auf anthropologischen Theorien[25] und empirischen Befunden experimenteller Forschung zu klanglichem und körperlichem emotionalem Ausdrucksverhalten.[26] In Bezug auf Popmusik soll dies auf Basis einer Einschätzung von Peter Wicke zur sinnlichen Wahrnehmung von Musik weiter verdeutlicht werden. Darin heißt es, dass

---

22 Kommunikation über Sound im massenmedialen Kontext wird in diesem Beitrag auf Basis des Konzeptes ›Aisthesis‹ und damit in Hinblick auf seine Wahrnehmungsqualität betrachtet. Das bedeutet weiter, dass es eine funktionale Ästhetik ist, die im Folgenden betrachtet wird und damit Funktionalität und Ästhetik nicht als sich gegenseitig ausschließende Konzepte erachtet werden.
23 Zusammenfassende Darstellungen finden sich etwa in M. Zenter/K. Scherer: Emotionaler Ausdruck in Musik und Sprache; H. Rösing: Musikalische Ausdrucksmodelle; W. Jauk: The Visual and the Auditory Representation of Space and the Net-Space.
24 Vgl. W. Jauk: pop/musik+medien/kunst.
25 Vgl. etwa St. Brown: The ›Musilanguage‹ Model of Music Evolution; J. Becker: Anthropological Perspectives on Music and Emotion; J. Blacking: The Anthropology of the Body; G. Knepler: Musikgeschichte als Weg zum Musikverständnis.
26 Vgl. etwa L.-L. Balkwill/W.-F. Thompson: A Cross-Cultural Investigation of the Perception of Emotion in Music; M. Zenter/K. Scherer: Emotionaler Ausdruck in Musik und Sprache.

»für Musik insgesamt gilt, daß sie, noch bevor sie irgendetwas anderes zu sein vermag, erst einmal eine Körperpraxis ist [...]. Und auch das Musikhören stets [...] zuerst eine Betätigung der Sinne, die sinnliche Wahrnehmung von Klang [ist]«.[27]

Die bisherigen Erläuterungen argumentieren, basierend auf der Annahme, dass der Sound von Popmusik Images der jeweiligen Musiker und Musikerinnen kommuniziert und letztlich diese auch ›verkauft‹, dass Soundpolitik auf der kommunikativen Qualität von Sound als Wahrnehmungsqualität basiert. Im folgenden Abschnitt soll die Ebene der Rezipienten und Rezipientinnen in Hinblick auf die medial basierte Aneignung von Geschlechteridentitäten im Kontext gendertheoretischer Positionen von Judith Butler fokussiert werden.

DAS KONSTITUIEREN VON GESCHLECHTERIDENTITÄT(EN)

Das nun Folgende basiert auf der Prämisse, dass Images von Popstars (auch) mit (stereotypen) medial vermittelten Geschlechterbildern in Zusammenhang stehen, welche sowohl auf einer individuellen als auch auf einer kulturell kollektiven Ebene[28] verhandelt werden und zur Ausbildung von Geschlechteridentitäten[29] beitragen (können).

Der vorliegende Beitrag orientiert sich am Identitätsverständnis von Keupp, der unter Identität einen »Projektentwurf des eigenen Lebens«[30] versteht. Unter Berücksichtigung eines postmodernen Verständnisses sind Identitäten im Kontext der Individualisierung von Lebenswelten und damit einer Pluralisierung zu sehen. Dies meint, dass Geschlechterbilder und -identitäten[31] nicht als starre und eindeutige Konzepte gedacht werden, sondern als fluid, prozesshaft, plural und nie abgeschlossen.[32] Dieser Zugang ordnet sich sowohl in zeitdiagnostische

---

27 P. Wicke: Soundtechnologien und Körper-Metamorphosen, S. 41.
28 Vgl. Th. Eckes: Geschlechterstereotype, S. 172.
29 In diesem Zusammenhang werden Identitäten von Individuen fokussiert, nicht außer Acht lassend, dass diese gerade im vorliegenden Zusammenhang in einer engen Wechselbeziehung mit jenen von (Sprach-)Gruppen und Gesellschaften stehen.
30 H. Keupp et. al.: Identitäskonstruktionen, S. 30.
31 Eine ausführliche Darstellung unterschiedlicher Zugänge der Definition des Identitätsbegriffes findet sich etwa in H. Abels: Interaktion, Identität, Präsentation; H. Keupp et al.: Identitätskonstruktionen.
32 Vgl. C. Wegener: Medien, Aneignung und Identität, S. 42.

Konzepte der Bastel[33]- und Patchworkidentität als auch in postmoderne Debatten sozialpsychologischer Diskurse, die Identität damit eher als Weg denn als Ziel[34] begreifen, ein. Dies deckt sich mit empirischen Untersuchungen zum Einfluss von ›Medienstars‹ auf jugendliche Rezipienten und Rezipientinnen: Demnach seien es eher singuläre Eigenschaften von massenmedial präsentierten Personen, die Orientierung bieten würden.[35] Es scheinen demnach einzelne Aspekte wie Verhaltensweisen, Moden, Aussagen et cetera zu sein, die genutzt werden, um die eigene(n) Identität(en) zu kreieren, wobei tendenziell gleichgeschlechtliche Medienpersonen eher imitiert werden würden und so tatsächlich eine Vorbildfunktion hätten, während gegengeschlechtliche Medienpersonen eher im Zuge des Aufbaues von parasozialen Beziehungen Bedeutung zu haben scheinen.[36] Diese können als eine Art »navigation points«[37] gesehen werden, die als Anhaltspunkte in der Auseinandersetzung mit der eigenen Identität zu sehen sind.

Eine grundlegende Frage, die sich hier anschließt, ist jene nach dem Verhältnis von medial vermittelter/n Identität(en) und gelebtem Verhalten, für die vorliegende Fragestellung präziser formuliert: die Frage nach dem Entstehen von Geschlechteridentitäten im Spannungsfeld medialer Präsentation und Rezeption. Innerhalb eines postmodernen theoretischen Rahmens, in dem davon ausgegangen wird, dass Identität(en) fluid, plural, prozesshaft und nie abgeschlossen sind und sich davon ableiten ließe, dass dies auch auf Geschlechteridentitäten zutreffe, sei in einem nächsten Schritt auf Judith Butlers Konzept der Konstitution von Geschlechteridentitäten durch Performativität Bezug genommen.

Während beispielsweise Erving Goffman als ein Vertreter des symbolischen Interaktionismus davon ausgeht, dass sich Geschlechteridentitäten unter Bezugnahme von *zwei* Geschlechterklassen[38] ausbilden, welche als Rollenidentitäten[39] zu sehen sind, und er damit von gegebenen und unveränderlichen biologischen Geschlechtsunterschieden ausgeht, die sich im Sozialen in Verhaltensmustern – Goffman spricht hier von »genderism« – zeigen, argumentiert Butler, Geschlechterzugehörigkeit sei performativ: Attribute von Geschlechteridentität(en) konstituieren sich in performativen Akten. Geschlechterattribute seien demnach nicht expressiv, sondern performativ.

---

33 Vgl. R. Hitzler/A. Honer: Bastelexistenz.
34 Vgl. C. Wegener: Medien, S. 42.
35 Vgl. ebda.: S. 39.
36 Vgl. ebda.: S. 98.
37 D. Gauntlett: Media, Gender and Identity, S. 250.
38 Vgl. E. Goffman: Interaktion und Geschlecht, S 42.
39 Vgl. E. Goffman: Wir alle spielen Theater.

»Wenn Geschlechterattribute jedoch nicht expressiv, sondern performativ (›hervorbringend‹, Anm. der Autorin)[40] sind, dann konstituieren diese Attribute in Wirklichkeit die Identität und drücken sie nicht etwa nur aus oder verdeutlichen sie nur.«[41]

»Die Unterscheidung zwischen Ausdruck und Performanz ist zentral: Wenn die Attribute und Akte der Geschlechtsidentität, die verschiedenen Formen, in denen ein Körper seine kulturelle Bezeichnung zum Vorschein bringt oder produziert, performativ sind, gibt es keine vorgängige existierende Identität, an der ein Akt oder Attribut gemessen werden könnte.«[42]

Damit werden die Ausbildungen von Geschlechteridentitäten nicht als eigenständige individuelle Leistungen des Subjekts, die sich im Spannungsfeld von Konstruktion und Reproduktion von Rollen[43] vollziehen, gesehen, sondern sind durch performative Akte im Öffentlichen, im sanktionierenden Rahmen gesellschaftlicher Normen und Zwänge zu verorten, die Geschlechteridentitäten damit nicht nur widerspiegeln, sondern auch konstituieren. Dies bedeutet weiter, dass das ›Selbst‹ des Individuums im ›Außen‹ zu verorten ist, im sozialen Diskurs konstituiert wird und »die Zuschreibung von Innerlichkeit selber eine öffentlich regulierte und sanktionierte Form der Erfindung von Essentialität ist.«[44] Der grundlegende Dreh- und Angelpunkt ist demnach die Konstitution durch Performativität von Geschlechteridentitäten beziehungsweise die damit verbundene Annahme, dass auch das so genannte »biologische Geschlecht« performativ sei.

Zusammenfassend lässt sich daher festhalten, dass Geschlechteridentität(en) – im Rahmen des vorliegenden Beitrags als fluide, prozesshafte, plurale und nie abgeschlossene Lebenskonzepte verstanden – als ausschließlich im Außen verortet, konstituiert und damit konstruiert gedacht werden können. Für die vorliegende Fragestellung ist nun wiederum der Rückbezug auf Popmusik und ihren Sound von Bedeutung, das heißt der Rückbezug auf die Rolle von Sound innerhalb dieses theoretischen Gefüges. Darauf wird im folgenden Abschnitt in Form möglicher Schlussfolgerungen Bezug genommen.

---

40 Die Anmerkung der Autorin basiert auf der Internetquelle »Doing Gender und die Hergestelltheit und Variablität unserer Identitäten« und soll nochmals hervorheben, dass das Performative, im Unterschied zum Ausdrücken (von »Gegebenem«), hervorbringenden und damit konstituierenden Charakter besitzt.
41 J. Butler: Performative Akte und Geschlechterkonstitution, S. 315.
42 J. Butler: Das Unbehagen der Geschlechter, S. 207.
43 Vgl. E. Goffman: Wir alle spielen Theater.
44 J. Butler: Performative Akte und Geschlechterkonstitution, S. 316.

LIKE A VIRGIN. EINE MÖGLICHE SCHLUSSFOLGERUNG

In diesen Beitrag fließen unterschiedliche (theoretische) Herangehensweisen aus unterschiedlichen wissenschaftlichen Disziplinen ein, daher soll dieses Kapitel dazu dienen, die wesentlichen Punkte zusammenzufassen und in den Kontext der vorliegenden Fragestellung zu bringen.

Der Ausgangspunkt, Popmusik beziehungsweise ihr Sound sei(en) emotionalisierende/r und damit werbende/r Teil(e) der Vermarktung von (geschlechterbezogenen) Identitäts- und Lebenskonzepten, lässt sich hinsichtlich der Frage nach der Bedeutung dieses für die Ausbildung, Verstärkung oder Aufweichung von Geschlechteridentitäten folgendermaßen weiterentwickeln. Sound als emotionale Aufladung von medial vermittelten Geschlechteridentitäten wäre Teil der Konstitution von Geschlechteridentitäten durch das Wiederholen performativer Akte: Abweichungen und ›Fehler‹ innerhalb dieser Wiederholungen würden potentiell (eine) Möglichkeit(en) der Veränderung in sich tragen – darin läge subversives Potential und darin läge auch eine Erweiterung des Möglichkeitsraums von Geschlechteridentitäten.[45] Sound als emotionalisierende Größe wäre damit Teil der Erschließung dieses Möglichkeitsraums. Von den *Beatles* über David Bowie, Marilyn Manson, Madonna bis zu Lady Gaga ließe sich nachvollziehen, dass das »Aufführen« zum »Ausführen«[46] wird und damit rückwirkt auf das Konstituieren von Geschlechteridentitäten im Alltag.

Der vorliegende Beitrag eröffnete mit der Differenzierung von Popfrauen und Popmusikern sowie der Prämisse, dass es Sound sei, der spezifische Geschlechterbilder, Images, emotional vermittle, damit Musik beziehungsweise Sound Popmusiker und Popmusikerinnen verkaufe und nicht umgekehrt. Dies würde im weitesten Sinne an ein Verständnis der Kulturindustrie[47] der Frankfurter Schule anschließen, welches jedoch in Hinblick auf die Argumentation insofern zu relativieren wäre, als Sound sowohl Normgerechtes als auch Abweichendes emotional aufladen und verstärken könnte. Sound lädt damit nicht nur massenmedial verbreitete (normgerechte) Darstellungen von (sexualisierten) Männern und Frauen auf, sondern, verknüpft mit der Verfügbarkeit von Technologie und den Strukturen sozialer Netzwerke, fände auch die Abweichung, der

---

45 Vgl. J. Butler: Das Unbehagen der Geschlechter, S. 218.
46 U. Wirth: Der Performanzbegriff im Spannungsfeld von Illokution, Iteration und Indexikalität, S. 9.
47 Vgl. M. Horkheimer/Th. W. Adorno: Kulturindustrie – Aufklärung als Massenbetrug; Th. W. Adorno: Einleitung in die Musiksoziologie.

Fehler innerhalb der Wiederholung dieser Darstellungen als politisches Potential massenhafte (emotionale) Beachtung.

LITERATUR

Aaker, Jennifer L.: »Dimensions of Brand Personality«, in: Journal of Marketing Research 34/3 (8/1997), S. 347-356.

Abels, Heinz: Interaktion, Identität, Präsentation. Kleine Einführung in interpretative Theorien der Soziologie, Wiesbaden: Verlag für Sozialwissenschaften 2010.

Adorno, Theodor W.: Einleitung in die Musiksoziologie. Zwölf theoretische Vorlesungen, Frankfurt am Main: Suhrkamp 1975.

Balkwill, Laura-Lee/Thompson, William F.: »A Cross-Cultural Investigation of the Perception of Emotion in Music«, in: Music Perception 17/1 (1999), S. 43-64.

Becker, Judith: »Anthropological perspectives on music and emotion«, in: Patrik N. Juslin/John A. Sloboda (Hg.), Music and Emotion: Theory and Research, New York, NY: Oxford University 2001, S. 135-160.

Behrens, Roger: »Das hedonistische Ohr. Präliminarien zur Ästhetik musikalischer Subkulturen«, in: Musik & Ästhetik 1/2 (3/1997), S. 75-88.

Blacking, John: »Towards the Anthropology of the Body«, in: Ders. (Hg.), The Anthropology of the Body, London: New York 1977, S. 1-28.

Blaukopf, Kurt: Beethovens Erben. Kultur- und Medienpolitik für die elektronische Ära, Heiden: Niggli 1989.

Borgstedt, Silke: Der Musikstar. Vergleichende Imageanalysen von Alfred Brendel, Stefanie Hertel und Robbie Williams, Bielefeld: Transcript 2007.

Brown, Steven: »The ›Musilanguage‹ Model of Music Evolution«, in: Nils L. Wallin/Björn Merker/Steven Brown (Hg.): The Origins of Music, Cambridge: MIT 2000, S. 271-300.

Butler, Judith: Das Unbehagen der Geschlechter, Frankfurt am Main: Suhrkamp 1991.

— »Performative Akte und Geschlechterkonstitution. Phänomenologie und feministische Theorie«, in: Uwe Wirth (Hg.) Performanz. Zwischen Sprachphilosophie und Kulturwissenschaften, Frankfurt am Main: Suhrkamp 2002, S. 301-320.

Eckes, Thomas: »Geschlechterstereotype: Von Rollen, Identitäten und Vorurteilen«, in: Ruth Becker/ Beate Kortendiek (Hg.), Handbuch der Frauen- und Geschlechterforschung. Theorie, Methoden, Empirie, 2., erweiterte und aktualisierte Auflage, Wiesbaden: Verlag für Sozial-wissenschaften 2008, S. 171-181.

Elias, Norbert: »Studien über die Deutschen. Machtkämpfe und Habitusentwicklung im 19. und 20. Jahrhundert, hg. von Michael Schröter, Frankfurt am Main: Suhrkamp 1989.

Engh, Marcel: Popstars als Marke: Identitätsorientiertes Markenmanagement für die musikindustrielle Künstlerentwicklung und -vermarktung (Innovatives Markenmanagement), Wiesbaden: Gabler 2006.

Flath, Beate: Sound & Image. Eine experimentelle Untersuchung zum Einfluss von Klangqualitäten auf die Wahrnehmung eines Produktimages im Kontext von Fernsehwerbung, Osnabrück: epOs 2011.

— »Experteninterview zum Thema Sound Branding«, in: Paul Steiner (Hg.), Sound Branding. Grundlagen akustischer Marktführung, 2. erweiterte und aktualisierte Auflage, Wiesbaden: Springer/Gabler 2014, S. 234-236.

Gauntlett, David: Media, Gender and Identity. An Introduction, London: Routledge 2002.

Goffman, Erving: Interaktion und Geschlecht, Frankfurt am Main: Campus 2001.

— Wir alle spielen Theater. Die Selbstdarstellung im Alltag, München: Piper 1969.

Gross, Peter: »Pop-Soziologie? Zeitdiagnostik in der Multioptionsgesellschaft«, in: Manfred Prisching (Hg.), Modelle der Gegenwartsgesellschaft (= Reihe Sozialethik der Österreichischen Forschungsgesellschaft, Band 7), Wien: Passagen 2003, S. 33-64.

Hecken, Thomas: Populäre Kultur, Bochum: Posth 2006.

Hitzler, Ronald/Honer, Anne: »Bastelexistenz: Über subjektive Konsequenzen der Individualisierung«, in: Ulrich Beck/Elisabeth Beck-Gernsheim (Hg.), Riskante Freiheiten: Individualisierung in modernen Gesellschaften, Frankfurt am Main: Suhrkamp 1994, S. 307-315.

Horkheimer, Max/Adorno, Theodor W.: »Kulturindustrie – Aufklärung als Massenbetrug«, in: Max Horkheimer/Theodor W. Adorno (Hg.), Dialektik der Aufklärung, Frankfurt am Main: Suhrkamp 1971, S. 108-150.

Jauk, Werner: pop/music+medien/kunst. Der musikalisierte Alltag der digital culture (= Osnabrücker Beiträge zur Systematischen Musikwissenschaft, Band 15), Osnabrück: epOs 2009.

— »Pop – ein emotionales politisches Konzept«, in: Thomas Phleps/ Helmut Rösing (Hg), Beiträge zur Popularmusikforschung: 29/30, Hamburg: Coda 2002, S. 57-77.

— »The Visual and the Auditory Represenation of Space and the Net-Space«, in: Musicological Annual 43/2 (2007), S. 179-186.

Keupp, Heiner et. al: Identitätskonstruktionen. Das Patchwork der Identitäten in der Spätmoderne, Hamburg: rororo 1999.

Kilian, Karsten: »Mensch Marke!«, in: Absatzwirtschaft. Zeitschrift für Marketing (3/2010), S. 105-109.

Knepler, Georg: Geschichte als Weg zum Musikverständnis, Leipzig: Reclam 1977.

Lehmann, Andreas/Kopiez, Reinhard: »Entwurf eines Forschungsparadigmas für die empirische Erforschung Populärer Musik: Multiple optimierte Passung in den Produktionsketten der Popmusik« in: Musikpsychologie. Jahrbuch der Deutschen Gesellschaft für Musikpsychologie Band 23, Göttingen: Hogrefe 2013, S. 25-44.

Lenz, Karl/Adler, Marina: Geschlechterverhältnisse. Einführung in die sozialwissenschaftliche Geschlechterforschung, Weinheim: Beltz Juventa 2010.

Lorenz, Bettina: Beziehungen zwischen Konsumenten und Marken. Eine empirische Untersuchung von Markenbeziehungen, Wiesbaden: Gabler 2009.

Meffert, Heribert/Burmann, Christoph: »Theoretisches Grundkonzept der identitätsorientierten Markenführung«, in: Heribert Meffert/Christoph Burmann/ Martin Koers (Hg.), Markenmanagement. Grundfragen der identitätsorientierten Markenführung, Wiesbaden: Springer 2002, S. 35-72.

Rösing, Helmut: »Musikalische Ausdrucksmodelle«, in: Herbert Bruhn/Rolf Oerter/Helmut Rösing (Hg.), Musikpsychologie. Ein Handbuch, Hamburg: rowolth 2002, S. 579-588.

Roth, Simone: Akustische Reize als Instrument der Markenkommunikation, Wiesbaden: Deutscher Universitätsverlag 2005.

Schulze, Gerhard: Die Erlebnisgesellschaft. Kultursoziologie der Gegenwart, Frankfurt am Main: campus 1992.

Smudits, Alfred: Mediamorphosen des Kulturschaffens. Kunst- und Kommunikationstechnologien im Wandel, Wien: Braumüller 2002.

Stout, Patricia A./Leckenby, John D.: »Let the Music Play. Music as a Nonverbal Element in Television Commercials«, in: Sidney Hecker/David Stewart (Hg.), Nonverbal Communication in Advertising, Massachusetts: Lexington 1998, S. 207-223.

Trommsdorff, Volker: Konsumentenverhalten, Stuttgart: Kohlhammer 2006.

Wegener, Claudia: Medien, Aneignung und Identität. »Stars« im Alltag jugendlicher Fans, Wiesbaden: Verlag für Sozialwissenschaften 2008.

Wicke, Peter: Von Mozart bis Madonna. Eine Kulturgeschichte der Popmusik, Frankfurt am Main: Suhrkamp 2001.

— »Sound-Technologien und Körpermetamorphosen. Das Populäre in der Musik des 20. Jahrhunderts«, in: Peter Wicke (Hg.), Rock- und Popmusik, Laaber: Laaber 2001, S. 11-60.

Wirth, Uwe: »Der Performanzbegriff im Spannungsfeld von Illokution, Iteration und Indexikalität«, in: Uwe Wirth (Hg.), Performanz. Zwischen Sprachwissenschaft und Kulturwissenschaften, Frankfurt am Main: Suhrkamp 2002, S. 9-60.

Zenter, Marcel/Scherer, Klaus R.: »Emotionaler Ausdruck in Musik und Sprache«, in: Musikpsychologie. Jahrbuch der Deutschen Gesellschaft für Musikwissenschaft Band 13, 1998, S. 8-25.

Zentes, Joachim/Swoboda, Bernhard: Grundbegriffe des Marketing. Marktorientiertes globales Management-Wissen, Stuttgart: Schäffer-Poeschel 2001.

INTERNETRESSOURCEN

»Doing Gender und die Hergestelltheit und Variabilität unserer Identitäten. Vorschläge für korrigierte Übersetzungen zweier Butler-Zitate aus Gender Trouble sowie eines Zitates aus Doing Gender von West/Zimmermann«, http://theoriealspraxis.blogsport.de/2009/10/28/doing-gender-und-die-hergestelltheit-und-variabilitaet-unserer-identitaeten/ vom 09.01.2015.

Wicke, Peter: Popmusik als Industrieprodukt, http://www2.hu-berlin.de/fpm/textpool/texte/wicke_popmusik-als-industrieprodukt.htm. vom 09.01.2015.

Uni-Sex-Voice, das Erregende und Performative im Pop-Sound

WERNER JAUK

I. POP – SOUND ALS STIMULANS DER MASSENHAFTEN EMOTIONALEN KOMMUNIKATION

A. Der Signalcharakter der erregten Stimme

In Anlehnung an anthropologische Theorien der Entstehung von Musik ist diese die Kultivierung des (emotionalen) Ausdrucks, die Kultivierung der Klanglichkeit des Ausdrucks[1] wie (der Instrumentarisierung) des Ausdrucksverhaltens.[2] Kultivierung konnotiert modernes Fortschrittsdenken; neutraler kann Musik als ein Prozess der Mediatisierung[3], der Entfernung von der unmittelbaren Körperlichkeit des Ausdrucks betrachtet werden. Abseits der Annahme einer linearen und sich selbst ›überholenden‹ Entwicklung als Fortschritt erlaubt dies zu sehen, dass Pop-Musik in zwei Stufen der Mediatisierung zugleich vorliegt: Pop-Musik kann als zugleich gering- und hochmediatisiertes Phänomen betrachtet werden. Pop-Musik ist sound-dominierte Musik. Sound ist Teil des unmittelbar körperlichen emotionalen Verhaltens und kommuniziert dieses ebenso unmittelbar, zugleich ist dieser Sound technologisch hochmediatisiert generiert – diese hochmediatisierte Form ›verstärkt‹ die kommunikative Qualität der unmittelbaren Körperlichkeit.

---

1 Vgl. G. Knepler: Geschichte als Weg zum Musikverständnis.
2 Vgl. J. Blacking, John: Towards an Anthropology of the Body.
3 Vgl. W. Jauk: Beyond semiotics?

Diese innerhalb der musikwissenschaftlichen Forschung spät und meist als innermusikalische Größe in Folge der technischen Entwicklung betrachtete Sound-[D]ominanz[4] geht mit ihrer Funktion einher: der körperlichen Erregung zum Mit-Bewegen ebenso wie zur emotionalen Aufladung gesellschaftlicher Vorgänge, der Schaffung eines emotionalen Klimas.[5] Pop-Sound wird vor allem als die technische Extension der Stimme zu betrachten sein; instrumentarisierte körperliche Sound-Arbeit besteht darin, den Emotionslaut und damit seine unmittelbar kommunikativen Qualitäten technisch zu verstärken. Diese basale Kommunikationsform und ihre technische ›*amplification*‹ erhöhen das Potential des Pop-Sound zur (emotionalen) Massenkommunikation – ein hinsichtlich der Erregung (intuitiv reaktiv und daher massenhaft) Gemeinsam-Werden, abseits des Verstehens einer zeichenhaften Vermittlung von Erregung, die spezifisches (und damit differenzierendes) kulturelles Feld-Wissen voraussetzt.

Erregung ist jedoch nicht gleich ein bedeutungsvolles Gefühl – Erregung ist innerhalb des dimensionalen Konzepts von Gefühlen lediglich eine Dimension, die mit Klang und seiner Gestaltung in Musik in hohem Bezug steht: die naturgegebene Körper-Klang-Koppelung über Erregung (in der Wirkungsästhetik, der Ästhetik der Beziehung von Spannung–Lösung formuliert) wird vor allem in Popmusik wirksam. Pop-Sound stimuliert unmittelbar körperlich das, wovon er Teil ist: körperliche Erregung – bevor Sound in Pop zeichenhaft vermittelt.[6] Das, was wir als Gefühle bezeichnen, sind Interpretationen von Erregung in Situationen: kognitive und damit kulturell bewertete Interpretationen von Erregung unter Kenntnis der Situation, ihres Auftretens und mit dem Wissen, dieses Erleben über verbale Begriffe kategorial einzuordnen. Pop-Sound kommuniziert Erregung – empfundene Erregung steht mit der Konnotation ›*activity*‹ empirisch in Beziehung. ›*Activity*‹ ist eine Dimension des (dimensionalen) Konzepts von Gefühlen und ist unabhängig von einer weiteren Dimension ›*evaluation*‹: Erregung kann demnach angenehm wie unangenehm erlebt werden. Der aus Erregung hervorgegangene Klang vermittelt vorerst nichts über seine Evaluation, seine kategoriale emotionale Qualität und deren sprachliche Bezeichnung und damit kulturell bestimmte Bewertung – er kommuniziert stimulierend Erregung, bevor er semantische Bedeutung vermittelt.

Der Emotionslaut ist (lediglich und zuerst) klangliches Artefakt von (physiologischer) Erregung als körperliche ›Bewegung‹ muskulärer Spannung und Lösung, die über die Atmung und die Stimmbänder zu Klang wird; Klang ist ganz

---

4   Vgl. D. Hartwich-Wiechell: Pop-Musik, Analysen und Interpretationen.
5   Vgl. W. Jauk: Pop: Mediatisierung und der dissidente Körper.
6   Vgl. P. Wicke: ›Move Your Body‹.

basal physikalisches Artefakt von Bewegung. Klang kündet in der Rezeption von dieser Bewegung. Piaget hat diese Funktion als »signal« bezeichnet: »certain aspects of the object«[7] seien »linked with the immediate action«.[8] Selbst innerhalb der Theorie der Semiotik kann Klang als ein Signal betrachtet werden, eine vorzeichenhafte Kommunikationsform, »more primitive than the symbol«[9], die direkt eine Reaktion triggert[10], ohne jedoch der Grund dafür zu sein.[11] Als Index kündet er unmittelbar von seiner Herkunft, er ist an diese naturgegeben gebunden – dies ist es, was Eco jüngst dazu bewegte, die Semiotik auf das willentlich gemachte und kulturell tradierte Symbol zu beschränken. Gerade im Zusammenhang mit Musik wird diese non-kausale Stimulus-Response-Verknüpfung (die kognitive Prozesse als Bewertung des Stimulus nicht ausschließt) als Unmittelbarkeit eines ›Verweises‹ innerhalb der Semiotik diskutiert: Innerhalb der Semiotik bleibend bezeichnete Langer die Symbolhaftigkeit in der Musik nicht als repräsentativ, sondern als ›präsentativ‹ – als: vergegenwärtigend; das *feeling* werde in der *form*, in der *form* werde das *feeling* gegenwärtig.[12]

Im hochkulturellen Verständnis der willentlichen Schaffung von Form bleibt die unmittelbare Äußerung von Klang lediglich Klang als natürliches Phänomen, als Erregung stimulierender Reiz der Umwelt. Erst die willentliche symbolische Überformung von Klang sei Kultur – gerade gegen diese die Natur verlassende, verdrängende Form von Kultur richtet sich Pop. Möglicherweise steckt in einem die Kraft der Natur missachtenden Verhalten lediglich der Machtanspruch, der – in Weiterführung des frühen aufklärerischen Duktus von ›Wissen ist Macht‹ – die Beherrschung der unübersehbar komplexen Lebensform ›Natur‹ anstrebt und auf die herrschende Gestaltung von Gesellschaft überträgt. Bürgerliche Kultur hat diesen Anspruch als Medium der politischen Emanzipation in Musik gelebt. Eine Körperkultur, eine die Natur des Körpers als kulturelles Gut respektierende Lebensform, richtet sich zuerst dagegen, sie lebt es schließlich alternativ. Popkultur, vor allem ihre Musik in ihrer körpernahen und technisch intensivierten Klangbestimmtheit und daher in ihrer unmittelbaren massenhaften Erregungs-

---

7 J. Piaget: Le développement de la notion de temps chez l'enfant, S. 278.
8 Ebda.: S. 19.
9 Ch. W. Morris zit. nach W. Nöth: Handbook of Semiotics, S. 112.
10 Sebeok beschreibt, dass ein Signal »triggers some reaction on the part of the receiver« (Th. A. Sebeok: Contributions to the Doctrine of Signs, S. 121).
11 »A physical phenomenon which provokes reactions in mechanisms and organisms, without being the cause of these reactions« (R. Pazukhin: The Concept of Signal, S. 41).
12 Vgl. S. K. Langer: Feeling and Form.

qualität, ist Zentrum dieser Körperkultur – sie erweist sich im Alltag empirisch als eine Erlebniskultur, die dem ›Spannungsschema‹ folgt.[13]

B. Pop – Voice

Die Stimme ist die (körpereigene) physiologische Instrumentarisierung der körperlichen Bewegung, als Spannung und Lösung, in Klanglichkeit: Der Stimm-Klang ist physiologische Bewegung der Stimmbänder durch den Luftstrom der Atmung als Folge innerer Erregung, die zu Muskelspannungsveränderungen führt – diese Erregung ist auch psychologisch wahrnehmbar.[14] Die damit korrelierende Ausdrucks-Bewegung, die erst durch ihre Instrumentarisierung klanglichen Ausdruck erfährt, ist bereits eine körperexterne Instrumentarisierung – also: die Verwendung eines externen Instrumentes, das durch seine physikalischen Gegebenheiten und deren kulturelle Bedingtheiten weitere Überformungen des Ausdrucks mit sich bringt.

Gleichsam vor dieser externen Instrumentarisierung soll der unmittelbar körperliche Ausdruck und seine Kommunikationsform systematisch isoliert werden, die Stimme. Die Instrumentarisierung der performativen Komponente körperlicher Erregung als mechanische Extension des hedonischen Körpers und darin Verstärkung seiner emotionalen Kommunikationsqualität ist vielfach besprochen, meist als Klang erzeugendes und formendes Instrument in Musik im Allgemeinen und in Pop im Besonderen. Pop-Sound als ›verkörperter Klang‹ scheint Allgemeingut geworden zu sein; selbst die Manipulation des ›entkörperlichten‹ digitalen Klanges ist im Zusammenhang mit *embodied cognitions* und *conceptual metaphors*[15] körperlichen Erfahrungen aus der Interaktion mit akustischen Reizen der Umwelt beziehungsweise Übertragungen der Erfahrung mit nicht-akustischen Reizen der physikalischen Umwelt auf die Vorstellung von Klangwelten zuzuschreiben.[16]

Es soll der Qualität der Korrelation von Ausdrucksklang und Ausdrucksbewegung nachgegangen werden: nämlich der gerichteten Hypothese, dass das direkte körperliche Klangformen mit pop-musikalischen Instrumenten als die

---

13 Vgl. G. Schulze: Die Erlebnisgesellschaft.
14 Vgl. J. Sundberg: The Science of the Singing Voice.
15 Vgl. G. Lakoff: The contemporary theory of metaphor, S. 202-251.
16 Die Idee eines Klanges ohne Körper beschränkt sich lediglich auf das Prinzip der Immaterialität digitaler Codes, eine von Menschen initiierte Generierung digitaler Klänge wird auf Erfahrungen der Materialität des Körpers und entsprechender *embodied cognitions* beruhen; vgl. M. Harenberg/D. Weissberg (Hg.): Klang (ohne) Körper.

Instrumentarisierung der Körperbewegung ein sekundäres Phänomen sei, das primär als technisches Musizieren modelliert nach den Ausdrucksmöglichkeiten der Stimme zu betrachten ist und diese Stimmqualität, die Kommunikation von Erregung, verstärkt.

Der Primat der Stimme als ›Instrument‹ der Kommunikation von Erregung lässt sich (bei evolutionstheoretischer Begründbarkeit) am Beispiel der Klanggestaltung im Spiel der Elektrogitarre bei Hendrix allgemein fassbar beschreiben. Sein hedonisches Spiel der rückkoppelnden Gitarre, die Formung interner Klangbewegung durch das Ausloten von Obertönen aus dem Spektrum, die technische Extension durch den regelbaren Low-Pass-Filter, das Wah-Pedal, ist nach dem Paradigma der stimmlichen Lautformung beschreibbar. Ausgehend von der theoretisch begründbaren Extension der Stimme durch die Gitarre im Mississippi-Blues bis hin zur journalistischen Benennung seines Spiels als lautmalerisch sprechende Gitarre finden sich entsprechende ästhetische und alltägliche Wahrnehmungsformen. Diese Spielweisen haben über entsprechende *devices* die Modulation des synthetischen Klanges in Pop bestimmt, was wiederum auf das Gitarre-Spiel Rückwirkung hatte. Die Modulation des Klanges des Moog'schen Synthesizers durch Filter, sowie die Modulation der Grundtonhöhe durch entsprechende Modulation-Wheels ist an der Stimmnachahmung dieses Gitarrenspiels orientiert: das Verschleifen der Tonhöhen, die lautmalerische Klangformung bestimmen beide. Touchpads erlauben heute mit entsprechenden klangverarbeitenden Programmen die gestische Ausdrucksbewegung vielfach in stimmmodulierenden Klang zu konvertieren.

Was für die performative Kommunikation von Erregung gilt, gilt bereits davor für die stimmliche Kommunikation: Sie ist unmittelbarer Ausdruck von Erregung. Im Einklang mit theoretischen Ansätzen einen Genotypus und einen Phänotypus (die Roland Barthes in Anlehnung an Julia Kristevas Begrifflichkeit auf die Deskription von interpretierenden Singstimmen anwendet) anzunehmen, ist die Pop-Stimme eine mit erhöhter Rauigkeit, erhöhter Körnung. Die Popstimme ist allgemein eine unmittelbar körperliche, wie Roland Barthes im Genogesang Panzeras »den Körper in der singenden Stimme«[17] hörte. Dabei ist der Körper

»nicht als Natürliches im Gegensatz zur Künstlichkeit gesellschaftlicher Konventionen [zu] begreifen. Der Körper wird nicht gegen die Sprache in Stellung gebracht. Vielmehr hört Barthes die Rauheit der Stimme gerade in Panzeras Umgang mit der Sprache. [...] ›Geno‹ ist ein Bereich des Sprachlichen, der [...] vor der Bedeutung liegt. Es ist der

---

17 R. Barthes: Die Rauheit der Stimme, S. 277.

Bereich der Materialität des Sprachlichen, die dem Ausdruck von Sinn vorausgeht und diesem zugrunde liegt. Mit der Rauheit der Stimme fokussiert Barthes somit eine Arbeit im Lautmaterial der Sprache. Dieser Arbeit wird von Barthes ein affektiver Charakter zugesprochen: Der ›Ort, an dem die Sprache umsonst bearbeitet wird‹ [R. Barthes: Die Rauheit der Stimme: S. 277], ohne Ziel, ohne Plan, wie es bei Barthes heißt, sei ein ›Raum der Lust und des Genießens‹ [ebd.: S. 277]. Barthes spielt hier auf Lacans Begriff der ›jouissance‹ an – der Lust im Jenseits der zu einem bestimmten historischen Zeitpunkt gültigen symbolischen Ordnung.«[18]

Empirische Analysen belegen die Popstimme als hoch individuell, situativ und wenig lernmäßig überformt; ihre Klanglichkeit ist davon geprägt, dass sie im Stimmapparat weit vorne erzeugt wird (ähnlich der natürlichen Sprechstimme) und damit im Gegensatz zum ›eingesaugt‹ rückwärtsverlagerten Stimmsitz des klassischen Gesanges steht. Sie ist obertonreich und stark vom Atemductus bestimmt – vom Ausatmen – vom Ausdruck der Erregung. Im Phänogesang hingegen glaubt Barthes »niemals die Zunge, die Stimmritze, die Zähne, die Innenwände, die Nase«[19] zu hören – gerade dies wird, mikrophontechnisch fokussiert, als Intimität des ›especially for you-effect‹ bestimmend für die Pop-Voice sein, für emotionale Nähe, die mit dem ›crooning‹ begann. Die Pop-Stimme steht damit im Gegensatz zu einer die Vorschrift interpretierenden Stimme, die Individualität zurückstellt und die Klanglichkeit einem Instrument gleich registerhaft ›genormt‹ produziert, um die Vorschrift zu realisieren. Roland Barthes versteht im Phänogesang »eine perfekte Erfüllung der Konventionen«.[20]

Diese analytisch fundierte Deskription geht mit der ›Funktion‹ von Pop-Musik im (jugendkulturellen) gesellschaftspolitischen Gefüge einher: Als kleine Stimme lädt sie zur Identifikation ein[21], zur Übernahme dessen, was sie unmittelbar kommuniziert: Erregung – im Gestus sexueller Erregung ebenso wie mit dem Gestus der heraushängenden Zunge[22]; die technische Instrumentarisierung der Stimme in Pop dient ihrer ›Verstärkung‹.

Die Klanglichkeit der Pop-Stimme, basierend auf der unmittelbaren und hedonischen Erregungskommunikation, die als Erfahrung allen Menschen eigen ist, und der technischen Intensivierung dieser Kommunikation, ›erklärt‹ die Funktion von Musik im Volke, erklärt populäre Musik als funktionale Musik im

---

18 J. Bonz: Soziologie des Hörens, S. 127f.
19 R. Barthes: Die Rauheit der Stimme, S. 273.
20 J. Bonz: Soziologie des Hörens, S. 126.
21 Vgl. D. Diederichsen: Stimmbänder und Abstimmungen.
22 Vgl. G. Marcus: Lipstick Traces.

gesellschaftlichen Gefüge: die emotionale Bindung durch Klanglichkeit (im massenmedialen Betrieb – daraus sei jene Pop-Musik entstanden, von der wir hier reden), um damit Inhalte zu vermitteln – politische und kommerzielle Inhalte zu vermitteln wird ihr meist stereotyp zugeschrieben. Dabei ist aber die Intention der emotionalen Bindung nicht vorgegeben. Sie kann zur Affirmation bestehender Gesellschaftssysteme (wie Adorno dies befürchtete) ebenso beitragen wie zur Emanzipation neuer Systeme durch Gegenhaltung, schließlich zum Aufbau alternativer paralleler Lebenswelten durch den Rückzug auf den ›hedonischen‹ Körper – Pop-Sound bietet dafür das emotionale Klima.[23]

C. Von der Pop-Gegenkultur zur hedonischen Kultur.
Die Kampffelder des Körpers

Der Prozess der Zivilisation, der Ausbildung monarchischer Sitten, macht Erregung in symbolischer Form hoffähig, das Bürgertum wird diesen Prozess der politischen Emanzipation in aufklärerischer Haltung mit der Dominanz auf Ratio weiterführen und den Körper salonfähig machen. Der Verdrängungskultur des beginnenden 20. Jahrhunderts diente das Schwarze, das Weibliche und das Kindliche beziehungsweise Jugendliche als kulturell ›akzeptierter‹ Ort der Erregung. Nach der Hinwendung ›westlicher‹ Kultur zum Fremden als Exotismus am Beginn des 20. Jahrhunderts, nach dem Freilegen des Verdrängungsprozesses als krankmachende Kultur am Weiblichen über die Psychoanalyse erfährt der Prozess der Aufweichung der Körper-verneinenden Kultur Unterbrechung durch zwei Kriege. Pop als Jugendkultur wird diese Verdrängungskultur allmählich verlassen.

In der Gegenhaltung gegen jene rational bestimmte Elternkultur, die diese Kriege getragen hat, wird sich in den 1950er Jahren eine pubertierende hoch erregte Generation ihre ersehnte Freiheit in der ›black culture‹ suchen und diese als Projektionsfläche ihrer Wünsche gebrauchen. Die vor der Elternkultur fliehende amerikanische weiße Jugend wird die Politik der McCarthy-Ära über eine Kultur für die Jugend, über die Spielwiese Pop, auf den heimatlichen Boden zurückholen – der Körper des ›white niggers‹ wird das Medium dieses Bürgerkrieges sein. Die Rolle der Geschlechter folgt der vorgeschriebenen Ordnung: Idealisiert in ›Elvis‹ setzt der Mann als Besatzungssoldat seine Hilfs-Dienste nun (als Vorhut einer Globalisierung als Amerikanisierung) fort, die Frau steht als Gattin und Mutter am häuslichen Herd und kehrt im männerverarmten Nachkriegs-Europa nach dem Wiederaufbau dorthin zurück. Nur wenige in den Fernseh-

---

23 Vgl. W. Jauk: Pop – ein emotionales politisches Konzept.

shows tanzen körperlich freizügig den R´n´R, wenige kleiden ihren Körper in ›Hosen‹, selbst wenn das Männersymbol dann meist die weiblichen Körperformen betont.

In den *Sixties* wird die soziologisch dominierte Pop-Forschung die Gegenhaltung als semiologische Guerilla[24] erkennen. Sozialistisches Denken prägt diesen Kampf nach Gleichheit in unterschiedlichen sozialen Schichten wie in den kulturell ›zugeteilten‹ Geschlechterrollen. Der Körper wird Träger dieses Kampfes um die Enteignung der Zeichen tief verankerter kultureller Strukturen sein. Was nur vereinzelt in der Wissenschaft auftaucht ist die Ahnung, dass in der Jugend als Massenbewegung über Kulturen hinweg nicht das Zeichensystem verstanden wurde, sondern dass Musik, ihr körperlicher Sound, unmittelbar ›verstanden‹ wurde. Murdock wies darauf hin, dass erst die gebildetere jugendliche Schicht eine Jugendkultur der Umbewertung der Zeichen basierend auf deren ›Verstehen‹ tragen konnte und nicht die Arbeiterjugend[25] – wie dies Hebdige beobachtete.[26] Murdock hat darauf hingewiesen, dass das Zusammenspiel von Erregung des Alltags mit dem Erregungslevel der Musik das Musikleben und seine soziopolitischen Implikationen bestimmen wird – ein homöostatisches »*mood management*« wird zum politischen Instrument.

Nach den vorrangig theoretischen Postulaten der Emanzipation des Menschen als Gegenhaltung zur distinguierenden ›Schädigungs- und Ausschlussgeschichte‹ kultureller Werthaltungen von Herrschaftssystemen in den 1960er Jahren wird Punk die aufklärerische Rolle überwinden und politische Forderungen körperlich leben. ›*Riots*‹ werden performativ Lust fordern – dies ist der Beginn einer Hedonisierung des Alltags, mit der auch eine (Re-)Sexualisierung einhergeht, diese wird als Sensibilisierung der kulturellen Konstruktion der Geschlechter ebenso in den Wissenschaften wahrgenommen wie als Affirmation tradierter weiblicher Sexismen.[27] »From Sexual Objectification to Sexual Subjectivication« beschreibt nicht nur die (postfeministische Sicht der) Rolle des weiblichen Körpers in einer von Subjektivität geprägten neoliberalen Gesellschaft.[28]

Post-Feminismus äußert sich darin, dass auf den Errungenschaften der feministischen Bewegungen(en) die Freiheit gelebt werden kann, die auch körperliche Bedürfnisse befriedigende Individualität zu leben – dies wird »*popular*

---

24 Vgl. U. Eco: Für eine semiologische Guerilla.
25 Vgl. G. Murdock: Struktur, Kultur und Protestpotential.
26 Vgl. D. Hebdige: Subculture.
27 Vgl. R. Gill: Empowerment/Sexism, S. 35-60.
28 Vgl. R. Gill/C. Scharff: New femininities.

culture« ausmachen²⁹ und sich nicht nur auf das Leben von Frauen beziehen. Generalisierend betrachtet lebt nun eine Generation nach der 1968er-Generation auf den sozialen Errungenschaften jener Bewegung.

Seit den 1980er Jahren wird technoider Pop in Form des aktiven Rückzugs auf die eigene Körperlichkeit ästhetisch und damit sozial und politisch auf ›*mille plateaux*‹ leben, die theoretische Sicht wird damit einhergehen. Pop-Kultur wird zur massenhaft wirksamen Avantgarde der Körperkultur als Kultur des hedonischen Körpers – Erregung wird als jenes Regulativ erachtet, das soziales und politisches Verhalten individuell ›natürlich‹ und darin massenhaft regelt; der körperliche Sound des Pop wird in diesem System nicht als Zeichen, sondern als Stimulans wirksam.

Diese hedonische Körperkultur gipfelt heute zudem in einer inneren Notwendigkeit der digitalen Kultur³⁰: Ob der ihr innewohnenden Immaterialität³¹ und der daraus folgenden Transgression des mechanischen Körpers³² wird dieser mechanische Körper unnütz³³, an seine Stelle tritt der hedonische Körper – *electronic vibrations*³⁴ und *techno-musics* werden dafür gelebte Avantgarde sein.

Pop als Körperkultur wird aber auch zum gesellschaftlichen Korsett: dass mit Körper Freiheit verbunden sei, relativierte bereits Diederichsen mit der Beobachtung des Postulats des Körpers in »Spielarten des terroristischen Selbstverwirklichungs-Imperativs«³⁵ der Pop-Kultur.

Es ist (empirisch basiert) zu argumentieren, dass sich Pop als Körperkultur an der Natur des Körpers orientiert: War der Körper zuerst Träger der enteigneten Zeichen kulturmachender Mächte, so wurde er zunehmend zu einem Kultur erregenden System nach seinen Bedürfnissen, der homöostatischen Aufrechterhaltung seines Erregungslevels durch Interaktionen mit der Umwelt³⁶ – damit tritt der Körper ins Soziale, ins Politische – Informalisierung³⁷ wird damit

---

29 Vgl. A. McRobbie: Post-Feminism and Popular Culture, S. 255-264.
30 Vgl. W. Jauk: pop/music+medien/kunst.
31 Vgl. J.-F. Lyotard: Immaterialität und Postmoderne.
32 Vgl. W. Jauk: The Transgression of the Mechanistic Paradigm.
33 Vgl. J. Baudrillard: Simulacres et simulation.
34 Vgl. G. Klein: Electronic vibration.
35 D. Diederichsen: Stimmbänder und Abstimmungen, S. 111.
36 Vgl. H. J. Eysenck: The Biological Basis of Personality.
37 Dachten die Leavisten, dass »Culture and Democracy unalterably opposed« seien (zit. nach S. Hall: Cultural Studies and the Centre, S. 9), sprach Browne (vgl. R. Browne: Against Academia) in den *Sixties* von einer Demokratisierung durch die Pop-Kultur;

einhergegangen sein und nicht der Rückfall in Barbarei, wie dies die Kritik befürchtete. Interaktionsformen werden unmittelbar körperliche sein und nicht deren symbolische Repräsentationen. Pop-Kultur kämpft gegen Kultur nicht mehr mit den Mitteln jener Kultur, die sie ›bekämpft‹, mit repräsentierenden Symbolen, sie kämpft selbstbewusst mit ihrer (von der angloamerikanischen Pop-Forschung abgewerteten) barbarischen Natur – besser: sie entzieht sich, sie löst sich von hegemonialem Herrschaftsdenken und besinnt sich auf ihren Körper.

Pop-Sound kommuniziere stimulierend, bevor er zeichenhaft Bedeutung vermittelt. Es ist mit Shepherd und Wicke anzunehmen[38], dass diese physiologischen und affektiven Stimulationen, die mit der Klangwelt von Musik einhergehen (von ihr provoziert werden), nicht erst durch ihre Einbindung in die ›symbolhafte Ordnung der Sprache‹ in die gesellschaftliche Welt eintreten und Bedeutung erlangen: der aus Erregung hervorgegangene Klang kommuniziert unmittelbar emotional – das alte Imitations- oder Ansteckungsmodell[39] gilt auch heute noch der wissenschaftlichen Forschung als Basis; Identifikation oder auch neuronale Tätigkeit (Spiegelneuronen) bieten für die massenhafte Kommunikation allein von Erregung sozial-psychologische wie physiologische ›Erklärungen‹. Die Pop-Stimme wird nicht (nur) eine Botschaft vermitteln, sie wird Erregung hinaus-schreien und darin »ansteckend« wirken[40] und massenhaft erregen. Die theoretischen Postulate von Gleichberechtigung, getragen von der sozialistisch geprägten Gegenhaltung zu kulturell tief liegenden hegemonialen Strukturen, die mit ausgrenzenden Differenzierungen sozialer Schichten wie der Geschlechter einhergehen, werden im agitatorischen Punk und in der ›Riot‹-Bewegung lustvoll überwunden, in der technoiden Kultur alltäglich gelebt: Der Forderung nach neuen Strukturen folgt die Tat des Körpers. Der Körper vermittelt seine Bedürfnisse nicht nur als Träger umbewerteter Zeichen, der Körper löst sich davon und schreit seine Bedürfnisse unvermittelt hinaus.

D. Hypothesen

Mit zunehmender Ausbildung einer Körperkultur, welche die kommunikative Wirkung durch Signale/Stimulantien und deren technische ›Verstärkung‹/

---

er hat später diesen klar politisch konnotierten Begriff zurückgenommen und ihn durch Informalisierung ersetzt.
38 Vgl. J. Shepherd/P. Wicke: Music and Cultural Theory.
39 Vgl. G. de Tarde: Les lois de l´imitation.
40 Vgl. H.-G. Vester: Emotion, Gesellschaft und Kultur.

Intensivierung lebt, nehmen die Freiheitsgrade kulturell gemachter Überformungen (Repräsentationen/Zeichenhaftigkeit) ab – kulturelle Differenzierungen und damit auch geschlechtliche Differenzierungen werden dadurch minimiert zugunsten leiblicher Allgemeinheiten, zugunsten darin massenhafter Kommunikation. Diese kulturelle Veränderung, die Hervorhebung der Erregungsqualität, isoliert sie gleichsam methodisch.

Bei anderen kulturellen Anpassungen zeigt sich in Pop allgemein eine Annäherung der Stimme der Geschlechter in ihrer natürlichen Lebensform, die Verschmelzung dieser mit ihren Extensionen im Prozess der technischen Instrumentarisierung im Cyborg, schließlich ihre Auflösung im menschlichen Audruck von Erregung als musikalischer Duktus dominant in technoider Körper-Musik. Der Pop-Schrei ist der einer Uni-Sex-Voice und (mit zunehmender technischer Mediatisierung) schließlich der einer entsexualisierten Stimme – zur unmittelbaren massenhaften Erregungsinduktion. Anhand von musikalischen Beispielen des Schreis in der Pop-Musik und seiner (kultur-)technischen Überformung/Intensivierung soll dieses Hypothesengerüst argumentiert werden.

II. Aspekte kultureller Überformungen des Schreis

Die europäische Hochkultur be-ob-achtet/kennt den ›Schrei‹ als den Munch'schen Schrei. Mimetisch betrachtet ist dieser ein einatmender, ein ›erstickender‹ Schreckens-Schrei – ein Schrei der Ohnmacht.

Der Pop-Schrei ist der Schrei des Hinausschreiens: Er ist (bewusst reproduzierter Teil hoher Erregung, also) die ›kultivierte‹ Nutzung der natürlichen Gegebenheit: das Klangerzeugen durch das körperliche Ausatmen, das Spannung-Reduzieren. Das schreiende Hinaus-Atmen von Spannung ist ›Technik‹ des gering kultivierten Singens, des klanglichen Ausdrucks eines (im zweifachen Sinne) unbeherrschten Körpers.

Mit diesem Hinausschreien wird in unterschiedlichen pop-kulturellen Feldern unterschiedlich umgegangen; die Betrachtung der spezifischen Erscheinungen erlaubt Aussagen über die jeweiligen kulturellen Felder, die methodische Isolation dieser kulturellen Überformungen lässt das Gemeinsame hervortreten – das Menschliche dieses Schreis: Unterschiedliche Tonlagen, die im Alltag als Geschlechter differenzierendes Wissen fungieren, verschwinden oder werden zumindest minimiert.

A. Pop-kulturelle Formen des Schreis

Das ›Weiß‹-Waschen der schreienden/kreischenden ›black-voice‹
Im Prozess der Aneignung innermusikalischer Aspekte aus der *black culture* durch die Weißen in den 1950er Jahren geschah ein Weiß-Waschen des Timbre und der zeitlich rhythmischen Modulation des *black-voicings*; zugleich wurde das Weiße vom Sound der *black culture* verfärbt.

»Tutti Frutti« wurde von Little Richard (1956) eingespielt, die textlich geglättete erste Coverversion von Pat Boone (1956) folgte bereits drei Monate später. Little Richard kommuniziert den Inhalt in seiner persönlichen, der entsprechenden unmittelbar körperlichen (gering mediatisierten) expressiven Form; die im Gesangspart aufgebaute Spannung kulminiert im Schrei und löst Spannung – befreit übergibt Little Richard an das Saxophon; Pat Boones Version ist eine ›weiß‹-gewaschene: Die Stimme ist weniger ›rau‹ – sie ist jener der weißen registerhaft entindividualisierten Kunst-Musik nahe, sie bewegt sich klar im Klangbild des orchester-arrangierten schlagernahen Genres der Unterhaltungsmusik; der Schrei fehlt gänzlich.

Kultivierung der Voice in der ›black‹ culture
James Browns »Sex Machine« ist ein Beispiel für die Kultivierung der ›Natur‹ des »*acoustic driving*«.[41] Der Schrei (selbst unmittelbarer Ausdruck der Erregung) wird nun in seiner Wirkung dadurch intensiviert/kultiviert, indem er in einen zeitlichen Spannungsablauf ›gereiht‹ wird – bis hin zu einem intern bewegten Rhythmusmuster[42] des vibrierenden Sounds von Soul-Music.

Dieser rhythmisierte Klangteppich ist auch Basis für die sparsam melodischen Einwürfe des Solo-Instruments im ›coolen‹ Fusion Jazz bei Miles Davis; in technoiden Musiken wird im »rise of ground and the decline of figure«[43] jener ›schwarze‹ *body-driving rhythm sound* dominant werden. Soul als gelebter Mainstream der 1960er Jahre initiiert die Wende des weißen Melodic-Pop in den ›black‹ Rhythm-Pop, der unmittelbar einhergeht mit motorisch ›performativer‹ Aktion und Reaktion – diese Wende wird im Disco die Grenzen zwischen ›*black*‹ and ›*white*‹ und zwischen den Geschlechtern aufweichen; nicht zuletzt

---

41 Harrer findet empirisch physiologische Erregung allein durch die zeitliche Abfolge von akustischen Stimuli (vgl. G. Harrer: Das ›Musikerlebnis‹ im Griff des naturwissenschaftlichen Experiments).

42 Diese Terminologie lehnt sich bewusst an den intern bewegten Klang Ligetis an, der darunter bewegte Frequenzverläufe im Klanggeschehen versteht.

43 Vgl. Ph. Tagg: From Refrain to Rave.

durch das Brechen mit sexuellen Normen einer Gesellschaft, die das Andere ausschließt.

Tina Turners klangliche Performance im Rolling Stones Film GIMME SHELTER (1970) ist die symbolische Repräsentation des Schreis sexueller Erregung. Musikalisch ist ihre Performance der Erregung das schreiend gestoßene Ausatmen in rhythmischer Spannung mit dem *drive* der Rhythmusgruppe. In diesem spannungsreichen Spiel mit basaler Erregung unterscheiden sich die männliche und die weibliche Gestaltung (abgesehen von unterschiedlichen Verlaufskurven) nicht.

Es zeigen sich aber dennoch kulturell interpretierbare Geschlechtsunterschiede. Tina Turner setzt diese Rhythmisierung, melodisch ausgeformt, in harmonischen Bezug, während James Brown auf der ›gestoßen‹ rhythmisierenden Ebene bleibt; dies ist mit der je stärkeren Verortung der Singenden in den beiden Kulturen erklärbar. Tina Turner stellt sich zunehmend als weiße Frau dar, James Brown stand für *Black Power*. Peter Gabriel wird dieses gestoßene Ausatmen des ›stillen Schreis‹ als Gesangsstil übernehmen und durch motorische Aktivität (zum Beispiel durch das Laufen auf der Bühne) bewusst hervorrufend überhöhen.

Kultivierung der Voice in der ›white‹ culture

Die weiße Pop-Kultivierung des Hinausschreiens geschieht hingegen vorrangig als Überformung im Melodisch-Harmonischen, als das Einkleiden des Erregungsverlaufes in jene, die abendländische Musik dominant kennzeichnende Beziehungen der ersten und fünften Tonstufe, die das Prinzip von Spannung–Lösung als Ursatz formalisiere.[44]

In »Twist and Shout« steigern die *Beatles* den Dominantsept-Akkord zum Schrei (in der bildlichen Version von ›mitkreischenden‹ Mädchen gefolgt). Dieser Schrei wird dann im unbeschwert pilzkopfschüttelnden »yeah, yeah, yeah« symbolisch auch jene Erregung vermitteln, die mit dem emotionalen Vertrauen in die Machbarkeit der Welt der *Sixties* einhergeht.

Heavy-Rock der *late Sixties* und beginnenden 1970er Jahre ist stark von europäischer (weißer) Kulturvorstellung geprägt: Virtuos werden *feelings* in (symbolische) *form*[45] gebracht – in »Child in Time« von *Deep Purple* wird der ins Falsett gesteigerte Schrei im Gesang von Ian Gillan (und weitergeführt in der Gitarre von Ritchie Blackmore) melodisch verarbeitet. Setzen die *Beatles* den Schrei als harmonischen Höhepunkt, so steigern *Deep Purple* den Schrei in

---

44 Vgl. H. Schenker: Der freie Satz.
45 Vgl. S. K. Langer: Feeling and Form.

Intensität und Höhe, indem er in die Melodie eingebracht und damit zur Gesangstechnik kultiviert als ›*screaming*‹ weitergeführt wird. Beide Formalisierungen, sowohl die harmonische der *Beatles*, als auch die melodische der Gruppe *Deep Purple*, sind Überformungen des Ausdruckslautes ›Schrei‹ innerhalb der abendländischen klassisch romantischen Ästhetik.

In beiden Fällen wird der Schrei kulturell zwar kunstvoll aber als Gegenhaltung interpretierbar überhöht: Die Hervorkehrung der Kopfstimme im männlichen schreienden Gesang bricht durch die gezielte Annäherung der Tonlage an die ›weibliche‹ Stimme mit dem geschlechterdifferenzierenden Alltagswissen.

Der harte politische Schrei der Gegenhaltung: »the scream against!«

Der »*scream ag[a]inst*«, als harter politischer Schrei im Hard-Rock, wird pointiert gesetzt. In der Coverversion der von Ringo Star geschriebenen und von ihm emotionslos gesungenen *Beatles*-Nummer »With a Little Help from my Friends« setzt Joe Cocker den Schrei als Höhepunkt isoliert und gleichsam vom Vor- und Nach-Spiel umrahmt, mit hoch expressiver in Spannung gepresster Stimme. In »Cry Baby« hebt Janis Joplin den Schrei hervor, sie setzt ihn als ›*opener*‹, nicht als Gimmick, sondern als Exposition, um ihn dann melodisch fortzuführen. Geschlechterunterschiede finden sich hier kaum. Sie sind minimiert durch die natürliche Nähe der Klangqualität des weiblichen und männlichen Schreis.

Das Hinausschreien wird zum Duktus – das Stimulans zum Zeichen

Nicht der Einzelschrei, sondern der Duktus des angewiderten Hinausschreiens charakterisiert die Stimme von Mick Jagger[46], dieser Duktus wird allgemein die Stimme des Punk sein. »I Can't get no Satisfaction« der *Rolling Stones* oder »God Save the Queen« der *Sex Pistols* werden mit dem Gestus der »heraushängenden Zunge«[47] verklanglicht. Diese unmittelbare ›Verständlichkeit‹ der Klanglichkeit abseits der textlichen und *Surrounding*-Information wird letztlich in ein (ikonisches) visuelles Symbol transformiert – Andy Warhol macht es zum *signe* der *Rolling Stones*; das klangliche Stimulans wird zum visuellen Zeichen.

---

[46] Mick Jagger hat sich selbst als ein früher Punk lange vor dem britischen Punk bezeichnet.

[47] G. Marcus: Lipstick Traces, S. 19.

B. Die Instrumentarisierung des Schreis im Spiel der Gitarre und seine Übertragung auf das Spiel des künstlichen Klanges im Pop

Die Instrumentarisierung des Schreis im Gitarre-Spiel setzt zuerst voraus, dass das perkussive Instrument im Zuge der Verstärkung – wohl auch unter Gebrauch des Artefakts ›Verzerrung‹ – zu einem sustain- und obertonreichen Instrument wurde, dessen Klangfarbe durch Spieltechniken dynamisch moduliert werden kann.

Der Bezug zur Stimme scheint bereits in der Stimmung und den Spielweisen der Gitarre zu liegen. Traube und Depalle arbeiten in einer empirischen Studie heraus, dass die Stimmung und spezifischen Anschlagsweisen der Gitarre mit den frequenzmäßigen Zentren der stimmlichen Vokale zusammenfielen.[48] Das Spiel von Hendrix ist die Fortführung der Stimme durch das körperliche Spiel des *feedback*, motiviert aus Erregungshaltung; es ist in vielen Fällen nicht das Konvertieren von vorgeschriebenen Codes in Klänge. Dafür ist sein System – bestehend aus der Gitarre Fender Stratocaster und dem Verstärker 1959 Marshall ›Plexi‹ mit 2 Boxen 4x12 Celestion-Speaker – ungeeignet; die hohe Rückkoppelungsanfälligkeit der *single-coil-guitar* mit der extremen Treble-Anhebung des Verstärkers erlaubt dies nicht. Es ist anzunehmen, dass Hendrix dieses System absichtlich gewählt hatte, um *feedback* zu erzeugen, dessen Klang er dann durch (ausdruckshafte) Bewegung körperlich formen konnte.

Zwar ist es die Ausdrucksbewegung des Körpers, die den Klang moduliert, jedoch erfolgt die Modulation am Vorbild der Stimme. Sein lautmalerisches Spiel wird auch in der Literatur als sprechendes Spiel bezeichnet: Hendrix doppelt nicht nur, vom Mississippi-Blues übernommen, mit der Gitarre unisono die Stimme und erweitert sie dialogisch im Antiphon, er verstärkt dies durch die spezifische Oberton isolierende Spielweise des *distorted sound* ebenso wie durch technische ›*amplification*‹ – durch das ›Wah-wah‹, einen regelbaren Low-Pass-Filter, der die Modulation des Klanges ähnlich der Modulation des Stimmklanges durch die Mundhöhle erlaubt[49] und den Frequenzbereich der

---

48 Vgl. C. Traube/Ph. Depalle: Phonetic gestures underlying guitar timbre description.
49 Die akustische Modulation des Gitarrenklanges durch die Mundhöhle geschieht in der Talkbox. Der verstärkte Klang wird über einen Schlauch in den Mund geführt und durch Sprechbewegungen moduliert über ein Mikrophon weiterhin verstärkt. Klanglich sind die Möglichkeiten der Talkbox zwischen dem Wah-wah und dem Vocoder. Die Konstruktion zeugt klar von dem ästhetischen Willen, den expressiven Stimmklang als Paradigma der Modulation in ›*hot*‹ Spielweisen zu nutzen.

stimmlichen Artikulation der Vokale ›A‹, ›U‹, ›O‹ (bei schließendem Filter) fokussiert.[50] Beobachtungen seines performativen Spiels zeigen auch klar die entsprechende Artikulation durch Mundbewegungen. All dies ist nicht mit dem Begriff ›show‹ abzutun; selbst sollte es ›show‹ sein, dann erhebt sich die Frage, woher denn diese Form der ›show‹ komme – nämlich: von der klanglichen Koppelung der Gitarre an die schreiende expressive Stimme. Die Körper-Klang-Koppelung als musikgestaltende Größe hat etwa zeitgleich die Avantgarde thematisiert; Vinko Globokar hat seine Experimente »Mein Körper ist eine Posaune geworden« genannt – die Posaune kann als eine sehr körpernahe Instrumentarisierung der Stimme betrachtet werden.

Ist der Schrei der Gitarre bei Hendrix meist ikonisch Inhalte vermittelnd, so spielt Paul Gilbert mit dem Schrei und seiner Instrumentarisierung in gleichsam autonomer Form. In einem Intro zu einer Live-Version von »Down to Mexico« führt er in einem Antiphon den menschlichen Schrei mit dem technischen Schrei zunehmend zusammen und löst ihn damit allmählich von der geschlechtsbezogenen menschlichen Stimme – abgesehen von der männlichen Konnotation der elektrischen Gitarre im Pop. Die Weiterführung der Übertragung des Duktus der erregten Stimme auf das klanggenerierende Spiel der Gitarre geschieht in der Modulation des künstlichen Klanges im Spiel des Mini-Moog: die Modulation von *pitch* und vor allem Low-Pass-Filter sind für entsprechende Modulationen bereits vorgesehen – nämlich: zur stimmähnlichen Modulation am Paradigma des Gitarre-Spielens. Solche Spielweisen des künstlichen Klanges finden sich vorrangig in Pop beziehungsweise Fusion. Der Schrei wird mit Oktavensprüngen und dem Öffnen des Low-Pass-Filter und der Koppelung des Filters mit kontinuierlichen *pitch-changes* nachgeahmt, nun gänzlich von der Geschlechtlichkeit gelöst.

Die bislang genannten musikalischen Formen des Schreis sind kulturelle Adaptionen, die in wechselseitiger Annäherung der Geschlechter sich einem Uni-sex-Verhalten nähern beziehungsweise der ersten technologischen Instrumentarisierung des Schreis im Spiel der elektrischen Gitarre und darin der Lösung von der Geschlechtlichkeit, dieses Paradigma ist auf das Spiel des synthetischen Klanges übertragen worden. Extensionen der Stimme durch technische Modulationen führen weiterhin zu einer völligen Verschmelzung der Stimme mit dem künstlichen Klang – zum Cyborg. Darin lösen sich die kulturellen geschlechtlichen Register auf. In technoider Musik wird die Dynamik der Erregung letztlich geschlechtslos auf die Form übertragen.

---

50   Vgl. Th. Dill: Guitar Effects.

C. Die Verschmelzung der Stimme mit ihrer technischen Extension

Auto-Tune ermöglicht nicht nur die Korrektur der Intonation, sondern auch die Steuerung des *pitch*-Verlaufes durch die Dynamik der Stimme. Ausdruckshafte Erregungs-Steigerung und damit Dynamik-Steigerung werden hier durch melodische Verzierung überhöht.

In »Believe« (1998) unterstützt dieses klanglich musikalische Tuning der Stimme von Cher ein körperliches, geschlechtliches Tuning: nicht nur die Korrektur einer ›dunklen‹ und tiefen – von ihr selbst nicht geliebten – Stimme, sondern die Schaffung des technisch gemachten Körpers als Kunstprodukt – die Übertragung und damit massenhafte Distribution der operativ gemachten Kunst-Frau Orlan in den Mainstream, die Popularisierung der Avantgarde. Orlan schlüpft nicht durch vermittelnde Symbole in kulturelle Rollen, Orlan verändert ihre Physis mit Hilfe von Technologie. Auch Missy Elliott führt eine Avantgarde der Medienkünste weiter, Teile der Arbeit von Laurie Anderson und definiert ihre Stimme stets mit Vocoder. Bunz sieht darin den Cyborg realisiert[51]: die *vocoder-voice* ist nicht die *extension* der Stimme oder der Verweis auf die *extension* des *body* durch Technologie unter Beibehaltung seiner auch geschlechtlichen Spezifika, sondern die Verschmelzung des Körpers mit der Maschine und damit das Aufgeben der Geschlechtsspezifika, der musikalischen und damit kulturellen Register der menschlichen Stimme durch ihre technische Überwindung.

In der *vocoder-voice* findet sich die Erweiterung der Stimme über alle Register und damit die Überwindung der natürlichen Grundlagen der klanglich vermittelten Geschlechtlichkeit (abseits des Einsatzes von Kindern, von Kastraten) – dies kommt der Vorstellung des ›geschlechtsneutralisierenden‹ Cyborg Haraways nahe.[52]

In den Avantgarden erarbeitet ist diese Technologie heute im Mainstream üblich und schafft damit eine Sensibilisierung der kulturellen Entkoppelung von Stimmregistern und Geschlechtlichkeit. Mit ähnlicher *pitch-transpose*-Technologie werden die geschlechtsdifferenzierenden Stimm-Register, der Stimmumfang und die spezifische Klanglichkeit an einem prototypischen Part des Rock'n'Roll, in »Diane Young« von Vampire Weekend, erweitert.

---

51 Vgl. M. Bunz: Das Mensch-Maschine-Verhältnis.
52 Vgl. D. J. Haraway: Simians, Cyborgs and Women.

D. Technoide Music: Voice als Paradigma der Klanggestaltung in der Zeit nach ›Spannung–Lösung‹

Die Erregung ausdrückende und induzierende Dynamik der Klanglichkeit der Stimme wird schließlich zum Paradigma der Klangstrukturierung des künstlichen Klanges und zu alleinig stildifferenzierenden Merkmalen in einer Ästhetik des Stimulans, der Verwendung von Klang abseits seiner zeichenhaften indexikalischen Bedeutung, in einer Ästhetik des intuitiven ›use‹ von Klang allein ob seiner Wirkung auf die körperliche Erregung, die Emotions-Dimension ›activity‹. Der Schrei gilt als die unmittelbar körperliche Verdichtung von Spannung–Lösung. Die Übertragung des Duktus des menschlichen Schreies, der Dynamik der Erregung, auf die zeitliche und klangliche Gestaltung, auf die Regelung von Tempo und Sound[53] wird zum definitorischen ästhetisch bestimmenden Element von technoiden Musiken.[54] Diese technische Instrumentarisierung überformt nicht den körperlichen Ausdruck, indem sie seine Natürlichkeit überwindet, sie orientiert sich an dessen Paradigma und ignoriert die Trennung von Natur und Kultur; dabei ignoriert sie auch geschlechtliche Differenzen zugunsten basal menschlicher Kommunikation von Erregung.

Technoide Musik ist nicht Instrumentalmusik, Techno-Musik ist die unmittelbare Bearbeitung des Ausdruckslautes. Damit nähert sich die Technik dem Körper, sie instrumentarisiert diesen nicht nur extern, sie verwächst nicht nur mit dem Körper wie der Stimmapparat und der Vocoder zum Cyborg, sie gestaltet die Umwelt nach dem Erleben des hedonischen Körpers. In diesem Prozess werden kulturbildende und Geschlechter-Distinktion affirmierende Eigenschaften von Instrumenten und Medien als Extensionen des Körpers in der Interaktion mit der Umwelt nicht nur minimiert, der Körper wird zum stimulativen Regulativ der Gestaltung der Umwelt. Im Cyborg, einem System, das Natur und Kultur nicht mehr im Widerstreit stehend betrachtet, und in der Virtualität digitaler Kultur, die schließlich aufgrund ihrer Immaterialität[55] Natur überwindet, werden die naturüberformenden als kulturelle Differenzierungen auch von Geschlechtlichkeit obsolet – das Verständnis von Donna Haraway, dass Technologie ein Paradigma bietet, die als natürlich gedachten kulturellen geschlechtlichen Unterschiede aufzulösen[56], ist nach wie vor aktuell.

---

53 Durch die Modulation künstlicher Klänge abseits ihrer *voltage-controlled* und damit algorithmischen Reihung.
54 Vgl. Ph. Anz/P. Walder (Hg.): Techno.
55 Vgl. J.-F. Lyotard: Immaterialität und Postmoderne.
56 Vgl. D. J. Haraway: Simians, Cyborgs and Women.

Der aktuelle musikwissenschaftliche Blick auf Pop hingegen scheint einer zu sein, der zunehmend Natur wiederum als Barbarei erachtet, der ihre Kultivierung und damit kulturbildende Differenzierungen nicht nur als ästhetische Werte beachtet, nicht nur als Medium sozialer und politischer Distinktion erkennt, sondern wertend behandelt. Möglicherweise kehrt Musikwissenschaft dorthin zurück, woher sie kommt, nämlich eine funktionale Größe der politischen Emanzipation zu sein in einer sich über Bildung und entsprechendes Kulturgut definierenden und darin Geschlechter wertend differenzierenden Bevölkerungsgruppe. Mit allen gesellschaftlichen Implikationen wird das Konzept Sound der Natur, das Konzept Code für Klang der Kultur zugeschrieben – damit werden die gestaltende Arbeit direkt am Klang, die technische Klanggenerierung, -speicherung und -manipulation, sowie die Ästhetik solcher Avantgarden und des Pop, die klar soundorientiert und -dominiert sind, außerhalb dieses Verständnisses von Kultur verortet und auf Natur begründetes Wissen distinguierend beibehalten – auch das über Geschlechterunterschiede.

III. Schluss

Die Popstimme als eine individuelle und ausdruckshafte hat durch die Übernahme expressiver Qualitäten aus afroamerikanischen Gesangsformen eine Abkehr vom männlichen Stereotyp des emotional kontrollierten und/oder kontrollierenden und eine Annäherung an das kulturell konnotiert Exotische, Jugendliche und Weibliche vollzogen; der Schrei im Pop als gering überformter Ausdruckslaut von extremer Erregung zeigt diese Annäherung noch klarer.

Erregung ist beiden Geschlechtern eigen, ihre extreme Form überwindet geschlechtliche Normen. Der Schrei ist klangliches Produkt hoher Erregung einer Uni-Sex-Voice. Die dem Pop, als zugleich gering- wie hochmediatisierte Kommunikationsform, eigene technische Intensivierung der unmittelbar körperlichen Ausdrucksform führt (nach der Übernahme musikalischer Verarbeitungen aus unterschiedlichen kulturellen Bereichen) zu einem Verschmelzen der Stimme mit ihrer technischen Extension; dies führt zur Überschreitung auch möglicher naturgegebener klanglicher Unterschiede und damit zur Sensibilisierung der Gefahr kultureller Ableitungen daraus. Der Pop-Sound ›Schrei‹ ist gering mediatisierte körperliche (naturnahe) Ausdrucksform von hoher Erregung, die zugleich technisch intensiviert wird.

Pop-Musik hat das Paradigma der technisch verstärkten Erregungskommunikation in unterschiedlichen Formen instrumentarisiert. Technoide Musik besitzt nun die Möglichkeit, nicht nur am Paradigma dieses Ausdrucksklanges künstliche Klänge zu formen, sondern auch den natürlichen Ausdrucksklang direkt technisch verstärkend zu nutzen und weiterhin diesen über das parallele Ausdrucksverhalten intensivierend zu formen – mittels intuitiver Spiel-Interfaces (wie zum Beispiel Touchpads), die am hedonischen Verhalten orientiert sind. Nicht mehr Musik, sondern solches Musizieren zielt abseits der Repräsentation und der Vermittlung von Bedeutung von Klang auf die Erzeugung von unvermittelter Präsenz, solches Musizieren überschreitet die Grenzen zwischen Natur und Kultur und damit zwischen den Geschlechtern, solches Musizieren ist Avantgarde der Lebensform in der Virtualität digitaler Kultur, solches musizierendes Modulieren des entkörperlichten Klanges ist Paradigma der Interaktion mit non-mechanistischen Virtualitäten.

Kommunikatives Verhalten, basierend auf der homöostatischen Wirkung der körperlichen Erregung, dient der Aufrechterhaltung der eigenen Art, sie ist basale Motivation jeglichen Verhaltens. Die gesellschaftliche Wirkung des Strebens nach Erregung, zum Lustgewinn in der Erlebniskultur, aber auch zum Bewegen in der Kultur der Gegenhaltung durch den erregenden wie den dissidenten Sound[57], den Lust-Schrei wie den Aggressions-Schrei, kann als Mikropolitik betrachtet werden; ebenso wie die notwendigerweise alternativ gestaltende Kraft des hedonischen Körpers in der aufgrund ihrer Immaterialität die Lebenswelt des mechanischen Körpers – geprägt von *embodied cognitions* aus den Interaktionen mit der materiellen Umwelt – überschreitenden Virtualität der digitalen Kultur.[58] Damit tritt der hedonische Körper ins Soziale, ins Politische[59], in die Virtualität alltäglich gelebter digitaler Kultur.[60] Dabei ist der hoch erregte hedonische Körper, der schreiende Körper, ein Uni-sex-Körper, ein basal menschlicher Körper, der Geschlechtlichkeit überwunden hat.

---

57 Vgl. W. Jauk: Pop: Mediatisierung und der dissidente Körper.
58 Vgl. W. Jauk: The Transgression of the Mechanistic Paradigm; ders.: Experimental Aesthetics.
59 Vgl. G. Klein: Electronic vibration.
60 Vgl. W. Jauk: Digital Musics – Digital Culture; ders.: pop/music+medien/kunst.

Literatur

Anz, Philipp/Walder, Patrick (Hg.): Techno, Zürich: Techno Verlag Ricco Bilger 1995.

Barthes, Roland: »Die Rauheit der Stimme«, in: Roland Barthes, Der entgegenkommende und der stumpfe Sinn, Frankfurt am Main: Suhrkamp 2005 [1971], S. 269-278.

Baudrillard, Jean: Simulacres et simulation, Paris: Galilée 1981.

Blacking, John: »Towards an Anthropology of the Body«, in: Ders. (Hg.), The Anthropology of the Body, London: Academic 1977, S. 1-28.

Bonz, Jochen: »Soziologie des Hörens. Akustische Konventionalität und akustische Materialität als Kategorien subjekt-orientierter Popkulturforschung«, in: Christoph Jacke/Jens Ruchatz/Martin Zierold (Hg.), Pop, Populäres und Theorien. Forschungsansätze und Perspektiven zu einem prekären Verhältnis in der Medienkulturgesellschaft, Berlin: LIT 2011, S. 113-138.

Browne, Ray: Against Academia, Ohio: Bowling Green University Popular 1989.

Bunz, Mercedes: »Das Mensch-Maschine-Verhältnis«, in: Jochen Bonz (Hg.), Sound Signatures. Pop-Splitter, Frankfurt am Main: Suhrkamp 1991, S. 272-290.

Diederichsen, Diedrich: »Stimmbänder und Abstimmungen. Pop und Parlamentarismus«, in: Tom Holert/Mark Terkessidis (Hg.), Mainstream der Minderheiten. Pop in der Kontrollgesellschaft, Berlin: Edition ID-Archiv 1996, S. 96-114.

Dill, Thomas: Guitar Effects. Funktion + Einsatz von Effektgeräten für Gitarre, Brühl: AMA-Verlag 2005.

Eco, Umberto: Für eine semiologische Guerilla [Vortrag auf: Vision '67, International Center for Communication, Art and Sciences. New York 1967], in: Ders. (Hg.), Über Gott und die Welt, München: Carl Hanser 1985, S. 146-156.

Eysenck, Hans J.: The Biological Basis of Personality, Springfield, IL: Charles C. Thomas 1967.

Gill, Rosalind: »Empowerment/Sexism: Figuring female sexual agency in contemporary advertising«, in: Feminism & Psychology 18/1 (2008), S. 35-60.

—/Scharff, Christina: New femininities: postfeminism, neoliberalism and subjectivity, New York: Palgrave Macmillan 2011.

Hall, Stuart: »Cultural Studies and the Centre: some problematics and problems«, in: Ders. et al. (Hg.), Culture, Media, Language. Working Papers in Cultural Studies, 1972-1979, London: Hutchinson 1980, S. 15-47.

Haraway, Donna J.: Simians, Cyborgs and Women. The Reinvention of Nature, New York u.a.: Routledge 1991.

Harenberg, Michael/Weissberg, Daniel (Hg.): Klang (ohne) Körper. Spuren und Potenziale des Körpers in der elektronischen Musik, Bielefeld: Transcript 2010.

Harrer, Gerhart: »Das ›Musikerlebnis‹ im Griff des naturwissenschaftlichen Experiments«, in: Ders. (Hg.), Grundlagen der Musiktherapie und Musikpsychologie, Stuttgart: Fischer 1975, S. 3-47.

Hartwich-Wiechell, Dörte: Pop-Musik, Analysen und Interpretationen, Köln: Volk 1974.

Hebdige, Dick: Subculture. The Meaning of Style, London: Routledge 1979.

Jauk, Werner: pop/music+medien/kunst. Der musikalisierte Alltag der digital culture (= Osnabrücker Beiträge zur Systematischen Musikwissenschaft, Band 15), Osnabrück: Electronic Publishing 2009.

— »Beyond semiotics? Music – a phenomenon of mediatization: The extension of the hedonistic body and its communicative aspects«, in: Dalibor Davidović/Nada Bezić (Hg.), New unknown music. Essays in Honour of Nikša Gligo, Zagreb: DAF 2012, S. 407-421.

— »Digital Musics – Digital Culture. Der Körper als Interface«, in: Alice Bolterauer/Elfriede Wiltschnigg (Hg.), Kunstgrenzen. Funktionsräume der Ästhetik in Moderne und Postmoderne (= Studien zur Moderne, Band 16), Wien: Passagen 2001, S. 225-239.

— »Experimental Aesthetics. Hedonismus als Gestaltungskraft: popular culture und digital culture«, in: Elisabeth List/Erwin Fiala (Hg.), Grundlagen der Kulturwissenschaften. Interdisziplinäre Kulturstudien, Tübingen u.a.: Francke 2004, S. 207-224.

— »Pop – ein emotionales politisches Konzept«, in: Thomas Phleps (Hg.), Heimatlose Klänge? Regionale Musiklandschaften heute (= Beiträge zur Popularmusikforschung, Band 29/30), Karben: Coda 2002, S. 57-77.

— »Pop: Mediatisierung und der dissidente Körper«, in: Helmut Rösing/Albrecht Schneider/Martin Pfleiderer (Hg.), Musikwissenschaft und populäre Musik. Versuch einer Bestandsaufnahme (= Hamburger Jahrbuch für Musikwissenschaft, Band 19), Frankfurt am Main: Lang 2002, S. 131-152.

— »The Transgression of the Mechanistic Paradigm – Music and the New Arts«, in: Dialogue and Universalism 8-9 (2003), S. 179-186.

Klein, Gabriele: Electronic vibration. Pop – Kultur – Theorie, Hamburg: Rogner & Bernhard bei Zweitausendeins 1999.

Knepler, Georg: Geschichte als Weg zum Musikverständnis. Zur Theorie, Methode und Geschichte der Musikgeschichtsschreibung, Leipzig: Reclam 1977.

Lakoff, George: »The contemporary theory of metaphor«, in: Andrew Ortony (Hg.), Metaphor and Thought, Cambridge: Cambridge University 1993, S. 202-251.

Langer, Susanne K.: Feeling and Form. A Theory of Art Developed from Philosophy in a New Key, London u.a.: Routledge 1953.

Leavis, Frank R.: Mass Civilisation and Minority Culture, Cambridge: Minority 1930.

Lyotard, Jean-François: Immaterialität und Postmoderne, Berlin: Merve 1985.

Marcus, Greil: Lipstick Traces. Von Dada bis Punk – Kulturelle Avantgarden und ihre Wege aus dem 20. Jahrhundert, Hamburg: Rogner & Bernhard bei Zweitausendeins 1992.

McRobbie, Angela: »Post-Feminism and Popular Culture«, in: Feminist Media Studies 4/3 (2004), S. 255-264.

Murdock, Graham: »Struktur, Kultur und Protestpotential. Eine Analyse des Jugendlichen-Publikums in Popmusik«, in: Dieter Prokop (Hg.), Konsumtion (= Massenkommunikationsforschung, Band 2), Frankfurt am Main: Fischer Taschenbuch 1973, S. 275-294.

Nöth, Winfried: Handbook of Semiotics, Bloomington u.a.: Indiana University 1990.

Piaget, Jean: Le développement de la notion de temps chez l'enfant, Paris: Presses Universitaires de France 1946.

Pazukhin, Roscislaw: »The Concept of Signal«, in: Lingua Posnaniensis 16 (1972), S. 25-43.

Schenker, Heinrich: Der freie Satz (= Neue musikalische Theorien und Phantasien, Band 3), Wien u.a.: Universal Edition 1935.

Schulze, Gerhard: Die Erlebnisgesellschaft. Kultursoziologie der Gegenwart, Frankfurt am Main: Campus 2000.

Sebeok, Thomas A.: Contributions to the Doctrine of Signs (= Studies in semiotics, Band 5), Bloomington: Indiana University 1976.

Shepherd, John/Wicke, Peter: Music and Cultural Theory, Cambridge: Polity 1997.

Sundberg, Johan: The Science of the Singing Voice, DeKalb: Northern Illinois University 1987.

Tagg, Philip: »From Refrain to Rave: The Decline of Figure and the Rise of Ground«, in: Popular Music 13/2 (1994), S. 209-222.

Tarde, Gabriel de: Les lois de l'imitation. Étude sociologique, Paris: Alcan 1890.

Traube, Caroline/Depalle, Philippe: »Phonetic gestures underlying guitar timbre description«, in: Scott D. Lipscomb et al. (Hg.), Proceedings of the 8th International Conference on Music Perception & Cognition, Sydney, Australia: Causal Productions 2004.

Vester, Heinz-Günter: Emotion, Gesellschaft und Kultur. Grundzüge einer soziologischen Theorie der Emotionen, Opladen: Westdeutscher Verlag 1991.

INTERNETRESSOURCEN

Wicke, Peter: »›Move Your Body‹. Über Sinn, Klang und Körper«, gehalten als Referat auf dem Symposium »Sehen und Hören in der Medienwelt« der Gesellschaft für Ästhetik, Hannover 02.-04.10.1998, http://www2.hu-berlin.de/ fpm/texte/wicke6.htm vom 12.07.2005.

Pop-Frauen der Gegenwart

Lady Gaga – The Scream of a Rock Star

MATHIEU DEFLEM

>»The only new rock star is Lady Gaga.
> That's it.«
> GENE SIMMONS

INTRODUCTION

The number of misrepresentations and unfounded interpretations of the music and style of Lady Gaga may well exceed the number of wardrobes the singer has been seen wearing over the years. This is sadly not a joke, inasmuch at least as popular music and culture are not either. Analyses of Lady Gaga suffer greatly from a lack of appropriate contextualization or a mere depth in factual knowledge. Humorous references to sexuality in Lady Gaga's music (for instance, in the song »Love Game« where she sings about a ›disco stick‹) are interpreted as dangerous signs of a hyper-sexualized world or are otherwise dismissed as manufactured gimmicks.[1] Aspects of Lady Gaga's aesthetic stylings, ranging from the color of the singer's hair to the words and chords used in her songs, are interpreted on the basis of shallow similarities with other performers. By way of example, because Gaga's 2009 song »Alejandro« contains the word ›Fernando‹, the track has been dismissed as an *ABBA* rip-off, when the insertion of the name was actually the result of her producer *RedOne*'s deliberate reference, by word and in tone, to the famous group from his adopted country of Sweden. As I suggested elsewhere,[2] the critique of Lady Gaga as being a sensationalist copycat of an earlier performer or group of performers betrays a

---

1 C. Paglia: Lady Gaga and the Death of Sex.
2 M. Deflem: The Sex of Lady Gaga.

rather disconcerting form of sexism against female pop stars that still holds true today.

Seeking to offer some sense and sensibility to the interpretation of meaning in Lady Gaga, I will analyze the manner and extent to which Gaga embraces the aesthetics and attitude of rock in her pop music explorations. I do not argue that Lady Gaga is unequivocally or even primarily to be placed in the world of rock music. Instead I suggest that rock is always present in her work even though she is primarily situated in the world of pop. Far from accidental, I also argue, Lady Gaga's attempt to infuse rock into pop is deliberate and, both implicitly and explicitly, contributes to her fame and reception as a transcending popular music icon. This blurring of the genre distinctions between pop and rock at the same time re-affirms the boundaries of taste as centrally involving a distinction of likes and dislikes.

This analysis builds theoretically on a cultural-constructionist perspective of the aesthetics of music to reveal the inter-subjective nature of musical judgments. The analysis of my presentation uncovers six dimensions of the rock qualities and aspirations of Lady Gaga's music: 1) Lady Gaga's music evolved from rock into pop; 2) she conceives of pop as the new rock; 3) she brings musical elements of rock into her pop songs; 4) she self-identifies as a rock star; 5) she is embraced by and collaborates with rock musicians; and 6) her fans display elements of, and are recruited from the world of rock fans, especially from the world of hard rock and heavy metal.

THE SOCIOLOGY OF MUSIC

From the perspective of musicology, pop and rock music have both commonalities as well as distinguishing characteristics as specific forms of organized sound, to use the terminology of the modern composer Edgar Varèse. However, a sociological understanding of music as culture brings out different and additionally important demarcations.[3] Whereas from the viewpoint of musicology, the focus of attention is on the technical side of musical composition and performance, such as the kind of rhythms that are used, music is sociologically considered an aspect of culture, which itself is conceived of as one dimension of society. In general terms, culture can be defined as the ideas and ideals of a society which are mediated in symbolic form through language, words, and signs and are materialized in various products of human activity. Culture is to be

---

3   P. J. Martin: Sounds and Society.

analytically conceived both as expressions of ideas (what is thought) and manifestations of praxis (what is done) at the level of society at large or within certain subsections thereof (subcultures).

In modern societies, culture has differentiated to include relatively autonomous institutions related, respectively, to knowledge (science), values (ethics), and aesthetics (art). Music refers in turn to an additionally differentiated cultural sphere within art that is centered around sound. This differentiated understanding is indicated by the very word ›music‹, as it is derived from the Greek *mousa*, the goddesses of literature and art. Sociologically, then, music refers to the whole of cultural ideas, roles, and institutions that are associated with the organization of sound.

From a constructionist viewpoint, the meaning of music at a social level is not understood on the basis of an empiricist theory (musical sounds have meaning because of certain objective qualities) or a rationalist theory (musical meanings are subjective).[4] Instead, the meanings of music emanate within a social context at an inter-subjective level of interaction through socialization. This social-rationalist perspective, therefore, informs analyses of the multiple meanings associated with various musical forms such as pop and rock within the context of concrete societies located in time and space. Meanings are not naturally given but instead are culturally constructed and then become perceived to be thing-like (objectified), possibly so much so that their constructionist nature is no longer recognized (reification).

This sociological understanding of the meanings associated with music relates both to the composer/performer and the audience. Music is a social activity that pertains to a relation between musician and listener. The intersubjective nature of music is not easily acknowledged in an individualist society like our own. Also, in any society, a certain hierarchy exists of various musical and other artistic forms. As culture, therefore, music is not necessarily monolithic but plural and not necessarily static but potentially changing.

THE SOCIOLOGY OF POP AND ROCK

Applying the constructionist understanding of music to pop and rock, these different music cultures can be ideal – typically defined as two forms of popular music which, over time, have differentiated and are relatively autonomous, with occasional bridge-building attempts and various forms of separation,

---

4   Ibid.; J. A. Kotarba/P. Vannini: Understanding Society Through Popular Music.

co-existence, and (re-)combination between them. The sociological understanding of music as culture rather than as sound has important implications. For example, popular music critic Simon Frith (2001) can be observed lacking such an understanding in his discussion of pop music as commercial, for-profit music that is a matter of economic enterprise, not art. Frith argues that pop is deliberately designed to appeal to everybody and is essentially conservative. What Frith thus does not acknowledge is to sociologically consider what counts as (rather than is) pop (as opposed to non-pop) in the specific context of a given society.

From a constructionist perspective instead, pop music is not music that is simplistic from a musicological viewpoint or commercial from an economic standpoint but music that is culturally associated with having those and other related qualities. Pop is not so much simple as commonly thought of as being simple, whether this is accurate in a technical sense or not. In its proper execution, surely, pop music relies on technique as much as does classical music or jazz, even though the specific techniques involved may be very different and/or more or less based on (theoretical) music instruction rather than (practical) experience.

From this same sociologically informed viewpoint, rock music is not music that is more authentic, rebellious, or marginal but music that understands itself as being associated with authenticity, rebellion, and marginality.[5] Especially since the adoption of content borrowed from folk music into the stylings of rock based on the British re-importation of American blues music, a self-understanding of rock music originally developed that was associated with counter-cultural trends. This process escalated in the late 1960s when rock became thought of as being ›political‹, especially alongside of the peace (and love) movement, and at once also spread out globally, to be duly commodified during the 1970s and ever since.

Up until at least the earlier half of the 1970s, the expression ›pop and rock (music)‹ used to be a typical designation to refer to a range of popular music forms, broadly to be traced to the years since the emergence of rock 'n' roll in the 1950s and the development of popular rock music during the 1960s. The terms rock and pop were then often used interchangeably. But this originally relatively broad understanding of rock and pop that captured a variety of popular music styles gradually dissolved and collapsed, especially during the latter half of the 1970s, as new terms were coined for specific popular music forms (disco, soul, funk, hard rock, punk, heavy metal, and so on) and, more generally, a

---

5   K. Keightley: Reconsidering Rock.

cultural separation began to be introduced between pop and rock, the central aspects of which are summarized in Table 1.

Table 1: The cultures of rock and pop.

ROCK	POP
complex	simple
artistic	commercial
album	single
(male) guitarist	(female) singer
masculine	feminine
hard	soft
dangerous	safe
profound	superficial
authentic	fake
rebellious	conformist
aesthetics and ethics	aesthetics only

The very demarcations between the two worlds of rock and pop betray the rather strict hierarchy that exists with respect to these musical cultures. It is rock music that is thought of, by itself, as outside of the mainstream, as rebellious, radical, complex and so forth. Rock music is primarily expressed in the form of long-play albums on which guitarists and other predominantly male musicians display the dangerous nature of their self-professed authentic existence. Rock endows itself with a seriousness, in a socio-political sense even, not merely as enjoyable or functional music (for dancing or for romancing), but for contributing to make sense of and even change the world. Rock, therefore, also associates itself with authenticity as it mixes aesthetic evaluation with ethical judgments, conceiving of itself as being removed from the alienating aspects of mass society.[6] Precisely because of the high and rigid standards of rock, these perceptions of authenticity and complexity can change (e.g., bands and rock stars can be accused of going ›soft‹, ›selling out‹, or turning ›pop‹). As a matter of the differentiation of taste and aesthetic distinction, pop is simply held to be none of that which rock claims to be.

---

6   K. Keightley: Reconsidering Rock, p. 133.

Lady Gaga as Rock Star

Within the suggested sociological framework, the basic thesis of this paper is that Lady Gaga infuses elements of rock into her pop music and stylings in a variety of ways and thereby deliberately seeks to accomplish a merger of the implied authenticity of rock with the aesthetics of pop. Lady Gaga works towards an understanding of pop as rock, thereby also trying to establish a blurring of the genre distinction, even though the relevant demarcations are reinforced time and again.

To substantiate this argument, I will in the following analysis uncover, as an archeological endeavor, various dimensions of the rock qualities of Lady Gaga. I make no claim on the relative value or significance of Lady Gaga's rock sensibilities relative to her pop disposition and other artistic and non-artistic elements in her work and its reception. Instead, I make the more modest but also more precise claim that rock is one aspect of the music and persona of Lady Gaga and that this rock element makes an important difference in how she presents herself to, and how she is received by, her fans in the popular music community (of both pop and rock) as well as among her audience of more or less casual onlookers at large.

Specifically, I will rely on a variety of illustrations to reveal the following aspects of rock in the work of Lady Gaga: 1) Lady Gaga's music evolved aesthetically from rock into pop; 2) Gaga conceives of her pop music as a new form of rock; 3) she brings overt and acknowledged rock music elements into her pop; 4) she self-identifies as a rock star; 5) she is embraced by and collaborates with rock musicians; and 6) Lady Gaga's fans display elements commonly associated with fans of rock, especially heavy metal. Thus, these six aspects of Lady Gaga as rock star pertain to aspects of both sound (sections 1 through 3) and the presentation of self (section 4) and others (sections 5 and 6).

From Rock to Pop

Before this analysis will proceed, a few words of background on the career of Lady Gaga may be useful.[7] Lady Gaga was born Stefani Germanotta on March 28, 1986. She grew up in New York City where she attended a private Catholic school. A musical child prodigy, she began playing piano at age four and enjoyed a classical musical training, additionally taking vocal lessons and acting classes. At age 18, she enrolled in an arts program at New York University but,

---

7   E. Herbert: Lady Gaga; P. Lester: Lady Gaga; B. J. Sullivan: Rivington Was Ours.

on her 19th birthday, she announced to her parents that she had decided to leave college to pursue an independent music career. She subsequently moved into an apartment on 176 Stanton Street and started hanging out with people she met in New York's Lower East Side, specifically at St. Jerome's bar on 155 Rivington Street. Cut off from her parents' financial support, the aspiring performer had jobs as a waitress while also go-go dancing at New York bars like the Slipper Room.

Almost one year after her decision to leave college, on March 23, 2006, Stefani took part in a showcase performance organized by her then manager, Bob Leone, at the Cutting Room in New York. This performance, a video of which is available on YouTube[8], proved to be eventful for it was there that another singer performing that night, Wendy Starland, contacted producer Rob Fusari to tell him of the as yet unknown singer. Stefani and Fusari soon met and began to collaborate on a number of songs, which gradually came to be stylized as pop and dance tracks rather than the indie-pop and rock Germanotta had practiced until that time. Producer Fusari also coined the nickname Gaga for the singer, who would turn it into the formal moniker ›Lady Gaga‹ soon thereafter.

The transition to the world of pop and dance music seemed to pay off when in September 2006 Lady Gaga was signed to a contract with recording company Island Def Jam. After a mere three months, however, Gaga suddenly found herself dropped from her contract. Sometime in the spring of 2007 she was (re-) discovered via the music posted on her MySpace page by Vincent Herbert, a talent scout for Interscope Records who also got her in touch with a new manager, Troy Carter. Lady Gaga was subsequently signed to Interscope as a songwriter (for songs recorded by the likes of the *Pussycat Dolls* and Britney Spears) and a performer.

On January 1, 2008, Lady Gaga moved from New York to Los Angeles to begin finalizing her first album for Interscope, armed with several songs she had already recorded with Rob Fusari and newly recording additional tracks with producers *RedOne* and Martin Kierszenbaum. In April 2008, she released her first single, »Just Dance«, and her debut album, *The Fame*, followed in August that year. Lady Gaga's music initially did not reach an audience beyond the club scene, but by January 2009, the single »Just Dance« was a number-one hit in the United States. By the spring of 2009, both »Just Dance« and its follow-up single, »Poker Face« had reached the top of the charts in multiple countries around the world. Gaga's fame steadily increased from then on.

---

8   https://www.youtube.com/watch?v=lKfbKIoXn5M on 09.01.2015.

The transition from Stefani to Lady Gaga entailed an important transition in style and sound. From when the singer began to focus on her music more seriously, initially at open-mic nights at New York City clubs and in the form of concert appearances at small music clubs like The Bitter End, Stefani Germanotta's musical influences and styles were diverse but broadly situated in the realm of indie-rock with occasional excursions into classic rock. Throughout 2005, the singer performed about a dozen shows, both solo and with her group, *The Stefani Germanotta Band*. The latter band was active from about September 2005 thru at least April 2006 and recorded two demo CDs produced by Joe Vulpis. The music is primarily styled as rock, including ballads and more alternative sounding indie-rock.

From the start of her music career, there was an essential element of confusion over what Stefani was or should be doing. Her musical talent was undeniable, but the proper expression thereof in a suitable format was a matter of a gradual process. Among the reasons she decided to leave NYU, she has herself said that she grew restless and found herself out of place as she was referred to as ›too pop‹, ›too rock‹, ›too brunette‹, ›a character‹, and ›not an artist‹.[9]

Importantly, when Stefani was first brought in touch with producer Rob Fusari following her performance at the Cutting Room on March 23, 2006, it was explicitly in terms of her potential as a prospective rock singer. Fellow performer Wendy Starland contacted Fusari precisely to tell him that she thought Stefani Germanotta would fit as the singer he was looking for in the style of the rock band *The Strokes*. When Fusari and Germanotta met later that week, the producer was initially not impressed with what he saw but changed his mind as soon as Stefani sang her song »Hollywood«. Yet Fusari did suggest a change in style towards a more pop-oriented sound, which, rumor had it, she had initially rejected. However, the singer was soon convinced after being told by Fusari about an article he had read in the *New York Times* about singer Nelly Furtado's change in style towards dance and pop, more broadly also discussing the difficulties women experience in the world of rock music.

Stefani and Fusari began working together and agreed, after a period of some negotiations, on a production contract. Fusari gave the singer the nickname Gaga because her theatrical performance style reminded him of Freddy Mercury of the British rock band *Queen* (who had a hit song called »Radio Ga Ga«). On October 6, 2006, the newly styled singer performed solo for the first time as Lady Gaga and announced the recording of a forthcoming album. However, just three months after her signing with Island Def Jam, Gaga was suddenly dropped from

---

9   P. Lester: Lady Gaga, p. 20.

her record label, and the planned 2007 album, entitled *Retro-Sexual*, was never finalized.

Besides the suggestions of producer Fusari, Lady Gaga also independently moved towards a change in style via some of her contacts on the Lower East Side. Specifically, performance artist and heavy-metal DJ *Lady Starlight* introduced Gaga to bikinis, go-go dancing, and heavy metal bands like *Black Sabbath*, *Metallica*, and *Pentagram*. From April 24, 2007 onwards, Lady Gaga performed about a dozen shows with *Lady Starlight*, as *Lady Gaga and the Starlight Revue* or *The New York Street Revival* and *Trash Dance*.

In August 2007, the singer was billed as Lady Gaga at one of the side-stages at the famous *Lollapalooza* festival in Chicago. She performed with Lady Starlight for about half an hour spinning the basic tracks to her pop and dance songs. During the show, Lady Gaga also danced to »Forever My Queen«, a classic song by the U.S. heavy metal band *Pentagram*, a video of which is on YouTube. In pictures that have since surfaced on the internet, Lady Gaga is shown with Starlight in a denim jacket emblazoned with an Iron Maiden patch. At the same show, she was arrested for walking around in her panties. As the collaboration with Lady Starlight indicates, even in the presentation of her pop and dance music Lady Gaga sought to maintain a distinct rock appeal, one which she would never abandon and at times deliberately explore more deeply.

Pop as Rock

Once she was re-styled as a pop and dance performance artist, Lady Gaga distinctly sought to fulfill a need to bring pop back. Her rise to fame, especially in 2009 and 2010, was in some part enabled by this desire inasmuch as those dark years of the music industry, right after the collapse of the music-selling market, were marked by a void that had to be filled as there was simply no other global pop sensation out there. The very success of Gaga's rise to fame, at a time when the music industry was slumping severely, demonstrated that it was time for the next superstar in popular music. And since the time when Lady Gaga had risen to fame and had become the next pop sensation (along the way suppressing some other former pop stars), she and other popular music performers, especially female pop singers, began to mutually facilitate one another's success. From about 2010 until today, indeed, female pop stars, ranging from Beyoncé, Taylor Swift, Katy Perry, Rihanna, and Nicki Minaj to Lana Del Rey, Adele, Lorde and many others, have ruled the world of popular music.

Importantly, what Lady Gaga did in order to bring pop back was to infuse it with certain aspects of the attitude, styles, and aesthetics of rock. This infusion is not an alien adoption of sorts, but on the contrary relates to the singer's specific background and musical roots. Her father, Joe Germanotta, instilled his musical tastes in his daughter. Born and raised in New Jersey, he used to play in a Bruce Springsteen cover band and was a fan of classical rock music bands such as *The Beatles*, *The Rolling Stones*, *Pink Floyd*, and *Led Zeppelin*. As a child, Lady Gaga wrote her first song, »Dollar Bills«, on Mickey Mouse music paper on the basis of the *Pink Floyd* song »Money«, a record she had heard her father play. Gaga's first true composition would also be a rock-oriented piece, when in 1999, at age 13, she wrote the balled, »To Love Again«.[10]

The young singer's roots in classic rock have endured since she began a professional career. Among her acknowledged musical influences from the world of rock, she has mentioned David Bowie, *AC/DC*, *Queen*, *The Beatles*, and many others. As recently as June 2014, Gaga tweeted her life-long devotion to the music of Bruce Springsteen.[11] It is through this infusion of rock in her music that Lady Gaga seeks to transcend pop and branch out artistically. Other manifestations of these genre-crossing activities include Gaga bringing in elements of her classical music background and seeking to bridge urban (dance) and mainstream (pop) cultures.

Lady Gaga's genre-crossing ambitions are well demonstrated in some of her piano performances, especially in the acoustic renditions of her electronic dance songs, such as »Poker Face« and »Born This Way«. These acoustic renditions have classical music stylings, transforming her dance songs into singer-songwriter's ballads, and as such are popularly often perceived as more serious musical performances. At Lady Gaga's headlining shows since the Fame Ball of 2009 right up until her ›artRAVE‹ tour that began in May 2014, a section of Lady Gaga's concerts is always reserved for several all-acoustic piano performances. The fact alone that some music journalists and critics have expressed to only liking this part of the show testifies to the non-pop, ›serious‹ rock qualities of this component of Lady Gaga's work.

Lady Gaga's ambition to present pop as rock also ties in with her New York City background, in particular her merging of the many different cultural

---

10 As an interesting side-note, Lady Gaga's family in the early 1990s moved to a duplex apartment in the Pythian building located on 135 West 70th Street on the Upper West Side of New York, where her parents reside until this day. The Pythian is a remodeled residential apartment complex that originally housed a recording studio. On April 12, 1954, Bill Haley and His Comets there recorded the ground-breaking rock 'n' roll classic »Rock Around the Clock«.

11 http://www.pressparty.com/pg/newsdesk/ladygaga/view/109924 on 09.01.2015.

traditions and styles the city has to offer. Gaga was favorably exposed to this cultural mix by having been brought up near the theatre district in the Upper West Side, on the one hand, and then moving to the Lower East Side with its seedy rock 'n' roll scene, on the other. The essential outcome of this cultural mix is that Lady Gaga presents her pop as the new rock. Lady Gaga thereby fights the conventional elitist understanding of the hierarchies of musical genres and, in protest, proclaims that »pop music will never be lowbrow«, as she would chant during early TV performances of »Just Dance«.[12] Lady Gaga's pop is presented as both dirty or filthy and artistically valuable. This ambition is most concretely reflected in the title of one of her older (unreleased) songs, »Filthy Pop«, right up to the title of her most recent album *ARTPOP* that was released in November 2013.

Rock in Pop

Besides conceiving of pop as rock, there are various musical elements of rock explicitly present in Lady Gaga's work, both early on after her transformation from Stefani towards Lady Gaga as well as more recently. These rock aspects are both thematic as well as stylistic.

Thematically, rock is referenced several times in Lady Gaga's music. Her earliest songs as Lady Gaga are heavily inspired by her life at that time in the rock 'n' roll scene of New York's Lower East Side. As is the case with all of her music, these personal experiences are directly reflected in her songs which contain several lyrical references to rock and metal. Many of her love songs, then and later, are about her now ex-boyfriend Lüc Carl, whom she dated off and on for several periods both before and after her rise to fame. A former rock drummer, Carl is a heavy metal aficionado and a self-proclaimed 80s-type metalhead who currently hosts a metal radio show called *Hair Nation*.[13]

Lady Gaga's songs about Carl reference the world of rock and metal at various times. For example, the unreleased song »Fooled Me Again (Honest Eyes)«, which Gaga performed on live radio a few times, begins with a quote from a Neil Young song and contains the line »The rock star's girlfriend, she lost the fight.« In »Shake Ur Kitty«, another unreleased song from around the transition period between 2006 and 2007, Gaga references Carl's world of metal, singing »I met a drummer last week… We hit the floor… with your Van Halen pin, and

---

12 M. Deflem: The Sex of Lady Gaga.
13 http://www.nytimes.com/2012/03/08/fashion/rocking-on-his-own-lady-gagas-ex.html on 09.01.2015.

your dark sideburns«. Similarly, in the song »Rock Show«, Gaga laments her boyfriend going out on the road (»he left town with the rock show«), while in »Dirty Ice Cream« she references him kissing her »like a rock star«.

Lady Gaga's references to rock continue in several of the songs on her first two albums, *The Fame* (2008) and *The Fame Monster* (2009). The signature track »Beautiful Dirty Rich« contains a drug reference when, with a stutter reminiscent of *The Who's* »My Generation«, she sings »Daddy, I'm so sorry, I'm so s-s-s-sorry yeah...« The song »Boys Boys Boys« was written as a direct response to the song »Girls Girls Girls« by glam metal band *Mötley Crüe*. It contains the lyric, »Let's go see the Killers«, about a concert by that band which she and her boyfriend attended at Madison Square Garden in 2006. Continuing her fascination with her on-and-off-again boyfriend, the hit song »Paparazzi« displays Gaga's obsession in the context of the world of rock when she sings »Leather and jeans, garage glamorous... I'll be your girl backstage at your show, velvet ropes and guitars, Yeah cause you're my rock star in between the sets«. The hit song »Bad Romance« once again references Lüc Carl's heavy metal style when Gaga sings »I want your leather-studded kiss in the sand«.

On her third album, the highly successful *Born This Way* that was released in May 2011, continued references to rock and metal appear in several songs, such as »Heavy Metal Lover«, which again is about Carl and references his heavy metal friends (the so-called ›Rivington Rebels‹), »Electric Chapel« about St. Jerome's rock bar that Carl used to work at, and the ballad »You and I«, about Gaga reconnecting with Carl while visiting him at St. Jerome's during a break on her Monster Ball world tour in June 2010. Even more articulated than in its themes, the *Born This Way* album was also Lady Gaga's most evident turn towards rock in stylistic respects.

Stylistically, much of Lady Gaga's work is rock-based or rock-oriented even though her music is as a whole usually not rock. Gaga's singing voice is at times raw and raspy, not soft and smooth, and incorporates the contrast of gentle and harsh singing, alternating singing softly with screaming loudly. Examples can be heard on »Bad Romance« from the 2009 album *The Fame Monster* and on »MANiCURE« and »Swine« from *ARTPOP*. These rock vocal stylings are even more common at Lady Gaga's live concerts. During one of her raps at the Monster Ball, for instance, she would often yell and growl, and scream her name loudly: »My name is... LADY GAGA!« On her current artRAVE tour, she similarly yells during the song »Swine« in a manner much more evocative of a heavy metal singer rather than a female pop sensation.

The instrumentation and production of some of Lady Gaga's songs are delivered in a rock style as well. Her earliest rock collaborators include guitarist

Nico Constantine on her unreleased album for Island Def Jam as well as Tommy Kafafian, who by then had already had a rock album produced by Rob Fusari, on her debut album *The Fame*. Both Constantine and Kafafian, who had just come from the disbanded rock band *Program the Dead*, joined Lady Gaga as members of her first live band, along with metal drummer Andreas Brobjer (and r&b keyboard player Brian London), on her 2009 world tour. That part of her tour also featured rock arrangements of many of her songs, as first seen and heard at the Glastonbury festival in England in June 2009.

On all of her concert tours since 2009, Lady Gaga has relied on rock guitarists, giving her songs an edge not always heard on her recordings. On the Monster Ball tour in 2010-2011, featured guitarists were Ricky Tillo and Kareem ›Jesus‹ Devlin, both players with a background exclusively in rock music. On the Born This Way Ball of 2012-2013 and the current ›artRAVE‹ tour that started in May 2014, guitarist Ricky Tillo has been joined by Tim Stewart, a player experienced in both heavy metal and pop.

At her live shows, Lady Gaga also brings in an obvious rock and metal element by inviting her friends from her days living alone in New York City. During the Monster Ball tour, one of the support acts was glam rock band *Semi Precious Weapons*, whom Gaga knew from her early days in New York. The arena version of that tour also featured Lady Starlight spinning metal records before the show. Starlight has continued to perform on Gaga's most recent tours as well, albeit it as a performance artist and techno deejay. More generally, Lady Gaga mostly associates herself with rockers, such as by having the hard rock band *The Darkness* as an opening act on her ›Born This Way Ball‹ tour, by stage-diving at the 2010 Lollapalooza show of *Semi Precious Weapons*, or by decorating her dressing room with a picture of Jimmy Page, the guitarist of *Led Zeppelin*.

While largely used in a live setting, guitarists have also been instrumental in bringing a rock sound to some of Lady Gaga's recordings as well. Examples include the songs »The Fame« and »Beautiful, Dirty, Rich« on her debut album, »Heavy Metal Lover« on *Born This Way*, and »MANiCURE« on *ARTPOP*. The latter song also features heavy metal guitarist Doug Aldrich, who is well-known for his work with heavy metal bands *Dio* and *Whitesnake*. Another interesting rock element in the styling of Lady Gaga's recordings is that the ballads are produced as rock songs as well. Examples include »Brown Eyes« on *The Fame*, »Speechless« on *The Fame Monster*, »Dope« on *ARTPOP*, and, most famously, *Born This Way*'s »You and I«, which was produced by Mutt Lang, the producer famous for his work with *AC/DC* and *Def Leppard*.

The stylistic implications of Lady Gaga's rock disposition are to date most explicit on the *Born This Way* album of 2011, a record that was deliberately set up as a rock album, even though not every song on the record can musically be described as rock. Not coincidentally, the album cover features Gaga morphed into a motorcycle, in which manner she also performed the song »Heavy Metal Lover« live during the ›Born This Way Ball‹ tour. Another song on the album, »Electric Chapel«, opens with a heavy metal guitar riff, and Gaga herself plays guitar during the live version of this song on the ›Born This Way Ball‹. The song »You and I« features former Queen guitarist Brian May and contains drum samples from the *Queen* song »We Will Rock You«. May also joined Lady Gaga during a live version of the song that she performed as the male character of Jo Calderone at the Video Music Awards in 2011. Another song from *Born This Way*, »The Edge of Glory«, is stylistically influenced by the sound of Bruce Springsteen and features Clarence Clemmons on saxophone. The late member of Springsteen's *E Street Band* also appears in the video to the song as one of his last public performances.[14] As another example, the song »Stuck on Fuckin' You« is a blues rock song recorded during the sessions for the *Born This Way* album that was later released as a download.

Gaga Rocks!

Transcending musical sound into the social realm of the presentation of self and others, Lady Gaga has oftentimes identified herself as a rock star and in various ways shied away from a more typical pop star profile. By her own account, Gaga does not want to be a sexy pop singer.[15] Instead, she presents herself as a rock star as part of a broader identity of otherness, freakishness, monstrosity.[16] The monster theme in Lady Gaga's self-presentation is revealed in multiple ways. Her 2009 album is called *The Fame Monster*, which contains a song called »Monster«. The video to the hit song »Bad Romance« is built around a story of sex slavery in which Gaga is sold to the Russian mafia but in the end destroys the man who bought her. At her now famous performance of »Paparazzi« at the Video Music Awards in 2009, Gaga staged her own demise, walking on crutches with her clothes covered in blood, and eventually dying. These horror portrayals of decay and death are alien to the safe and clean world of pop and instead resonate with themes that are portrayed by rock artists such as Alice Cooper, Ozzy Osbourne, Rob Zombie, and Marilyn Manson.

---

14 http://top40.about.com/od/ladygaga/gr/Lady-Gaga-The-Edge-Of-Glory.htm on 09.01.2015.
15 M. Deflem: The Sex of Lady Gaga.
16 V. P. Corona: Memory, Monsters, and Lady Gaga.

Lady Gaga also connects the presentation of her sexuality with a rock attitude. As argued elsewhere,[17] Lady Gaga sings about sex in several of her songs, but she does not want to be conceived as sexy. She says that she plays on sex freely and she connects this portrayal of sexuality explicitly with being a rock star.[18] Gaga also displayed this rock attitude when she addressed the rather silly rumors of her own sexuality, jokingly commenting that she had both male and female genitalia.[19] During live performances of the song »LoveGame« at the Monster Ball, she would again reference having a ›big cock‹ and encourage the audience to get their ›dicks out‹ while her dancers, both male and female, were simulating masturbation.

Lady Gaga's fashion styles include sometimes risky, unsafe elements that are more rock than pop as well. She uses S&M references, shocking forms of nudity, leather, metal, and studs in several of her dresses. Reinforcing the rock style of the *Born This Way* album, Lady Gaga held an in-store appearance to promote the record, at Best Buy in New York, dressed in leather and with a motorcycle behind her. When she is not dressed in one of her typically outlandish outfits, Lady Gaga is oftentimes seen – typically when she is at work in a recording studio – wearing rock and metal T-shirts, displaying the name and imagery of bands such as *Megadeth*, *Iron Maiden*, *Mötley Crüe*, and *Slipknot*. More generally, Gaga often wears leather, boots with spikes, clothing that is made of metal, and clothes that can be considered dangerous because they can cause physical harm.[20] »You can't make me take off my leather«, she would scream during the song »Money Honey« at her Monster Ball show in Kansas City.[21] Likewise, in print publications and online Gaga often appears in fashion shoots that are anything but pop. A famous cover of Rolling Stone magazine shows Lady Gaga wearing a bra with machine gun extensions.

Lady Gaga also displays in her music and through her public persona an ethical sensibility that is more commonly associated with rock, especially in her activism on such issues as gay rights and her political and more broadly normative statements on such sensitive issues like religion. Her ethical disposition is revealed in the lyrics of her songs (for instance, the »Born This Way« single deals with gay rights), her performances (where she routinely speaks of

---

17 M. Deflem: The Sex of Lady Gaga.
18 P. Lester: Lady Gaga. Looking for fame. The Life of a Pop Princess.
19 Ibid.
20 http://www.dailymail.co.uk/tvshowbiz/article-2248687/Lady-Gaga-rocks-killer-nails-super-long-talon-steps-structural-minidress.html on 09.01.2015.
21 https://www.youtube.com/watch?v=zQvm46eg89E on 09.01.2015.

acceptance, monstrosity, and freedom), in interviews (for instance, by deliberately discussing ethical and religious themes), and through her participation in activist events (especially on gay-rights issues) and in organizing the *Born This Way Foundation* with her mother, Cynthia Germanotta.

Such forms of political and otherwise normative activism that Lady Gaga engages in are more commonly held to be typical and appropriate for rock stars. A musician being political is in and of itself considered rock, not pop. Interestingly, the argument can be made that because Lady Gaga adopts this rock attitude from within the world of pop, her actions are even more noticeable and provocative for being different and may thus be more effective as well. This heightened resonance is indicated by the fact that Lady Gaga's music has occasionally been censored for its lyrical content and messages and that some of her concerts have been restricted or canceled. The antagonism Lady Gaga invokes is not pop. Instead, Lady Gaga is shocking and controversial, much like many a rock star would want to be.

Rockers Go Gaga!

Looking at the response to Lady Gaga from members within the rock community, it can be noted that Gaga's rock orientation has often been recognized, accepted, and embraced. Several rock stars want to meet her, be seen with her, and collaborate with her. Examples of rock stars meeting Lady Gaga and wanting to be photographed in her company are too numerous to mention. They include Paul McCartney, Alice Cooper, the band *Kiss*, Sting, Bono of *U2*, Biff Byford of the metal band *Saxon*, members of *Iron Maiden*, Billie Joe Armstrong of *Green Day*, and singer Rob Halford of the heavy metal band *Judas Priest*, to name some of the most famous.[22]

Many widely revered rock stars have also been very positive about Lady Gaga's music and her status as an innovative performer. Alice Cooper praised her as a performer who »totally gets it«[23] and recently stated that she is among a new generation of artists who bring theatricality to their shows.[24] Bassist Gene

---

22 http://www.metalinsider.net/secret-metalhead/lady-gaga-secret-metalhead on 09.01.2015.

23 http://ultimateclassicrock.com/alice-cooper-lady-gaga-is-female-me/ on 09.01.2015.

24 http://music.msn.com/music/article.aspx?news=869406 on 09.01.2015.

Simmons of *Kiss* has called Lady Gaga the only rock star of the past decade.[25] Punk icon John Lydon (aka Johnny Rotten of the *Sex Pistols*) has dubbed her fantastic, witty, and clever.[26] And drummer Dave Lombardo, founding member of the heavy metal band *Slayer*, recently attended a Lady Gaga show at the Roseland Ballroom in New York in April 2014, commenting favorably on her musicianship and being photographed with some of Gaga's rock friends from New York.[27] Less famous but otherwise acknowledged musicians in rock have expressed a musical appreciation for Lady Gaga as well. By way of example, Dominic Miller, best known as the guitarist for Sting, commended her musical skills.[28] Even non-rockers, like rapper Lil' Kim, have called Lady Gaga a rock star.[29]

The meetings of rockers with Lady Gaga have on some occasions enabled meaningful collaboration in musical respects as well. Examples of Lady Gaga collaborations with rockers on recordings include: Marilyn Manson, who is featured on a remix of her song »LoveGame« by Chew Fu; Elton John, with whom Gaga recorded a song for the movie GNOMEO AND JULIETTE; and Brian May and Doug Aldrich who play guitar on some of Gaga's recorded songs.

These studio collaborations are complemented with collaborations at live shows. Among the examples, mention can be made of Elton John, with whom Lady Gaga performed live at the Grammy Awards in 2010, and Sting, Bruce Springsteen, Debbie Harry and Elton John with whom Gaga performed at a live concert event for charity at Carnegie Hall in New York in 2010. Sting also joined Lady Gaga onstage during two songs at the *iHeartRadio Music Festival* in Las Vegas in 2011. And with the *Rolling Stones*, Lady Gaga performed the song »Gimme Shelter« during the legendary band's show in Newark, New Jersey in December 2012. More such rock collaborations with Lady Gaga were planned but did not take place, such as a performance of »Radio Ga Ga« by Gaga and members of Queen during the 2009 summer tour, and Gaga joining *Judas Priest*

---

25 http://www.jsonline.com/blogs/entertainment/271164241.html; http://www.ultimateguitar.com/news/wtf/kiss_wanted_lady_gaga_collaboration.html?no_takeover on 09.01.2015.
26 http://www.openculture.com/2013/04/johnny_rotten_on_lady_gaga_paul_mccartney_madonna_katy_perry.html on 09.01.2015.
27 https://twitter.com/TheDaveLombardo/status/451536646945898496 on 09.01.2015.
28 https://twitter.com/joshfreese/status/117483660248231937 on 09.01.2015.
29 http://www.mtv.com/videos/news/628441/lil-kim-says-lady-gaga-is-a-rockstar.jhtml on 09.01.2015.

on stage for a performance of the classic heavy metal song »Hell Bent for Leather«.[30]

Finally, Lady Gaga songs have also been covered and performed by rock musicians. For instance, Alice Cooper performed »Born This Way« at the *Bonaroo Festival* in Tennessee in 2012. Guitar legend Jeff Beck regularly performed an instrumental version of »Bad Romance« during his 2011 tour. And *Faith No More* has covered »Poker Face« at live shows in 2009 during the band's Second Coming reunion tour.

As a concert attendant, too, Lady Gaga has been seen at rock and heavy metal shows, such as when she saw *Kiss* in New Jersey and *Iron Maiden* in Florida (both shows which she attended with her then boyfriend Lüc Carl). More recently, when she herself performed at the *South by Southwest Festival* in Austin, Texas in March 2014, Gaga was seen in an *Iron Maiden* T-shirt attending the show by thrash rockers *Lazer/Wulf*.[31] Lady Gaga's occasional appearances at festivals tie in with her often commenting on having attended festivals, such as when she and her friend Lady Starlight took their tops off when they saw Iggy Pop perform at a festival.[32] Also, Gaga has embraced the fans at her concerts who adopt metal and rock styles, such as when she did a shoot-out to a fan at one of her Monster Ball concerts when she saw him wearing a *Kiss* T-shirt. The same fan would later successfully convince Alice Cooper to pose for a picture doing the so-called ›monster claw‹ hand gesture that has been popularized by Lady Gaga and her fans.[33]

(Little) Monsters of Rock

Turning to the fans of Lady Gaga, some of them have openly acknowledged and favorably received her status as a rock star. Lady Gaga has a distinct and specific understanding of her fans, whom she refers to as ›little monsters‹, a term that originated in the summer of 2009 and that has since been adopted, to varying degrees, by her fans as well. In an interview with Larry King in June 2010, Gaga

---

30 https://music.yahoo.com/blogs/yahoo-music/judas-priest-rob-halford-almost-performed-lady-gaga-233806915.html?soc_src=mediacontentsharebuttons on 09.01.2015.

31 http://www.metalinsider.net/secret-metalhead/lady-gaga-takes-in-lazerwulf-at-sxsw on 09.01.2015.

32 http://www.eonline.com/news/517951/lady-gaga-announces-debut-sxsw-performance-says-she-can-t-wait-to-rock-austin-all-the-details on 09.01.2015.

33 http://www.gagafrontrow.net/2013/07/coopermonsterclaw.html on 09.01.2015.

explained the origins of the term. Talking about her fans behaving at the show, she said that they were »salivating at the mouth«, they were rabid, »and they just behaved like monsters.«[34] In some of her songs, Lady Gaga also sings about monsters, and she and her fans use the monster claw as a gesture of expressing their identity.

Lady Gaga's little monsters form a veritable subculture of fans. They are in that sense quite similar to metalheads, punks, and other popular music collectivities such as the ›Deadheads‹ and the ›Kiss Army‹ who are at home in the world of rock but have virtually no counterpart in pop. It should be noted that as the commercialization of popular music beyond the marketing of sound recordings has continued in recent years, this situation may be changing as more and more expressions for the fans of all kinds of pop stars are being introduced (e.g., ›Directioners‹, ›Beliebers‹, and the ›RihannaNavy‹), even though it is not always clear that those terms reflect a subculture or instead are merely promotional devices.

Some of Lady Gaga's fans have adopted rock and heavy metal styles, particularly from a visual viewpoint. Especially at concerts, Gaga fans dress in leather and denim, use spikes and studs in their clothing, showcase their tattoos and piercings, and use fake blood to convey a rock style of monstrosity and freakishness. Some (of these) fans also refer to Lady Gaga as a rock star and/or encourage her to adopt rock music even more explicitly than she already does. This echoes the sentiments of *Kiss* bassist Gene Simmons who has expressed his admiration for Lady Gaga's talent, attitude, and style, encouraging her to do a rock album.[35]

Especially noteworthy among the rock-oriented fans of Lady Gaga are those music lovers who are primarily rock and metal fans and who otherwise do not associate much, if at all, with pop music. Some Lady Gaga fans, indeed, are primarily rock fans, metalheads, and punks. Although they may not form a sizeable minority in Lady Gaga's fan base, it is all the more striking that they are present in the Lady Gaga community even when their devotion is not always well received in their respective rock communities.

Rock music fans of Lady Gaga will define their fanship of the performer in terms of their broader musical preferences in the world of rock. Thus, they will refer to Lady Gaga as a rock star or as a metalhead or punk, despite the singer's position in pop. Some fans have gone so far as to deliberately present themselves as rock and metal Lady Gaga fans, as indicated for instance, by twitter accounts

---

34 http://transcripts.cnn.com/TRANSCRIPTS/1006/01/lkl.01.html on 09.01.2015.
35 https://twitter.com/genesimmons/status/353940338735448064 on 09.01.2015.

named ›Metalheads for Gaga‹ and ›HornsandPawsUp‹.³⁶ As part of Lady Gaga's positive reception by rock music fans, there are also various rock and heavy metal covers, remixes, and mash-ups of her songs.³⁷ In addition, some metal and rock fans who are not fans of Lady Gaga have nonetheless embraced and accepted her as a special and noteworthy musical talent.³⁸

Conclusion

In this paper, I have analyzed the rock aspects present in the music and style of Lady Gaga with respect to sound as well as self-presentation and reception. Based on a constructionist perspective in the sociology of music, I have showed that Lady Gaga's position in the world of pop is complemented, and needs to be understood accordingly, with elements of rock in the themes and style of her music, her attitude towards pop as the new rock, her self-presentation as a rock star, and a similar reception by others, including both rock musicians and fans.

My paper has empirically uncovered various illustrations that can substantiate the claim that Lady Gaga merges, bridges, and fuses rock and pop. Yet, although the argument can be defended that Lady Gaga is a rock star because she is considered that way by herself as well as others, there is a measure of disagreement and contention about this perception as well. The very fact that this paper needed to explore the topic systematically reveals that Lady Gaga is not always recognized as a rock star, or at least as a pop star with rock sensibilities, and that the rock elements in her music and style, although present, are not always recognized. Besides, there is no doubt that Lady Gaga's work is primarily located in the world of pop and that she also calls herself a pop star and refers to her music as pop. At the present time, a full turn towards rock, especially in the form of a recorded album, is unlikely to come from Lady Gaga, even though some of her fans would want her to do so.

The reasons for Lady Gaga's preference to work in the world of pop and infuse it with rock no doubt relate to personal choices of an aesthetic quality. But subjective motives aside, Lady Gaga's belonging to the world of pop and her reaching out to the style and attitude of rock also involve distinct gender issues.³⁹

---

36 https://twitter.com/Metalheads4Gaga; http://mikesmusicandconcerts.wordpress.com on 09.01.2015.
37 https://twitter.com/crushnaut/status/320906390820499456 on 09.01.2015.
38 https://twitter.com/Metal_Hammer/status/73714517342822400 on 09.01.2015.
39 M. Deflem: The Sex of Lady Gaga.

Pop music is typically seen as more feminine and rock as more masculine, so that, all other conditions being equal, a female performer can expect to be more successful in pop and acquire more fame via success in the world of pop, thus reaching more people with whatever artistic objectives that are aspired to. In that sense, Lady Gaga's choice to associate with pop may have been at least partly strategic. Even then, Gaga's move into the world of pop would raise questions concerning authenticity and the boundaries between pop and rock only if and when successful rock stars would be any less manufactured (or authentic) than those who attain fame in the world of pop.

Literature

Corona, Victor P.: »Memory, Monsters, and Lady Gaga«, in: Journal of Popular Culture 44 (2011), pp. 1-19.
Deflem, Mathieu: »Four Truths About Marketing Lady Gaga Lies«, in: The European Business Review, July/August 2013, pp. 70-72.
— »Professor Goes Gaga: Teaching Lady Gaga and the Sociology of Fame«, in: The American Sociologist 44 (2/2013), pp. 117-131.
— »The Sex of Lady Gaga«, in: Richard J. Gray (Ed.), The Performance Identities of Lady Gaga, Jefferson, NC: McFarland Publishing 2012, pp. 19-32.
Frith, Simon/Straw, Will/Street, John (Eds.): The Cambridge Companion to Pop and Rock, Cambridge: Cambridge University 2001.
— »Pop Music«, in: Frith/Straw/Street (Eds.), The Cambridge Companion to Pop and Rock (2001), pp. 93-108.
Herbert, Emily: Lady Gaga: Behind the Fame, New York: The Overlook 2010.
Keightley, Keir: »Reconsidering Rock«, in: Frith/Straw/Street (Eds), The Cambridge Companion to Pop and Rock (2001), pp. 109-142.
Kotarba, Joe. A./Vannini, Phillip: Understanding Society Through Popular Music, New York: Routledge 2009.
Lester, Paul: Lady Gaga: Looking for Fame. The Life of a Pop Princess, London: Omnibus 2010.
Martin, Peter J.: Sounds and Society: Themes in the Sociology of Music, Manchester: Manchester University 1996.
Paglia, Camille: »Lady Gaga and the Death of Sex«, in: The Sunday Times, 12.09.2010.
Sullivan, Brendan J.: Rivington Was Ours: Lady Gaga, the Lower East Side, and the Prime of Our Lives, New York: itbooks 2012.

»I'm the kinda that you wanna...«
Die queeren künstlerischen Strategien der Musikerin und Performerin Peaches

ROSA REITSAMER

> Being Peaches (means) you can do whatever you like. I am a musician, a performer, a conceptual artist, a digital artist. Whatever boundaries I want to push, I can, both through lyrics, through music, through technology.
>
> MERRILL NISKER AKA PEACHES

Als Peaches zur Jahrtausendwende ihren Wohnsitz von Toronto nach Berlin verlegt und ihr Album *The Teaches of Peaches* veröffentlicht, erahnen nur wenige, dass sie als Musikerin und Performerin in nur wenigen Jahren zur Mitbegründerin des Electro-Clash-Genres und eine wichtige Pro-Sex-Aktivistin am Rande des Mainstreams werden sollte. Ihre Karriere startet Peaches mit ihrem bürgerlichen Namen Merrill Nisker als Singer-Songwriterin mit dem Folkmusik-Trio *Mermaid Café* und der Veröffentlichung ihres ersten Soloalbums *Fancypants Hoodlum* (1995) in den frühen 1990er Jahren in Kanada. Wenig später entschließt sie sich, Rockmusikerin zu werden und gründet die Band *The Shit* (unter anderem mit Chilly Gonzales), die mit ihren absurden, sexuell expliziten Liedtexten zu einem wichtigen Einfluss für die Entwicklung ihres heute bekannten Alter Egos Peaches wird. Seit 2000 veröffentlichte Nisker unter dem Namen Peaches die vier Alben *The Teaches of Peaches* (2000), *Father Fucker* (2003), *Impeach My Bush* (2006) und *I Feel Cream* (2009), acht Singles, 14 Remixes, 9 Musikstücke für Compilations und 21 Musikvideos, und sie zeichnet zudem als Regisseurin verantwortlich für die Rockoper *Peaches Christ*

Superstar (2010), in der sie, von Chilly Gonzales am Klavier begleitet, alle Rollen selbst singt und spielt, und für das Anti-Jukebox-Musical *Peaches Does Herself* (2012), das als Film auf internationalen Festivals gezeigt wird.[1]

In dem vorliegenden Artikel wird beschrieben, wie sich Peaches in feministisch-queeren Subkulturen und im Kontext ›neuerer‹ Feminismen und postpornografischer Politiken verortet und mit ihren queeren künstlerischen Praktiken und Repräsentationen einen »pornotopischen Raum«[2] für alternative sexuelle Identitäten entwickelt. Diese Strategien der sozialen Selbstverortung und die queeren künstlerischen Praktiken und Repräsentationen der Musikerin fasse ich unter dem Begriff der »Sex Politics«, die, so meine These, die binäre Logik der Geschlechterdifferenz herausfordert, weil Geschlecht und Sexualität nicht auf Zweigeschlechtlichkeit und Heterosexualität bezogen werden. Dieser These liegt ein sozialkonstruktivistisches Verständnis von Geschlecht[3] zugrunde, und sie baut auf der »Strategie der VerUnEindeutigung« als Teil einer queeren Politik der Repräsentation auf, die Repräsentationen nicht als Abbild einer gegebenen Wirklichkeit versteht, sondern als Intervention in die Machtregimes der heterosexuellen und zweigeschlechtlichen Gesellschaftsordnung.[4] Weiters sind die theoriegeleiteten Ansätze der Cultural Studies ein wichtiger Ausgangspunkt, weil sie Populärkultur als ein Feld der Aushandlung von vergeschlechtlichten, sexuellen und rassifizierten Identitäten verstehen.[5] Dieses Verständnis erlaubt Strategien der »Selbstsexualisierung« von Popmusikerinnen, die auch Peaches für ihre »Sex Politics« aufgreift, als mögliche Werkzeuge des Empowerments zu thematisieren. Die Strategien der »Selbstsexualisierung« von Popmusikerinnen und somit auch die »Sex Politics« von Peaches stehen im Spannungsverhältnis der »Pornografisierung der Gesellschaft« einerseits und »neueren« Feminismen und postpornografischen Politiken andererseits, und sie können in das in Aushandlung begriffene Verhältnis von Gesellschaft, Pornografie und Popmusik intervenieren. Im ersten Teil des Artikels beschreibe ich zunächst die »Pornografisierung der Gesellschaft« und ihre Auswirkungen auf die Popkultur. Im Anschluss daran rekonstruiere ich anhand von journalistischen Interviews, wie Peaches ihr Publikum und ihre Fans adressiert und sich in der Geschichte der feministisch-lesbisch-queeren Subkulturen verortet. Im zweiten Teil des Artikels

---

1 Vgl. www.peachesrocks.com
2 Vgl. B. Preciado: Pornotopia.
3 Vgl. R. Gildemeister: Doing Gender, S. 136f.
4 Vgl. A. Engel: Entschiedene Interventionen in der Unentscheidbarkeit, S. 275.
5 Vgl. etwa A. McRobbie: Postmodernism and Popular Culture; S. Whiteley: Women and Popular Music.

analysiere ich einzelne queere Praktiken und Repräsentationen in ausgewählten Musikvideos und im Film PEACHES DOES HERSELF und zeige, wie durch diese Praktiken und Repräsentationen ein »pornotopischer Raum«[6] für alternative sexuelle Identitäten konstruiert wird.

PEACHES' »SEX POLITICS« IM KONTEXT VON »PORNO POP«, »THIRD WAVE«-FEMINISMUS UND POSTPORNOGRAFISCHEN POLITIKEN

Die »Pornografisierung der Gesellschaft«, die an der erhöhten medialen Sichtbarkeit pornografischer Darstellungen und am Verschwimmen der Grenzen zwischen dem Pornografischen und dem Mainstream festgemacht wird[7], bewirkt zu Beginn des 21. Jahrhunderts die Umgestaltung der Populärkultur zum »Porno Pop«[8] und führt dazu, dass sich kommerziell erfolgreiche Künstlerinnen immer häufiger aus freien Stücken und aus Spaß selbst sexualisieren.[9] Dieser »Porn Chic«[10] und die »neue Technologie der Sexiness«[11] verbinden sich mit einem neoliberalen Empowerment-Diskurs, indem sich die Musikerinnen als autonome heterosexuelle Subjekte präsentieren, die medial und öffentlichkeitswirksam Wissen über Sex, Sexualität und sexuelle Praktiken vermitteln und männlich kodierte Verhaltensweisen und den objektivierenden männlichen Blick, dem Macht, Expertise und Kenntnis zugeschrieben wird, inkorporieren. Die Strategien der Selbstsexualisierung von Lady Gaga, Miley Cyrus, Rihanna oder Lady Bitch Ray gehen also einher mit der Verschiebung weg von einem Sexobjekt, das durch den männlichen Blick eine Objektivierung erfährt, hin zu einem begehrenswerten Sexsubjekt, das sich selbst als sexuell aktiv, wissend, selbstbestimmt und handlungsfähig setzt. Diese »phallischen Frauen«[12] präsentieren ihre Weiblichkeit als körperliches Eigentum und vermitteln eine obsessive Beschäftigung mit dem eigenen Körper, der überwacht, gestaltet, modelliert und performativ in Szene gesetzt werden muss, weil der Körper als zentrale Ressource für weibliche Identitätskonstruktion stilisiert wird und als »erotisches

---

6 Vgl. B. Preciado: Pornotopia.
7 Vgl. L. Williams: Porn Studies, S. 1-23.
8 Vgl. J. Metelmann (Hg.): Porno-Pop II.
9 Vgl. P. Villa: Pornofeminismus?, S. 229-248.
10 Vgl. R. Gill: Postfeminist Media Culture, S. 136-148.
11 Vgl. H. Radner: Queering the Girl, S. 1-38.
12 Vgl. A. McRobbie: Top Girls.

Kapital«[13] ein Machtpotenzial in sich birgt.[14] Auch Peaches greift für ihre »Sex Politics« zahlreiche Strategien der »Selbstsexualisierung« auf und integriert pornografische Elemente in ihre Liedtexte, Bühnenshows und Musikvideos wie einzelne Titel ihrer Songs, unter anderem »Fuck the Pain Away«, »Fuck or Kill« und »Slippery Dick«, sowie ihre energiegeladenen Auftritte auf Konzert- und Theaterbühnen in Shorts und BHs aus Latex und Leder, Kostümen mit Dildo, monströsen Schulterpolstern oder übergroßen, auf dem Oberkörper verteilten Plastikbrüsten illustrieren. Die musikalischen Einflüsse für die Entwicklung ihrer »Sex Politics« beschreibt Peaches in einem Gespräch auf der Konferenz »Music, Revolution and Authors' Rights« in Schweden im Jahr 2011 so:

»I was (...) questioning my love for the other side of Hip Hop which was quite misogynist and my love for classic rock which was also quite misogynist and I wondered why I sing along with songs that said things like ›your ass is so big, we gonna put the club in your ass‹ and ›shake them tities‹ (...). And then on the other end of the classic rock songs, there is a million of examples of (...) classic blues – of course they have the protest element but it's still quite male driven like ›squeeze my lemon 'till the juice runs down my leg‹. But I don't have a lemon, I am Peaches. I questioned all those things and also my love for the Riot Grrrl movement and where did that go and what, if I sing the same kind of lyrics but in my point of view, a woman's point of view. So, instead of saying ›squeeze my lemon‹ I say ›sucking on my tities‹.«[15]

Im Lied »Fuck the Pain Away« singt Peaches zu ihrer an der MC 505 Beatbox produzierten Musik die Textzeile »sucking on my tities like you wanted me«. Mit diesem Lied und dem Album *The Teaches of Peaches*, dessen Cover in Großaufnahme das Becken der Musikerin in pinken, knapp sitzenden Shorts zeigt, verweist sie unmissverständlich darauf, dass Sex im Mittelpunkt ihrer Musik steht. Im vorangegangenen Zitat referiert Peaches auf die sexistischen Liedtexte in der Geschichte der Populärmusik und beschreibt ihre Künstlerinnenidentität als eine, die von einer emanzipatorischen weiblichen Sichtweise auf Sex und sexuelle Praktiken sowie durch eine kritische Selbstreflexion der eigenen musikalischen Präferenzen für sexistischen Soul, Rock und Hip Hop einerseits und feministisch-lesbisch-queeren Punk andererseits geprägt ist. Diese Verbindung mag auf den ersten Blick irritieren, weil sexistische Songtexte von

---

13 C. Hakim: Erotic Capital, S. 499-518.
14 Vgl. R. Gill: Postfeminist Media Culture; A. McRobbie: Top Girls; P. Villa: Pornofeminismus?
15 Gespräch mit Peaches (21.11.2011; siehe Internetressourcen).

Rockmusikern und Rappern Bilder von spezifischen heterosexuellen Männlichkeiten wie dem »Cock Rocker«[16] oder dem Gangsta-Rapper wachrufen, weibliche Punkbands und -musikerinnen wie *Siouxsie and the Banshees* und Riot-Grrrl-Bands wie *Bikini Kill* oder *Tribe 8* hingegen mit Provokation, Subversion und Transgression assoziiert werden, die auf die Produktion alternativer Weiblichkeiten abstellen.[17] Bei genauerer Analyse wird allerdings deutlich, dass es gerade die Kombination von Gegensätzen ist, die Peaches für ihre »Sex Politics« wiederholt einsetzt. Diese Kombination erlaubt es, ein junges (weibliches) Publikum zu adressieren, das eine Vorliebe für Popmusik mit sexistischen Liedtexten hat und sich in männlich dominierte Subkulturen involviert »precisely because of the ›strong masculine overtones‹ associated with the activity. Thus, a younger queer girl interested in punk will not be put off by the masculinity of the sub-cultures; she may easily be seduced by it«.[18] Gleichzeitig spricht Peaches aber auch eine jüngere Generation von popkulturell und feministisch sozialisierten Akteuren und Akteurinnen an, indem sie mit ihrem Verweis auf die US-amerikanischen Riot-Grrrls auch ihre Kritik an der chauvinistischen heterosexuellen Männlichkeit der Hardcore-Punkszenen deutlich macht.

Riot-Grrrls fordern mit den Slogans »Revolution Grrrl Style Now« und »Punkrock Feminism Rules« selbstbestimmt ihren Platz in den Postpunk-Szenen ein. Sie thematisieren in ihren Songs und den »Girl Zines«[19] individuelle und strukturelle Gewaltverhältnisse und weisen, wie Queercore-Szenen, eine lesbische und schwule »Lifestyle«-Kultur zurück, die auf Konsum abzielt.[20] Auf diese feministisch-lesbisch-queere Subkultur, die mit Riot-Grrrl und Queercore Anfang der 1990er Jahre in den USA entsteht und sich durch eine Neuaneignung des Do-it-yourself-Ethos des Punk, einen provokativen »In-Your-Face«-Aktivismus und die immer wieder artikulierte Abgrenzung zum Feminismus der 1970er Jahre charakterisiert, referiert Peaches mit ihrer Frage, was aus der Riot-Grrrl-Bewegung geworden sei. Dass der DIY-Aktivismus dieser Subkultur, die Transformation einiger Riot-Grrrl-Bands zu feministisch inspiriertem Electro-Clash und die neuen Kommunikationstechnologien für Peaches' Werdegang wichtig sind, hebt die Musikerin in Interviews hervor, in denen sie über ihre Musikproduktion im »Bedroom«-Studio in Toronto spricht:

---

16 Vgl. S. Frith/A. McRobbie: Rock and Sexuality, S. 371-389.
17 Vgl. H. Reddington: The Lost Women of Rock Music; S. Whiteley: Women and Popular Music.
18 J. Halberstam, zit. nach M. Leonard: Gender in the Music Industry, S. 116.
19 Vgl. A. Piepmeier: Girl Zines.
20 Vgl. M. C. Kearney: Girls Make Media.

»I was definitely alone in Canada in my bedroom writing these songs and giggling to myself and feeling pretty proud of myself. And then I heard Le Tigre because I was aware of Bikini Kill. That was Kathleen Hanna's band before Le Tigre and (...) Chicks on Speed. It was really exciting that it was so organic, that other women were making similar music that wasn't popular at all at that time with similar sentiments. So, we are all mad and we all play together. It was exciting, definitely.«[21]

Im Unterschied zu vielen Rock- und Popmusikern und -musikerinnen, die sich nicht oder kaum als Teil einer Musikszene verstehen wollen und eine Assoziation mit anderen aktuellen Musikern und Musikerinnen ablehnen, um einer Rezeption als vorübergehendem Trend vorzubeugen[22], positioniert sich Peaches gemeinsam mit *Le Tigre* und *Chicks on Speed* als eine Pionierin des Electro-Clash und betont die gemeinsamen musikalischen Aktivitäten.

Mit ihrem Album *Father Fucker* erweitert Peaches den Einfluss der feministisch-lesbisch-queeren Subkultur der Riot-Grrrls und des Queercore, indem sie verstärkt Rockelemente in ihre Musik und Videoclips integriert und ihre Lyrics zunehmend auf sexuell kodierte Praktiken abstellt. Rückblickend nimmt Peaches dieses Album zum Anlass, um sich von feministischen Standpunkten der 1970er Jahre zu distanzieren, die »nein« zu allem sagen, womit sie sich wohl auf die Rezeption von Pornografie als eine Degradierung von Frauen zu Sexualobjekten[23] bezieht:

»The next album I decided to go even more hardcore and wrote songs like ›Shake Yer Dix‹ [...] and ›Back It Up, Boys‹ [...] and I named the album ›Father Fucker‹ because I wanted to draw attention to the misuse and overuse of the word motherfucker – what it means. So, [...] instead of a sort of 70s' feminism that says no to everything, I thought say yes to everything, but also say yes to this. That album was even more polarised [...] but for a lot of people [...] it was very important [...] but mostly on an underground level because it went deeper. [...] I view the first album [Anm. THE TEACHES OF PEACHES] as a sort of sexual exploration and the second album [Anm. *Father Fucker*] as a sort of gender-role-playing [...] and the third album [Anm. *Impeach My Bush*] as more of like a movement trying to bring people into it more.«[24]

---

21 Gespräch mit Peaches (21.11.2011).
22 Vgl. M. Leonard: Gender in the Music Industry, S. 107.
23 Vgl. etwa A. Dworkin: Pornography.
24 Gespräch mit Peaches (21.11.2011).

Ein wichtiges Element von Peaches' »Sex Politics« ist das Spiel mit vergeschlechtlichten und sexuellen Identitäten, das sie an ihrem Album *Father Fucker* festmacht. Dieses Spiel umfasst für die Musikerin eine Abgrenzung vom feministischen »PorNo«-Standpunkt der 1970er Jahre, eine humoristische Auseinandersetzung mit dem Wort »Motherfucker«, das Tragen eines Vollbarts für das Coverbild des Albums und sexuell vulgäre Liedtexte, die irritieren und unterhalten und gleichzeitig stereotype Sichtweisen auf sexuellen Praktiken herausfordern sollen, die als weiblich oder männlich, homo- oder heterosexuell kodiert sind. Im Lied »Shake Yer Dix« mit dem Refrain »shake yer dix« und »shake yer tits« fordert sie beispielsweise Frauen und Männer auf, sich an ihrer »Sex Politics« zu beteiligen. Die Musikerin verortet sich mit diesem humoristischen Spiel mit Sex und sexuellen Identitäten und der Darstellung einer »female masculinity«[25] sowie mit der Beschreibung des dritten Albums *Impeach My Bush* als Versuch, mehr Menschen in eine feministisch-queere Bewegung zu inkludieren, im Kontext eines »neueren« Feminismus.

Die Akteure und Akteurinnen dieses »neueren« Feminismus sind mit den Errungenschaften der zweiten Frauenbewegung aufgewachsen.[26] Sie bezeichnen sich entsprechend ihrer politischen und (sub)kulturellen Ausrichtungen häufig als Third-Wave-, Pop- oder Punkrock-Feministen und -feministinnen[27] und referieren für ihre Abgrenzung zum »Second Wave Feminismus« auf eine »Rhetorik und Politik der Inklusion, Partizipation und Intervention«[28], die ein essentialistisches Verständnis der Kategorie Frau und eine separatistische Geschlechterpolitik ablehnt und auf eine partikulare Bündnispolitik setzt, sowie auf queere Theorien, die vergeschlechtlichte, sexuelle und rassifizierte Identitäten im Kontext gesellschaftlicher Machtverhältnisse als Ort beständigen Werdens verhandeln. Im Anschluss an die »Feminist-Sex-Wars«-Debatte der 1980er Jahre treten sie für einen »Sex Positive Feminism« als Ausgangspunkt für ihre Standpunkte zu queer-feministischer Pornografie und postpornografischen Politiken ein, die davon ausgehen, »that bodies have been educated and capacitated, through centuries of disciplining techniques, toward becoming a mobilised entity that is ready to work and – in a tricky double movement of repression and production – have been gendered and sexualised along a dualistic male-female, active-passive axis«.[29] Dass sich Peaches selbst als eine Pro-Sex-Aktivistin

---

25 J. Halberstam: Female Masculinity.
26 Vgl. A. Henry: Not My Mother's Sister.
27 Vgl. etwa S. Eismann (Hg.): Hot Topic; S. Genz/B. Brabon: Postfeminism.
28 R. Reitsamer: Feministische Räume im Wandel der Zeit, S. 37-40.
29 K. Diefenbach: Fizzle Out in White, S. 18.

positioniert, die Sex und sexuelle Identitäten als soziale, kulturelle und politische Aushandlungsprozesse versteht, wird an den Ratschlägen erkennbar, die sie in Interviews formuliert:

»It's very difficult for us to figure out who we are with all the social pressure and all the political pressures and traditional ways that are put upon you. (...) You may have more masculine or more feminine sides than you think but you really need to work it out because if you don't, it's gonna (...) affect your political views and your social views and your opinion about yourself and your well-being and happiness. (...) You have to be careful that you don't think ›oh, now I know who I am‹. (...) It's a constant struggle and it also changes with your age, too. (...) You have to keep questioning and keep challenging yourself. That's very important.«[30]

Peaches webt diese Ratschläge, die eigene Geschlechtsidentität kritisch zu hinterfragen, in ihre persönlichen Gedanken und Reflexionen über ihr Leben als »older white Jewish Canadian woman«[31] und ihre Erfahrungen mit Journalisten und Journalistinnen sowie Fans ein, die sie als »ugly« beschreiben und mit Sätzen wie »It's really cool that you make sexual music and you're not good looking«[32] konfrontieren. Diese persönlichen Erzählungen sind für die Kommunikation mit ihren Fans wichtig, weil sie die Distanz zwischen Musikerin und Publikum abbauen sollen. Ein Vorhaben, das vor allem dann gelingen mag, wenn die Ratschläge der Musikerin als Ergebnis ihrer eigenen Erfahrungen interpretiert werden. Gleichzeitig thematisiert Peaches aber auch die Zensur ihrer Musik und Theaterstücke, sowie die geschlechtsspezifische Rezeption ihrer Person als Frau und Musikerin. Peaches stellt also ihre eigene Person, ihre Kunst und ihr Publikum in den gesellschaftspolitischen Zusammenhang von Geschlecht, Sexualität und Macht, wobei sie auf eine Veränderung und Erweiterung der dominanten heterosexuellen und zweigeschlechtlichen (Bilder-)Sprache abzielt.

Für diesen Zweck kooperiert Peaches, neben zahlreichen Gast-Musikern und -musikerinnen auf ihren Alben (unter anderem Joan Jett, Beth Ditto, Shunda K von *Yo! Majesty*, Iggy Pop), mit Akteuren und Akteurinnen, die ähnliche Ziele verfolgen. Hierzu zählen unter anderem Amanda Palmer, mit der sie für das Musikvideo MAP OF TASMANIA eine Auszeichnung vom Berliner »PorYes«-Filmfestival im Jahr 2011 erhielt, die Aktivisten und Aktivistinnen, die dem Aufruf für das Video FREE PUSSY RIOT (2012) folgten, Annie Sprinkle und Beth

---

30 Gespräch mit Peaches (21.11.2011).
31 Ebda.
32 Ebda.

Stephens, auf deren »Dirty-Ecosexual-Wedding«-Performance (2014) sie mitwirkte, oder der/die Transgender-Porno-Darsteller/in Danni Daniels und die Ex-Stripperin und Komödiantin Sandy Kane im Anti-Jukebox-Musical *Peaches Does Herself*.

In den Interviews beschreibt Peaches ihren Werdegang als eine stringente Entwicklung vom Musikmachen im »Bedroom«-Studio in Toronto über die Veröffentlichung ihrer Alben bis zu ihren Theaterproduktionen *Peaches Christ Superstar* und *Peaches Does Herself* in Berlin. Dieser künstlerische Entwicklungsprozess, der eine Bewegung von Riot-Grrrl und Queercore über Pro-Sex-Aktivismus bis zu postpornografischer Politik beschreibt, wird im Anti-Jukebox-Musical *Peaches Does Herself* anhand ihrer Musikstücke erzählt. Das Musical, das dokumentiert und zu einem Film editiert wurde, kommt, im Unterschied zu traditionellen Jukebox-Musicals, ohne Dialoge aus. Die Auswahl der Darsteller und Darstellerinnen beschreibt sie folgendermaßen:

»I was trying to bring people from outside into it who have all their particular life and their work. Danni Daniels, the transsexual love interest [Anm. in the musical] and the ideal beauty, is not interested in theatre. Danni does porn. That's Danni's world. [...] Sweet Machine is the band that plays with me [...], and the Father Fucker dancers are all from Berlin but nobody is German. But I still needed some kind of key element to make a sort of a narrative like a good drama. And I have heard of Sandy Kane from her cable TV show where she sings the song ›Gloria, she is a cock sucking worrier and she charges 20 bucks for every penis that she sucks‹. So, I thought, I need to find her.«[33]

Im Kontext der Debatten zu feministischer Pornografie und postpornografischer Politik verweist der Film PEACHES DOES HERSELF und die Kooperationen von Peaches mit unterschiedlichen feministisch-queeren Akteuren und Akteurinnen inner- und außerhalb des Kunstfeldes auf »dissidente Feminismen«[34], die in den 1980er Jahren mit der Kritik am weißen Mittelschichtfeminismus sichtbar und durch ihre kulturellen, sexuellen und politischen Differenzen als eine Gefahr für das heterosexuelle eurozentristische Idealbild der Frau und Feministin rezipiert werden. Diese erfolgreichen Wellen der Kritik beschreibt Beatriz Preciado als »the critical awakening of the ›proletariat of feminism‹ whose monstrous subjects are whores, lesbians, raped, butch, male and transgender women who are not white ... in short, almost all of us«.[35] Preciado zufolge sind dissidente

---

33 Interview mit Peaches zum Film PEACHES DOES HERSELF (siehe Internetressourcen).
34 Vgl. B. Preciado: Pharmaco-Pornographic Capitalism Postporn Politics, S. 245-254.
35 Ebda.: S. 251.

Feminismen und die »punkfeminisms for rebellious freaks«[36] Teil der postpornografischen Politiken, die mit ihrem devianten Gebrauch von Körpertechniken und Masturbationsgeräten sowie mit Transgender- und Gender-Queeren-Politiken als Störfaktoren im »pharmakopornografischen Kapitalismus« operieren. Als ein neues Regime der Körperkontrolle und der Subjektivitätsproduktion entstehe der »pharmakopornografische Kapitalismus« ab den 1950er Jahren. Diese neue biopolitische Form des Regierens werde von der Pharma- und Pornoindustrie geprägt, weil diese Industrien die Bedingungen für die neue Form des Regierens bereitstellen, zu denen die Erfindung neuer synthetischer Materialien für Konsumzwecke und die Rekonstruktion des Körpers (unter anderem Silikon), die Kommerzialisierung endokriner Substanzen zur Trennung von Heterosexualität und Reproduktion (unter anderem die Antibabypille) und die Entwicklung der Pornografie zur Massenkultur respektive die »Pornografisierung der Gesellschaft« zählen.[37]

Danni Daniels, eine/r der Mitwirkenden im Film PEACHES DOES HERSELF, nutzt diese neuen Körpertechnologien für die Herstellung seines/ihres Transgender-Körpers. Die Anekdote, die Peaches und Daniels in einem Interview über ihr erstes Zusammentreffen erzählen, endet mit Satz: »Peaches, now I cannot only shake my dick, I can also shake my tits to your music.« Auf die Frage der Journalistin, welche Inhalte der Film PEACHES DOES HERSELF dem Publikum vermitteln soll, antwortet Peaches: »I really want that people celebrate who they are and I want people to realise that they can be comfortable in their own skin [...] – no matter how old they are or what gender combination they are.« Und Daniels ergänzt: »I am happy to be able to show to a lot of trans youth [...] that you can be really comfortable with your body and can express yourself.«[38]

Peaches' Verortung in feministisch-lesbisch-queeren Subkulturen und ihre Hinwendung zu »dissidenten Feminismen« und postpornografischen Politiken verweisen auf die politischen Dimensionen ihrer »Sex Politics«, die mit einer Anlehnung, den eigenen Körper an neoliberale Schönheitsideale anzupassen, einhergeht. Damit unterscheidet sie sich von zahlreichen Popmusikerinnen, die ebenfalls Strategien der »Selbstsexualisierung« aufgreifen, ihre künstlerischen Praktiken und Repräsentationen allerdings äußerst selten in einen feministisch-queeren Kontext stellen.

---

36 Ebda.
37 B. Preciado: Pornotopia, S. 74.
38 Interview mit Peaches und Danni Daniels (2013; siehe Internetressourcen).

DIE PRODUKTION EINES POPKULTURELLEN »PORNOTOPISCHEN RAUMS«[39]

In ihrem Buch *Pornotopia. Architektur, Sexualität und Multimedia im »Playboy«* referiert Beatriz Preciado auf den Begriff der »Heterotopie«, mit dem Foucault unterschiedliche »Gegen-Räume« beschreibt, in denen die moralischen Normen der traditionellen Räume außer Kraft gesetzt werden. Für lokalisierte »Abweichungsheterotopien« nennt Foucault die Psychiatrie und das Gefängnis als Beispiele für Orte, die an den Rändern der Gesellschaft angesiedelt sind; mit dem Begriff der »Krisenheterotopie« beschreibt er Prozesse des körperlichen Wandels wie die Pubertät oder das Alter. Preciado setzt die von Foucault begonnene Arbeit an der »Heterotopologie« fort und spricht von »Pornotopie«. Die Fähigkeit der »Pornotopie« bestehe darin, singuläre Beziehungen zwischen Raum, Sexualität, Lust und Technologie herzustellen, die die Konventionen der Sexualität und der Geschlechtsidentität verändere und sexuelle Subjektivität produziere.[40] Preciado listet zahlreiche Beispiele für Pornotopien auf wie die »weitverbreiteten Pornotopien« der Bordelle, die »lokalisierten Pornotopien« der Swingerclubs und Peepshows oder die »subalternen Pornotopien« und die »Pornotopien des Widerstands« von homosexuellen Minderheiten und queeren Aktivisten und Aktivistinnen. All diese Pornotopien schaffen »Gegen-Räume« zur Disziplinargesellschaft und sie verändern »die normativen Codes von Geschlecht und Sexualität, von Körperpraktiken und Ritualen der Lustproduktion«.[41] Pornotopien existieren auch in der Popkultur. Wir sehen sie beispielsweise in den Musikvideos der Popmusikerinnen, die sich als »phallische Frauen«[42] inszenieren, oder den Videoclips der Gangsta-Rapper, in denen Gewalt verherrlicht und Homophobie, Misogynie und Rassismus legitimiert werden. Wie Peaches einen popkulturellen pornotopischen Raum abseits von Heterosexualität und Zweigeschlechtlichkeit erschafft, diskutiere ich im Folgenden anhand ihrer queeren künstlerischen Praktiken und Repräsentationen in einzelnen Videoclips und im Film PEACHES DOES HERSELF. Dieser popkulturelle pornotopische Raum ist kein »realer« Raum, weil er nicht von Handelnden im Alltag über alltägliche vorreflexive soziale Praktiken hervorgebracht wird.[43] Der pornotopische Raum, den ich näher bestimmen möchte, ist der audiovisuelle Raum der Musikvideos,

---

39 Begriff nach B. Preciado: Pornotopia.
40 Vgl. ebda: S. 79.
41 Ebda.: S. 80.
42 Vgl. A. McRobbie: Top Girls.
43 Vgl. M. Löw: Raumsoziologie.

der durch die Metareflexion der künstlerischen Praktiken und Repräsentationen die dominante heterosexuelle Geschlechterordnung infrage stellt. Es handelt sich also um einen »Raum der Repräsentationen«[44], der über Bilder, Musik und Symbole vermittelt wird. Im Konkreten beschreibe ich die Geschlechterparodie, die Übersetzung des »lesbischen Phallus«[45] in die Bildersprache des Pop sowie die »queere Temporalität«[46] als Elemente des popkulturellen pornotopischen Raums, den Peaches mit ihren Musikvideos und im Film PEACHES DOES HERSELF produziert.

Peaches parodiert in ihren Liedtexten und Musikvideos immer wieder den Habitus der Rocker. Im Lied »Rock Show« beschreibt sie die männlich dominierte Rockkultur als »big gigantic cock show«; im dazugehörigen Video konstruiert sie einen audiovisuellen »Gegen-Raum« der sexuellen Verführung. Die erste Hälfte des Videos besteht aus Überblendungen von zwei Arten von Bildern im Sekundenrhythmus: Das sind einerseits unscharfe Bilder, die dem Blick aus einem Auto, das bei Nacht in einen Tunnel fährt, gleichen und eine verführerische Sogwirkung auf die Zuschauer und Zuschauerinnen ausüben sowie ihre Neugierde auf den weiteren Verlauf des Videos wecken; andererseits sind es Bilder von Peaches in pinken Shorts und Top, die singt und zur Musik tanzt. Die zweite Hälfte des Videos besteht ausschließlich aus letzteren Bildsequenzen, wobei die Kamera von unten frontal auf Peaches' Beine und ihr Geschlecht zoomt (im Übrigen eine Kameraeinstellung, die sich durch viele ihrer Musikvideos zieht), während sie die Posen von Stripperinnen in ihre Tanz-Performance einarbeitet, sich die Lippen schminkt, Luft-Gitarre spielt und die männliche Geste der Onanie nachahmt. Der Videoclip appelliert an den Voyeurismus der Zuseher und Zuseherinnen und fordert sie auf, ihren sexuellen Fantasien freien Lauf zu lassen. Gleichzeitig verweisen ihre überzeichneten Darstellungen des Rock-Habitus darauf, dass das männliche Subjekt des Rock erst durch und in sozialen Handlungen vor der Kamera und auf der Bühne hervorgebracht wird und ihm nichts »Natürliches«, also weder ein natürlicher Körper, noch ein natürlicher Rock-Habitus, der sich beim Spielen der E-Gitarre zeigt, zugrunde liegt.[47] Im Videoclip ROCK SHOW werden also die Parodie des männlichen Rock-Habitus mit sexueller Verführung und der Zurückweisung der männlichen Schaulust kombiniert. Die Verbindung dieser künstlerischen Praktiken

---

44 Vgl. H. Lefèbvre: The Production of Space.
45 Vgl. J. Butler: Körper von Gewicht.
46 Vgl. J. Halberstam: In a Queer Time and Place.
47 Vgl. J. Butler: Das Unbehagen der Geschlechter.

findet sich in zahlreichen Musikvideos von Peaches. Die Machart der Videos unterscheidet sich allerdings erheblich. Der Clip BOYS WANNA BE HER (Regie: Kris Levcoe) besteht aus einem nachgestellten Konzertauftritt von Peaches und der Band *Sex Machine*. Die Musiker und Musikerinnen treten in einem düsteren, mit pinkem Neonlicht ausgeleuchteten Raum auf. Im Verlauf des Videos werden unter anderem Drumsticks in den Oberarm gestochen, der Kopf auf die Snare-Drum geschlagen und das Mikrofonkabel für Bondage eingesetzt, während Peaches singt »The boys wanna be her / The girls wanna be her«. Peaches inszeniert mit dieser rockigen Performance einen Griff nach der machtvoll besetzten Rockmännlichkeit, gleichzeitig unterlaufen sie und die Band *Sex Machine* den heterosexuellen männlichen Rock-Habitus durch ihre für Splatterfilme charakteristischen Gewaltdarstellungen und blutverschmierten Körper, die sadomasochistische Praxis des Bondage und die Setzung von Peaches als begehrtes Sexsubjekt für Frauen und Männer. Diese queeren künstlerischen Praktiken in den Videos ROCK SHOW und BOYS WANNA BE HER lassen eine Verschiebung in der heterosexuellen Begehrensökonomie zu und eröffnen dadurch die Möglichkeit für eine alternative feministisch-queere Lustproduktion für Frauen und Männer.

Das queere Element der Geschlechterparodie mit seiner »Fähigkeit zur Anti-Essentialität« zeigt sich jedoch erst, wenn der »Schritt zur Transformation der Identitäten«[48] gewagt wird. Dieser Schritt wird im Film PEACHES DOES HERSELF deutlich, in welchem Peaches als Regisseurin, Musikerin und Performerin allmählich das Terrain der machtvoll besetzten Rockmännlichkeit verlässt und das philosophische Konzept des »lesbischen Phallus«[49] in die Bildersprache der Popkultur übersetzt.

Judith Butler entwickelt das Konzept des lesbischen Phallus in ihrer kritischen Analyse und Erweiterung der Psychoanalyse Lacans, um zu veranschaulichen, dass die symbolische Ordnung nicht zwangsläufig heterosexuell kodiert sein muss und ein »alternatives Imaginäres gegenüber einem vorherrschenden Imaginären«[50] möglich sei. Das »alternative Imaginäre« entstehe, so Butler, durch den lesbischen Phallus, der sich über die Ordnung der heterosexuellen Norm von Phallus-Haben (männlich) und Phallus-Sein (weiblich) hinwegsetzt, weil »er sowohl die Kastrationsandrohung ausübt [...] als auch unter Kastrationsangst leidet«.[51] Im Film PEACHES DOES HERSELF verkörpern die *Father Fucker*

---

48 D. Leibetseder: Queere Tracks, S. 66.
49 Vgl. J. Butler: Körper von Gewicht.
50 Ebda.: S. 126.
51 Ebda.: S. 118.

Dancers durch die Darstellung von Gruppen-Sex-Szenen den lesbischen Phallus, weil unterschiedliche Körperteile wie die Hand, das Bein oder das Becken die männliche Position des Phallus-Habens einnehmen, während ihre in Pink gekleideten Körper als sexuell begehrte Objekte die weibliche Position des Phallus-Seins besetzen. Die Realisierbarkeit des lesbischen Phallus hänge, so Butler, von der »Verschiebbarkeit des Phallus [ab]. Oder um es genauer auszudrücken, die Verschiebbarkeit des Phallus, seine Fähigkeit, in Bezug auf andere Körperteile oder andere körperähnliche Dinge zu symbolisieren, macht den Weg frei für den lesbischen Phallus, der andernfalls ein Widerspruch wäre«.[52] Phallus-Sein und Phallus-Haben verlieren auch bei Danni Daniels ihre Ausschließlichkeit, der/die im Film PEACHES DOES HERSELF alle Szenen nackt spielt und somit den Zuschauern und Zuschauerinnen einen Blick auf den eleganten weißen Transgender-Körper mit Penis und Brüsten gewährt. Dieser nackte Körper ruft eine Bandbreite von Emotionen (Ekel, Verwunderung, Begehren) wach – nicht zuletzt, weil er die Zweigeschlechtlichkeit und die etablierte hierarchische Anordnung von Hetero- und Homosexualität infrage stellt.

Abbildung 1: Peaches does herself

Quelle: PEACHES DOES HERSELF (Foto: Barbara Mürdter / Popkontext)

---

52 Ebda.: S. 199; zit. nach P. Villa: J. Butler, S. 96.

Im Film verliebt sich Peaches in Daniels. Die Liebesgeschichte nimmt jedoch ein jähes Ende, weil Daniels Peaches den Rücken kehrt und sich der über 60-jährigen Sängerin und Stripperin Sandy Kane zuwendet, deren Körper deutlich Zeichen des Alterungsprozesses trägt. Diese Erzählung widerspricht nicht nur aufgrund der Protagonisten beziehungsweise Protagonistinnen Daniels und Kane der traditionellen Vorstellung einer heterosexuellen Liebesgeschichte; auch Peaches spielt in ihrem goldenen Ganzkörperanzug mit großem, erigiertem Dildo eine tragende Rolle. Der Dildo referiert auf die erotischen Kodes und sexuellen Praktiken der Butch-Femme-Subkulturen der 1950er Jahre, die durch feministisch-queere Subkulturen in den 1990ern wiederentdeckt und revitalisiert werden.[53] Die Verwendung des Dildos lässt sich also nicht einfach als eine schlichte Nachahmung heterosexueller Sexpraktiken verstehen, wodurch Lesben als kastrierte Männer stilisiert werden. Dem Dildo ist vielmehr die Geschichte des widerständigen Wissens der »female masculinity«[54] eingeschrieben, wodurch Peaches den Penis als heterosexuelle Herrschaftsideologie entlarven kann.

Die Verschiebbarkeit des Phallus durch die Verkörperung des lesbischen Phallus wird im Film also in mehrfacher Hinsicht eingelöst: die *Father Fucker Dancers*, die unterschiedliche Körperteile als Geschlechtsorgane ins Spiel bringen; Daniels nackter Transgender-Körper, dessen Penis nicht länger den Phallus repräsentiert; und Peaches' Dildo, der die Orte der Lust und des Begehrens vervielfältigt. Diese unterschiedlichen Verkörperungen des lesbischen Phallus artikulieren queere künstlerische Praktiken und Repräsentationen, die einen popkulturellen pornotopischen Raum mit einer Vielfalt an sexuellem Begehren und alternativen sexuellen Identitäten konstruieren.

Diese queeren künstlerischen Praktiken und Repräsentationen im Film PEACHES DOES HERSELF und in Peaches' Videoclips produzieren aber auch eine neue zeitliche Logik, die Judith Halberstam als »queer time« und »queer temporalities«[55] beschreibt. Ausgehend von einer Definition von »queer« als nichtnormative Logiken in Bezug auf die Organisation von Communities, sexuelle Identitäten, Verkörperungen und Aktivitäten entstehe eine »queere Zeit« in und durch die Akteure und Akteurinnen queerer Subkulturen, weil sie nicht den traditionellen Markierungen des Lebenslaufs von Geburt, Heirat, Reproduktion und Tod folgen.[56] Die Körper von Danni Daniels, Sandy Kane, Peaches und den

---

53 Vgl. J. Halberstam: Female Masculinity.
54 Vgl. ebda.
55 Vgl. J. Halberstam: In a Queer Time and Place.
56 Vgl. ebda.: S. 2ff.

Father Fucker Dancers sind aufgrund technologischer Veränderungen, des Lebensalters und nicht zuletzt aufgrund der dargestellten sexuellen Praktiken abseits der heteronormativen Vorstellung von reproduktionsfähiger Zweigeschlechtlichkeit angesiedelt. Sie produzieren eine »queere Temporalität«, die ich neben der Geschlechterparodie und den Verkörperungen des »lesbischen Phallus« als wesentliche Elemente für die Herstellung eines imaginären, audiovisuellen pornotopischen Raums beschreibe.

RÜCKSCHAU UND AUSBLICK

In diesem Beitrag habe ich die »Sex Politics« von Peaches anhand ihrer Selbstverortung in feministisch-queeren Subkulturen und ihrer queeren künstlerischen Praktiken und Repräsentationen in Musikvideos und im Film PEACHES DOES HERSELF diskutiert und exemplarisch drei Elemente für die Produktion eines popkulturellen pornotopischen Raums benannt. Dieser imaginäre »Raum der Repräsentationen« stellt ein Vokabular für eine Vielfalt an sexuellem Begehren bereit, weil Peaches durch die Metareflexion ihrer queeren künstlerischen Praktiken und Repräsentationen eine »Sex Politics« entwickelt, die nicht nur die etablierte hierarchische Anordnung von Hetero- und Homosexualität herausfordert, sondern alle sexuellen Differenzen von Masturbation über Sexarbeit bis Sadomasochismus aufgreift und neu anordnet.[57] Peaches greift für ihre »Sex Politics« viele künstlerischen Praktiken und Repräsentationen auf, die ihren Ursprung in feministisch-lesbisch-queeren Subkulturen und avantgardistischen Kunstströmungen haben wie etwa das Tragen eines Bartes oder die Verwendung von extravaganten Perücken. Eine umfassende Analyse dieser künstlerischen Praktiken konnte ich in diesem Artikel nicht leisten. Wichtig erscheint mir allerdings, dass Peaches unter anderem durch ihren Bezug zu Riot-Grrrl und ihre Kooperationen unter anderem mit (ehemaligen) Sexarbeitern und -arbeiterinnen ihren queeren künstlerischen Praktiken und Repräsentationen einen politischen Aktivismus zur Seite stellt. Ihre »Sex Politics« können somit auf unterschiedlichen Ebenen in das Machtregime der heterosexuellen und zweigeschlechtlichen Geschlechterordnung intervenieren, die durch die »Pornografisierung der Gesellschaft« und den damit verbundenen neoliberalen Empowerment-Diskurs eine Zuspitzung erfährt.

---

57 Vgl. G. S. Rubin: Thinking Sex, S. 3-44.

LITERATUR

Butler, Judith: Das Unbehagen der Geschlechter, Frankfurt am Main: Suhrkamp 1991.
— Körper von Gewicht. Die diskursiven Grenzen des Geschlechts, Berlin: Berlin 1995.
Diefenbach, Katja: »Fizzle Out in White. Postporn Politics and the Deconstruction of Fetishism«, in: Tim Stüttgen (Hg.), PostPornPolitics. Queer_Feminist Perspectives on the Politics of Porn Performances and Sex_Work as Cultural Production, Berlin: b_books 2009, S. 15-25.
Dworkin, Andrea: Pornography. Men Possing Women, London: The Women's 1981.
Eismann, Sonja (Hg.): Hot Topic. Popfeminismus heute, Mainz: Ventil 2007.
Engel, Antke: »Entschiedene Interventionen in der Unentscheidbarkeit. Von queerer Identitätskritik zur VerUneindeutigung als Methode«, in: Cilja Harders/ Heike Kahlert/Delia Schindler (Hg.), Forschungsfeld Politik. Geschlechtskategoriale Einführung in die Sozialwissenschafen, Wiesbaden: Verlag für Sozialwissenschaften 2005, S. 259-282.
Frith, Simon/McRobbie, Angela: »Rock and Sexuality«, in: Simon Frith/Andrew Goodwin (Hg.), On Record: Rock, Pop and the Written Word, New York: Pantheon 1990, S. 371-389.
Genz, Stéphanie/Brabon, Benjamin: Postfeminism: Cultural Texts and Theories, Edinburgh: Edinburgh University 2009.
Gildemeister, Regine: »Doing Gender. Soziale Praktiken der Geschlechterunterscheidung«, in: Ruth Becker/Beate Kortendick (Hg.), Handbuch der Frauen- und Geschlechterforschung. Theorie, Methoden, Empirie, 2. erweiterte und aktualisierte Auflage, Wiesbaden: Verlag für Sozialwissenschaften 2008, S. 137-136.
Gill, Rosalind: »Postfeminist Media Culture: Elements of a Sensibility«, in: Mary Celeste Kearney (Hg.), The Gender and Media Reader, London/New York: Routledge 2012, S. 136-148.
Hakim, Catherine: »Erotic Capital«, in: European Sociological Review 26/5 (2010), S. 499-518.
Halberstam, Judith: Female Masculinity, Durham/London: Duke University 1998.
— In a Queer Time and Place. Transgender Bodies, Subcultural Lives, New York/London: New York University 2005.
Henry, Astrid: Not My Mother's Sister. Generational Conflict and Third-Wave Feminism, Bloomington Indiana: Indiana University 2004.

Kearney, Mary Celeste: Girls Make Media, New York: Taylor & Francis 2006.
Lefèbvre, Henri: The Production of Space, Oxford: Blackwell Publishers 1991 [1974].
Leibetseder, Doris: Queere Tracks. Subversive Strategien in der Rock- und Popmusik, Bielefeld: Transcript 2010.
Leonard, Marion: Gender in the Music Industry. Rock, Discourse and Girl Power, Hampshire: Ashgate 2007.
Löw, Martina: Raumsoziologie, Frankfurt am Main: Suhrkamp 2001.
McRobbie, Angela: Top Girls. Feminismus und der Aufstieg des neoliberalen Geschlechterregimes, Wiesbaden: Verlag für Sozialwissenschaften 2010.
— Postmodernism and Popular Culture, London/New York: Routledge 1994.
Metelmann, Jörg (Hg.): Porno-Pop II. Im Erregungsdispositiv, Würzburg: Königshausen & Neumann 2010.
Piepmeier, Alison: Girl Zines. Making Media, Doing Feminism, New York/London: New York University 2009.
Preciado, Beatriz: Pornotopia. Architektur, Sexualität und Multimedia im »Playboy«, Berlin: Klaus Wagenbach 2012.
— »Pharmaco-Pornographic Capitalism Postporn Politics and the Decolonization of Sexual Representations«, in: Editorial Group for Writing Insurgent Genealogies (Hg.), Utopia of Alliances, Conditions of Impossibilities and the Vocabulary of Decoloniality, Wien: Löcker 2013, S. 245-254.
Radnar, Hilary: »Queering the Girl«, in: Dies./Moya Luckett (Hg.), Swinging Single: Representing Sexuality in the 1960s, Minneapolis: University of Minnesota 1999, S. 1-38.
Reddington, Helen: The Lost Women of Rock Music: Female Musicians of the Punk Era, London: Ashgate 2008.
Reitsamer, Rosa: »Feministische Räume im Wandel der Zeit: Frauenmusikfestivals und Ladyfeste«, in: Andrea Ellmeier/Claudia Walkensteiner-Preschl (Hg.), SpielRäume. Wissen und Geschlecht in Musik, Theater, Film, Wien/Köln/Weimar: Böhlau 2014, S. 37-40.
Rubin, Gayle S.: »Thinking Sex. Notes for a Radical Theory of the Politics of Sexuality«, in: Henry Adelove/Michèle A. Barale/David M. Halprin (Hg.), The Lesbian and Gay Studies Reader, New York/London: Routledge 1993, S. 3-44.
Villa, Paula-Irene: Judith Butler, 2. aktualisierte Auflage, Frankfurt am Main: Campus 2012.

— »Pornofeminismus? Soziologische Überlegungen zur Fleischbeschau im Pop«, in: Dies. et al. (Hg.), Banale Kämpfe? Perspektiven auf Populärkultur und Geschlecht, Wiesbaden: Verlag für Sozialwissenschaften 2010, S. 229-248.

Whiteley, Sheila: Women and Popular Music. Sexuality, Identity and Subjectivity, London/New York: Routledge 2000.

Williams, Linda: »Porn Studies: Proliferating Pornographies On/Scene. An Introduction«, in: Dies. (Hg.), Porn Studies, Durham/London: Duke University 2004, S. 1-23.

INTERNETRESSOURCEN

Peaches offizielle Website: http://www.peachesrocks.com

Gespräch mit Peaches auf der Konferenz »Music, Revolution and Authors' Rights«, 21.11.2011, Södra Teatern, Schweden, http://vimeo.com/32568565 vom 09.01.2015.

Interview mit Peaches zum Film PEACHES DOES HERSELF: DP/30: Peaches on Peaches Does Herself, http://www.youtube.com/watch?v=3EVoPUVO06w vom 09.01.2015.

Interview mit Peaches and Danni Daniels zum Film PEACHES DOES HERSELF am Sundance Festival 2013, London, http://www.youtube.com/watch?v=X53Y uIClJ_g vom 09.01.2015.

Geboren, um zu sterben. Lana del Reys melodramatischer American Dream

VITO PINTO

> Come and take a walk on the wild side – Let me kiss you hard in the pouring rain – You like your girls insane – Choose your last words – This is the last time – 'Cause you and I – We were born to die – We were born to die...
> LANA DEL REY/»Born to Die« (REFRAIN)[1]

A STAR IS BORN: LANA DEL REY

Die US-amerikanische Pop-Sängerin Lana del Rey ist seit Herbst 2011 einem größeren Publikum bekannt: In nahezu atemberaubender Geschwindigkeit ist sie vom Youtube-Phänomen zu einer global operierenden Marke, einer musikalischen Größe, gar zu einer Mode- und Werbefigur aufgestiegen. Anfangs wurde die Sängerin vor allem von den Independent-Medien und Musikmagazinen als neuer und aufstrebender Stern am Pophimmel hochgejubelt. Die Feuilletons standen dem in Nichts nach, wie ein schlaglichtartiger Blick in die Schlagzeilen gegen Ende 2011 zeigt: »Lana del Rey: More Than Just a Pretty Face. But How Much More?« (*TIME Magazine*), »Real or fake? Lana del Rey, the internet sensation that will break your heart« (*Telegraph*), »Lana del Rey Lights Up the Internet« (Online-Plattform *the village VOICE*), »Lana del Rey wird der nächste große Superstar« (*Die Welt*). Ihre eingängige und elegische Ballade »Video

---

1 Auszug aus Lana del Rey: »Born to Die«, Text und Musik: Elizabeth Grant (= Lana del Rey)/Justin Parker, Stranger/Interscope/Polydor 2011.

Games« sowie der auf Youtube dazu veröffentlichte Selfmade-Clip aus Found-Footage-Material wurden millionenfach angeklickt und breiteten sich viral aus. Fast jedoch wäre die Lana del Rey-Maschinerie noch vor der Veröffentlichung ihres offiziellen Debut-Albums *Born to Die*[2] ins Stocken geraten. Für ihren viel beachteten Auftritt in der Sendung *Saturday Night Live* (SNL) am 14. Januar 2012, der sowohl hinsichtlich der Gesangs- als auch der Bühnenperformance vollends misslang, erntete sie mediale Häme und sah sich zahlreichen Angriffen der amerikanischen Bloggerszene ausgesetzt – ein veritabler Shitstorm fegte über sie hinweg. Plötzlich wurden Fragen nach der Authentizität der vermeintlichen Independent-Künstlerin laut. Es wurde publik, dass sie nicht, wie zuvor verbreitet, aus kleinbürgerlichen Verhältnissen stammt und auch nicht ›wirklich‹ Lana del Rey heißt, sondern ihr bürgerlicher Name Elizabeth Grant lautet. Zudem wurde bekannt, dass sie seit geraumer Zeit in der New Yorker Clubszene versuchte, auf sich aufmerksam zu machen, und dass 2010 ein erfolgloses Download-Album veröffentlicht und bald wieder aus unbekannten Gründen vom Markt genommen wurde.[3] Sie verlor den Status des ›Everybody's Darling‹, der sich noch zuvor in feuilletonistischen Elogen artikuliert hatte: Die Musikpresse schien also einer mäßig talentierten und überproduzierten Fake-Künstlerin aufgesessen. Sie galt nun nicht mehr als Indie-Musikhoffnung, sondern wurde als ein von der Major-Industrie hervorgebrachtes, artifizielles Musik-Sternchen abgestempelt.[4] Für eine (noch) relativ unbekannte Künstlerin

---

2 Das Album *Born to Die* erschien am 27. Januar 2012 bei Interscope/Polydor/Stranger sowie als Download. Eine erweiterte Fassung – dies ist die Version, die meinen Ausführungen zugrundeliegt –, wurde als Doppel-CD mit dem Titel *Born to Die: The Paradise Edition* am 9. November 2012 bei Vertigo/Universal veröffentlicht.

3 Vgl. hierzu den am 30. Januar 2012 in der Online-Ausgabe des *Spin*-Magazins veröffentlichten Artikel von Jessica Hopper: Deconstructing Lana Del Rey.

4 An dieser Stelle seien exemplarisch einige, aber durchaus repräsentative Kritiken und Statements zu Lana del Reys erstem amerikaweit übertragenen TV-Auftritt bei SNL erwähnt. Chris Richards, Musikredakteur der Washington Post, schrieb: »She gave a frozen, thin-voiced performance that many have called the show's worst since Ashlee Simpson was caught lip-synching at 30 Rock in 2004. [...] Although Del Rey didn't lip-synch, she certainly didn't appear to want to be on television, onstage, in that dress, holding that microphone, or trying to push that sound out of her lungs and into posterity, either« (C. Richards: Lana del Rey has the voice, not the emotion). Ken Tucker, Redakteur beim National Public Radio (NPR), bezeichnete ihre missglückten Darbietungen der Songs »Video Games« und »Blue Jeans« als »two rather tentative performances that, depending on your point of view, were awkward and amateurish or

sind dies eigentlich allesamt schlechte Vorzeichen, um einen neuen Longplayer zu lancieren und die Karriere erfolgreich voranzutreiben.

Doch weder die kritische Berichterstattung zur Sängerin in den Musikblogs und Feuilletons noch größtenteils mäßige Plattenkritiken oder der Shitstorm im Internet haben Lana del Reys Erfolg verhindert. *Born to Die* ist mit knapp dreieinhalb Millionen Einheiten das fünftmeist verkaufte Album des Jahres 2012. Seither ist Lana del Rey nicht nur fast überall an die Spitze der Charts gelangt. Sie ist auch auf den Titelseiten wichtiger Mode- und Lifestyle-Magazine sowie in großen Werbekampagnen zu sehen und zu hören, etwa in einer Kampagne der Modekette H&M: Der Clip zum Bobby Vinton-Klassiker BLUE VELVET etwa ist ein Musterbeispiel für cross-mediales Marketing, fungiert und funktioniert er doch als Video- und Werbeclip für die Verbreitung der Musik Lana del Reys sowie als Werbespot der schwedischen Modemarke. 2013 folgten mit BURNING DESIRE und YOUNG AND BEAUTIFUL zwei weitere cross-mediale Coups, die beide noch mehr auf Glamour als nur auf einen Abglanz davon setzten: Anstatt für massenkompatible, günstige Modeware zu werben, war in BURNING DESIRE das beworbene Produkt ein Jaguar F-Type und damit ein bis zu 100.000 € teurer Sportwagen. Der Song »Young and Beautiful« wiederum wurde für den Soundtrack der Neuverfilmung von Francis Scott Fitzgeralds Klassiker THE GREAT GATSBY mit Leonardo di Caprio produziert.[5] Die herausgehobene Stellung und Werbefunktion jenes Songs – und somit auch der Sängerin Lana del Rey – zeigt sich etwa darin, dass »Young and Beautiful« als Singleauskopplung noch vor der Filmpremiere veröffentlicht wurde. ›A Star is Born‹ – und verweilt, wie es scheint, sodann auf einem hohen Vermarktungsniveau.

Doch birgt nicht zuletzt der markante Albumtitel *Born to Die* zugleich auch schon eine mögliche Vergänglichkeit der Persona Lana del Rey prominent in sich. Es ist dieses Moment der Vergänglichkeit, dem sich der vorliegende Beitrag widmet, indem es vor dem Hintergrund der Aneignung und Herausstellung unterschiedlicher Formen, Strukturen, Klischees und Ikonen der amerikanischen Kultur diskutiert wird. Denn dies ist ein zweites Moment, das sich prominent mit Lana del Rey verbindet: Vielfach wird die Kritik geäußert, sie reflektiere in ihren Arbeiten nur Oberflächenerscheinungen, indem sie wahllos Musikstile, Ikonen

---

shrewdly restrained and vulnerable« (K. Tucker: The Self-Made Pop Star As A Target). Die Bloggerin Melinda Newman ihrerseits stellte sich schlicht die Frage: »Was Lana del Rey's ›Saturday Night Live‹ performance a career killer?« (M. Newman: Was Lana del Rey's ›Saturday Night Live‹ performance a career killer?).

5 THE GREAT GATSBY (AUS/USA 2013, R: Baz Luhrman); der Soundtrack zum Film erschien am 6. Mai 2013 bei Universal.

der US-amerikanischen Gesellschaft, Geschichte und Pop-Kultur zitiere und als Pastiche ausstelle. Untersucht man jedoch die Inszenierungsstrategien der Kunstpersona Lana del Rey, so scheint der Vorwurf in der Weise nicht mehr haltbar zu sein. Vielmehr scheint eine distanzierte, ja auch eine kritische Position zu den zitierten Phänomenen auf. Meine These ist, dass dies eng damit einhergeht, wie Lana del Rey in Text, Musik, Stimmlichkeit sowie visueller Erscheinung eine Inszenierung im ›Modus des Melodramatischen‹ realisiert, die sich mit unterschiedlichen Ausprägungen des ›American Dream‹ verknüpft.[6] Dem gehe ich im Folgenden insbesondere anhand einer Videoclip-Analyse zum Song »Ride« nach – hier lässt sich geradezu paradigmatisch zeigen, wie Lana del Rey sich als Kunstfigur in der Pop-Szene positioniert und etabliert hat.

ANALYSE DES KURZFILMS RIDE[7]

Der Clip in der knapp zehnminütigen Langfassung von Anthony Mandler, den man somit durchaus als Kurzfilm auffassen kann, ist in drei Abschnitte geteilt: Ein gesprochener Prolog und Epilog, in denen die Persona Lana del Rey

---

6   Die im Albumtitel *Born to Die* thematisierte Vergänglichkeitsstruktur der aufstrebenden, glamourösen und schließlich vom Ruhm verlassenen Kunstfigur evoziert eine Analogie zum vielfach verarbeiteten Topos der aufstrebenden Filmdiva beziehungsweise Sängerin, die einen plötzlichen oder schleichenden Karriereverfall erleiden muss. Mit je unterschiedlichen Akzentuierungen wird dieser Plot nicht zuletzt in drei Melodramen realisiert, die alle den Titel A STAR IS BORN tragen und auf die gleichnamige Vorlage von William A. Wellman zurückgehen: Die steil nach oben führende Karriere der jungen Protagonistin wird durch den gleichzeitigen Abstieg ihres männlichen Partners, der seinerseits dem Alkohol verfallen ist, gebremst, konterkariert oder gar zerstört. Vgl. hierzu A STAR IS BORN in der Regie von William A. Wellman selbst (USA 1937, mit Janet Gaynor als ›Vicki Lester‹; Wellman gewann hierfür gemeinsam mit Co-Autor Robert Carson den Academy Award in der Kategorie ›Best Writing, Original Story‹), von George Cukor (USA 1954, mit Judy Garland als ›Vicki Lester‹) sowie von Frank Pierson (USA 1976, mit Barbra Streisand als ›Esther Hoffman‹).
7   Der Song »Ride« erschien auf der erweiterten Fassung des Albums *Born to Die: The Paradise Edition* im Herbst 2012 und war bis dato die insgesamt siebte von zehn (!) veröffentlichten Singles. Der Clip RIDE in der Regie von Fotograf und Videoclipregisseur Anthony Mandler wurde am 12. Oktober 2012 veröffentlicht. RIDE wurde zudem – in der hier zu besprechenden ›Kurzfilm‹-Fassung – am 10. Oktober 2012 im *Aero Theatre*, einem Independent-Kino in Santa Monica, uraufgeführt.

Episoden ihrer Biografie aus dem Off reflektiert, rahmen den Mittelteil – das eigentliche Musikvideo – ein. Darin tritt Lana del Rey als Sängerin und Solo-Performerin auf unterschiedlichen Bühnen auf und ist zudem als Akteurin in mehr oder weniger narrativen Film-Sequenzen zu sehen, die jeweils unterschiedliche Kontexte (Highway, Motel, Wüste, Bar) sowie Personenkonstellationen (mit Rockern, Freiern, aber auch allein) zeigen.

In dieser Kurzfilm-Version ist auf formaler Ebene prinzipiell auffällig, dass Ton- und Bildebene nicht nur aufeinander bezogen und rhythmisch ineinander verwoben werden. Die Besonderheit ist, dass die Schnitte (im Prolog vor allem) fast immer auf den gesprochenen Text gesetzt und an dessen Rhythmus angepasst sind – mal konkret, mal assoziativ.[8] So sieht man beispielsweise Männer, wenn die Off-Stimme Lana del Reys zugleich behauptet: »...and the men I met along the road were my only summer« (vgl. Abb. 1). Oder wenn sie »dancing, and laughing, and crying with them« sagt, so ist gleichzeitig zu sehen, wie sie mit jeweils einem anderen Mann tanzt, lacht oder traurig dreinschaut (Abb. 1b-d). Es wird also hinsichtlich der Gesamtkomposition des Musikvideos weitestgehend auf einen kontrapunktischen Einsatz von Bild und Ton verzichtet.

Im Clip greifen zudem zwei narrative Stränge ineinander. Gesprochener Prolog und Epilog fügen sich zu einem ›narrativen Rahmen‹: Eine Frau (die Kunstfigur Lana del Rey) erinnert sich an eine scheinbar (weit) zurückliegende Phase ihres Lebens. Wir hören eine Frauenstimme, wie sie in ein Tonbandgerät spricht. Diese Off-Stimme ist nur wenig rauscharm abgemischt und klingt wie eine zu Hause oder während einer Interview-Situation eingesprochene Aufnahme.[9] Del Rey erzählt in pseudobiografischer Weise und in Form eines gefakten Originalton-Dokuments unter anderem davon, im »Winter ihres Lebens« gewesen zu sein, und dass die Männer, die sie unterwegs getroffen habe, die einzigen Lichtblicke in ihrem damaligen Leben gewesen seien.[10] Sie erinnert

---

8   Anders als RIDE folgt das Gros der Musikvideos einem eigenen ›inneren‹ Rhythmus, es wird dementsprechend nur in besonders herausgehobenen, akzentuierten Momenten eine solch eindeutige Bild-Ton-Musik-Korrespondenz hergestellt. Zumeist wird man sich für gewöhnlich erst bei mehrmaligem, genauem Hinschauen und Hinhören einer möglichen – mehr oder minder ›versteckten‹ – inhaltlichen oder auch assoziativen Übereinstimmung von Bild, Musik und Text gewahr.

9   Vgl. grundsätzlich und ausführlich zu Produktions- und Rezeptionsweisen mikrofonierter Sprechstimmen sowie zur Unterscheidung von On-, Off- und Over-Stimmen V. Pinto: Stimmen auf der Spur.

10 Time Code (TC) 00:33-00:59: »I was in the winter of my life...and the men I met along the road were my only summer. At night I fell asleep with visions of myself

jene Zeit insgesamt als eine glückliche und erfüllte Phase ihres Lebens – den visualisierten Handlungen zum Trotz. Jene Bildebene möchte ich daher als zweiten narrativen Strang des Clips bezeichnen. Hier ist die jugendlich beziehungsweise im Lolita-Style gekleidete Lana del Rey zu sehen, die sich mit verschiedenen und zum Teil deutlich älteren Männern vor allem aus dem Rockermilieu abgibt. *Diese* Männer waren also die einzigen ›Lichtblicke‹ im Leben der sich rückbesinnenden Lana del Rey: untersetzte, kräftig gebaute, schwitzende und Harley Davidson fahrende Rocker, die ihr von Sex & Drugs & Rock'n'Roll geprägtes Leben auf den Highways mit mehr oder minder willigen Frauen ausleben.[11] Darüber hinaus ist ein weiß gekleideter älterer Herr zu sehen, der gar nicht in das Rocker-Image passt, dafür vielmehr den ›alten Liebhaber‹ oder ›väterlichen Freier‹ gibt (Abb. 1d).[12]

Es ist also im Clip zum einen die Figur Lana del Rey als junge Heranwachsende zu *sehen*, die sich entweder ›ausprobiert‹ oder der Prostitution hingibt – die Gründe hierfür gehen aus der bildlichen Darstellung des Videos jedoch nicht direkt hervor. Sie erinnert jene Zeit zum anderen als glücklichen Lebensabschnitt – vermittelt über die *akustische Ebene*, also über die schwermütig klingende Sprechstimme sowie musikalisch über den elegischen und flächigen Einsatz synthetischer Streicher.

---

dancing and laughing and crying with them. Three years down the line of being on an endless road toward and my memories of them were the only things that sustained me…and my only real happy times.«

11 Dass es sich dabei nicht bloß um harmlose Motorrad-Liebhaber handelt, zeigt sich etwa darin, dass Gewalt beziehungsweise (latente) Gewalttätigkeit durch die mitgeführten sowie verwendeten Schusswaffen (durch Schüsse in die Luft) angedeutet wird. Dies wird ebenso über die Zahl ›13‹ auf einer ihrer Jacken signalisiert – als ein Symbol krimineller Rockergruppen. Es handelt sich dabei höchstwahrscheinlich um ein Insigne der sogenannten ›MS-13‹ (›Mara Salvatrucha‹), einer zu Beginn der 1980er Jahre in Los Angeles gegründeten Gang, deren Mitglieder zumeist lateinamerikanischer Abstammung sind (vgl. hierzu die Reportage des US-amerikanischen Investigativ-Journalisten S. Logan: This Is For The Mara Salvatrucha).

12 Direkte Anspielungen auf das lolitahafte Verkehren mit älteren Männern tauchen immer wieder in den Songtexten del Reys auf. Hier sei exemplarisch auf »Lolita«, »This Is What Makes Us Girls«, aber auch »Off the Races« verwiesen, die wie »Ride« auf dem Album *Born to Die* erschienen sind.

Abbildung 1a-d: Screenshots aus dem Musikvideo RIDE

Quelle: Lana del Rey: RIDE, Regie: Anthony Mandler, Interscope 2012, Screenshots: der Autor.

Zugleich fokussiert die rückblickende Persona Lana del Rey damit fragmentarisch in einem ergriffenen, fast gebrochenen Tonfall jene Phase ihres Lebens, in der sie eine wenig bekannte Sängerin gewesen ist. Mit dem erklingenden Wort »singer« (TC 01:09) taucht schließlich für die kurze Dauer weniger Frames Lana del Rey erstmals und somit bereits im Prolog als *Performerin* im Bild auf. Sie sei – so erfahren wir über die Tonspur weiter – durch ›harte Zeiten‹ gegangen, und trotz der darüber angedeuteten Schicksalsschläge, der »unfortunate series of events«, gibt sie sich im Blick zurück dennoch optimistisch: Man müsse solche schwierigen Zeiten erlebt und Fehler begangen haben, um sich der wahren Freiheit bewusst zu werden.[13] Im größtenteils naiv eingesprochenen, pseudodokumentarischen Vortrag lässt uns Lana del Rey nicht zuletzt auch daran

---

13 Off-Stimme Lana del Rey: »I was a singer...not a very popular one; I once had dreams of becoming a beautiful poet. But upon an unfortunate series of events I saw those dreams dashed and divided like a million stars in the night sky that I wished on over and over again, sparkling and broken. But I didn't really mind it because I knew that...that it takes getting everything you ever wanted and then losing it, to know what true freedom is. And when the people I used to know found out what I'd been doing, how I'd been living...they asked me why, but there's no use in talking to people who have a home. They have no idea what it's like to seek safety in other people...for a home to be wherever you lie your head.« (TC 01:09-02:08)

teilhaben, dass sie schon immer die »andere Frau« sein wollte und eine »Obsession für Freiheit« besitzt, der sie immer nachkommen wolle.[14]

Während des Performance-Parts, also des Mittelteils des Clips (TC 03:26-08:08), singt Lana del Rey dann unter anderem von den ›guten Zeiten‹ auf der Straße sowie von der Freiheit, die sie dort genoss. Das lyrische Ich singt von seinem fiktiven Vater, der sein Leben zum Kunstwerk gemacht habe.[15] Lana del Rey will es ihm gleichtun, indem sie sich nichts vorschreiben lasse und ihr Glück auf der Straße bei den Gleichgesinnten »road dogs« suche.[16]

Sie wird als Sängerin immer allein (Abb. 2) und auf unterschiedlichen Bühnen gezeigt, im Publikum sind vorwiegend Männer zu sehen. Sie trägt dabei wahlweise ein weißes, ein goldenes oder ein rotes Kleid. Dem Stil der sehr großen goldenen Kreolen, der Frisur sowie der Kleidung nach zu urteilen, verweisen diese Elemente auf die späten 1970er beziehungsweise frühen 1980er Jahre. Ähnliches gilt in formaler Hinsicht für die körnige Bildqualität – die Bildebene weist nämlich einen dezenten Weichzeichner sowie eine leicht verwaschene Bildästhetik auf. Auch dies markiert diese Zeitebene als die frühen 1980er Jahre.

Zum Ende des gesungenen Performance-Parts vermischt sich jener – auf der Ebene des Songs – mit den eher narrativen Sequenzen, da die jugendliche Lana del Rey nun zu *sehen* ist, wie sie einige Verse von »Ride« singt: Sie befindet sich in einem nächtlichen Wüstengebiet in Begleitung der Rockergang: In recht schnell geschnittenen Bildfolgen ist zu erkennen, dass die Männer und Frauen ein großes Lagerfeuer entfacht haben, durch das sie mit ihren Motorrädern rasen, oder dass sie ganz einfach am Feuer stehen und feiern. Zudem schießen fast alle Akteure wiederholt mit ihren mitgeführten und unübersehbar großkalibrigen Gewehren in die Luft und entzünden Feuerwerkskörper. Währenddessen trägt Lana del Rey, in einer im Internet viel beachteten und kontrovers diskutierten Sequenz, den stilisierten Häuptlings-Kopfschmuck eines ›Native American‹ und hält sich dabei mit ihrer linken Hand eine Pistole an die Stirn (TC 07:37).[17]

---

14 Off-Stimme Lana del Rey: »I was always an unusual girl. My mother told me I had a chameleon soul, no moral compass pointing due north, no fixed personality. Just an inner indecisiveness that was as wide and wavering as the ocean... And if I said I didn't plan for it to turn out this way, I'd be lying...because I was born to be the other woman.« (TC 02:11-02:48)

15 »Dying young and playing hard / That's the way my father made his life and art.«

16 »Drink all day and we talk till dark / That's the way the road dogs do it, light 'til dark.«

17 Den Gebrauch jenes Kopfschmucks möchte ich – mit Rückgriff auf den Schluss meiner einleitenden Bemerkungen (s.o.) – weniger als ehrverletzend oder gar als

Derweil schließt sie den Song mit der letzten Wiederholung des Refrains ab: »...I'm trying hard not to get into trouble, but I...I've got a war in my mind...I just ride...just ride...just ride...just ride...« (TC 07:27-08:08).

Abbildung 2: Screenshots aus dem Musikvideo RIDE

Quelle: Lana del Rey: RIDE, Regie: Anthony Mandler, Interscope 2012, Screenshots: der Autor.

Im Epilog, der durch die gesprochene Off-Stimme gekennzeichnet ist, ist weiterhin meist die jugendliche Lana del Rey (diesmal ohne Kopfschmuck) in jeweils ähnlichen Settings (Wüste), aber in unterschiedlichen Personenkonstellationen zu sehen – oftmals mit der Rockergang, aber auch mit dem wie schon erwähnt tendenziell aus dem Rahmen fallenden, weiß gekleideten, älteren Mann. Sie interagiert im Epilog auf verschiedene Weise mit den einzelnen Männern: Mal lehnt sie sich – ganz ruhig und unterwürfig – an die Brust eines Mannes, mal tollt sie sich mit einem anderen im Sand, mal wird eine Art Liebesspiel angedeutet (alle Handlungen finden angekleidet statt).

Auf akustischer Ebene ist wiederum die sich erinnernde Lana del Rey über den ebenso wiederkehrenden sphärischen und schwermütigen Synthie-Streicher-Flächen zu vernehmen, sie sagt:

---

rassistisch deuten – so lautet nämlich einer der vorgebrachten Vorwürfe der engagierten (Internet-)Öffentlichkeit. Bezogen auf das gesungene »I've got a war in my mind« sowie auf den Gesamtkontext des Clips stellt sich diese vermeintlich unbedachte Provokation weitaus komplexer und reflektierter dar, als sie auf den ersten Blick scheinen mag.

»Every night, I used to pray that I'd find my people. And finally I did, on the open road. We had nothing to lose, nothing to gain, nothing we desired anymore...Except to make our lives into a work of art. Live fast, die young, be wild and have fun.« (TC 08:18-08:50).

In jeweils kurzen Einstellungen und über die Dauer nur weniger Frames (die Schnitte sind also weiterhin schnell getaktet) sieht man etwa, dass sie – offensichtlich zu ihrer Belustigung – auf einen ihrer Begleiter ein Gewehr richtet. Von der Off-Stimme ist in diesem Abschnitt unter anderem Folgendes zu hören, was konkret auf den American Dream verweist: »I believe in the country America used to be, I believe in the person I want to become. I believe in the freedom of the open road. And my motto is the same as ever. I believe in the kindness of strangers« (TC 08:52-09:08). Die Kurzfilm-Fassung von RIDE endet schließlich unter dem flächigen Streicher-Klangteppich mit einem vollständigen Abspann sowie einer äußerst schnellen Bildmontage, die – als visuelle Assoziationskette fungierend – die einzelnen und schon gesehenen ›Stationen‹ im Leben der Kunstfigur Lana del Rey nochmals in aller Kürze rekapitulieren und in Erinnerung rufen. Im Folgenden sei nun ausgelotet, inwiefern Lana del Rey hier den ›American Dream‹ in der Perspektive eines ›melodramatischen Modus'‹ aufruft – ein, wie ich meine, Charaktistikum für die Gesamtkonzeption des Pop-Phänomens Lana del Rey.[18]

LANA DEL REY: EINE INSZENIERUNG IM ›MODUS DES MELODRAMATISCHEN‹

Beim Musikvideo RIDE zeigen sich Strukturen, die an die Ästhetik des klassischen Filmmelodramas erinnern.[19] Dies realisiert sich auf unterschiedlichen Ebenen: 1) in der visuellen Erscheinung der Kunstfigur Lana del Rey und ihren jeweiligen Verkörperungen, 2) im Eindruck, den sowohl die musikalische als auch die stimmliche Inszenierung hinterlassen, 3) auf der Ebene des Songtexts

---

18 Hierunter fasse ich das Zusammenspiel insbesondere von Musik, Text, visueller Erscheinung, Live-Performances und Interviews.

19 Vgl. grundlegend zum Begriff ›Melodram‹ sowie im Speziellen zum ›Filmmelodram‹ – neben den im vorliegenden Artikel in der Folge zitierten Texte – Th. Elsaesser: Tales of Sound and Fury. Observation on the Family Melodrama; ders.: Melodrama; H. Kappelhoff: Matrix der Gefühle; ders.: Tränenseligkeit; Ch. Gledhill: The Melodramatic Field; A. Schäfer/B. Menke/D. Eschkötter (Hg.): Das Melodram.

sowie 4) in den narrativen Strukturen, die der Bildebene des Clips zugrunde liegen.

Ein geläufiges film-melodramatisches Muster ist die Rückblende, etwa wie sie in Vincente Minnellis THE BAD AND THE BEAUTIFUL prägnant den Rahmen der dort erzählten Geschichte bildet.[20] Im vorliegenden Kurzfilm RIDE ist über den Rahmen ebenfalls eine Rückschau auf eine längst vergangene Zeit gesetzt: Eine Frau erinnert sich an frühere Ereignisse, an ihre Jugend sowie an ihre gescheiterte Karriere als Sängerin. Über das Jetzt des Clips, oder besser: über die konkreten, aktuellen Lebensumstände der Figur Lana del Rey erfahren wir über Epilog und Prolog eigentlich nichts, nur so viel, dass sie ihr Leben in Teilen rekapituliert. Diese Rückblende ist auf der visuellen und inhaltlichen Ebene gekennzeichnet – auf der medialen Oberfläche unter anderem durch Kleidung, Settings, Musikstil –; filmisch markiert ist sie über die Körnigkeit der bildlichen Darstellung sowie auf akustischer Ebene mittels des inszenierten Originaltons. Über die Rückblende äußert sich zudem, und dies ist die eigentliche melodramatische Struktur, dass es sich um eine nicht wiederbringbare Zeit handelt, oder, mit Linda Williams gesprochen, die in ihrem Schlüsseltext *Film Bodies* auf den Begriff des melodramatischen »pathos of the ›too late!‹« eingeht: »[M]elodramatic weepie is the genre that seems to endlessly repeat our melancholic sense of the loss of origins – impossibly hoping to return to an earlier state«.[21]

Jener Zeitabschnitt, auf den Lana del Rey in der Rückblende eingeht, ist definitiv vorbei. Zwar ist damit noch kein schicksalhaftes »Zu spät!« markiert, in dem die Protagonistin gar keine Handlungsoptionen mehr besitzt, und ihrem Schicksal somit machtlos gegenübersteht. Es ist jedoch zu konstatieren, dass es sich im Falle Lana del Reys um ein »Zu spät!« hinsichtlich nicht mehr zu revidierender (Fehl-)Entwicklungen und eingeschlagener Lebenswege handelt. Hierzu noch einmal Linda Williams zum Film-Melodram:

»[I]n contrast to pornography's meeting ›on time!‹ and horror's unexpected meeting ›too early!‹, we can identify melodrama's pathos of the ›too late!‹ [...] In these fantasies, the quest for connection is always tinged with the melancholy of loss. Origins are already lost, the encounters always take place too late, on death beds or over coffins.«[22]

---

20 THE BAD AND THE BEAUTIFUL (USA 1952, R: Vincente Minnelli).
21 L. Williams: Film Bodies, S. 10f.
22 Ebda.: S. 11. Vgl. zudem – Williams' Verweis in ihrem Text folgend – Steve Neales Beitrag, in dem er einige Jahre zuvor jenes melodramatische »pathos of the ›too late!‹« in die Diskussion einbringt und Folgendes diesbezüglich festhält: »There is indeed an insistence in the *narrative* structure of many melodramas that mutual recogni-

Abbildung 3: Screenshot aus dem Musikvideo RIDE

Quelle: Lana del Rey: RIDE«, Regie: Anthony Mandler, Interscope 2012, Screenshot: der Autor.

Die melodramatische Auseinandersetzung mit dem eigenen Leben erfolgt demnach verstärkt aus einer Perspektive heraus, die mit dem Tod in Zusammenhang steht. Ganz konkret um Tod geht es zwar vor allem in anderen Musikvideos Lana del Reys, wie in BORN TO DIE (darin kommt sie bei einem Autounfall um), in SUMMERTIME SADNESS (dort geht es um die Selbsttötung einer vermeintlichen Liebhaberin Lana del Reys) sowie im Clip NATIONAL ANTHEM (hier wird unter anderem der tödliche Anschlag auf John F. Kennedy zitiert und nachgestellt). Doch auch wenn es in RIDE nicht direkt um Tod geht, so wird hier dennoch eine film-melodramatische »melancholy of loss« explizit: etwa in der absoluten Einsamkeit der verlassenen Wüstenweite, in der Zeitlupe der langsam schwingenden Schaukel (Abb. 3).

Neben der Rückschau wird eine melodramatische Wirkung auch über den Text des Songs vermittelt: Es ist also nicht nur der im ›Modus des Melodramatischen‹ eingesprochene, gefakte Originalton, der diese Wirkung hervorbringt. Darüber hinaus werden in den Lyrics Gefühle der Einsamkeit, des Nicht-Verlassenwerden-Wollens durch den Partner zum Ausdruck gebracht sowie das Streben nach Veränderung eines bislang orientierungslos, ohne »moral compass«

---

tion, union through love, the attainment of the object of desire are impossible – because it is always too late. Tears come in part as a consequence. They mark a powerlessness of the reader or spectator *vis-a-vis* the temporal articulation of this impossibility in the process of the narrative« (S. Neale: Melodrama and Tears, S. 22, Hervorhebungen im Original).

geführten Lebens. Das lyrische Ich artikuliert explizit Rückzugstendenzen, da es unter anderem versucht, »not to get into trouble«, es jedoch einen »war in my mind«, also einen starken inneren Konflikt mit sich ausficht. Es geht ihm letztlich darum, sich der vorangegangenen, selbst gewählten Alltagsflucht wieder zu entziehen: »I'm tired of feeling like I'm fucking crazy / I'm tired of driving 'till I see stars in my eyes.« Das lyrische Ich ist also dem bisherigen Lebensstil überdrüssig und äußert den sehnlichen Wunsch nach Veränderung.

Eine weitere melodramatische Struktur, die sozusagen zum musikalischen Markenzeichen Lana del Reys geworden ist, artikuliert sich über die elegische und melancholische Musik sowie den getragenen Sprechgesang im Strophenteil und den schwermütigen, leicht gebrochenen Gesang in Bridge und Refrain. Es ist sicher ein musikalisch äußerst schmaler Grat, der hier beschritten wird, der den Übergang von einer durch flächige Streichersounds hoch emotional aufgeladenen Musik hin zum aufdringlichen und beinahe kitschigen Soft-Pop im Stile der 1980er Jahre markiert.

Die letzte melodramatisch anmutende Struktur nun, die hier angeführt sei, ist die Inszenierung der Persona Lana del Reys vor allem hinsichtlich Blick und Gesichtsausdruck (Abb. 4). Dieser ist in den Performance-Szenen einerseits gesenkt sowie nervös und unsicher zum Publikum gerichtet. Andererseits ist der Blick auf der Handlungsebene meist – vielleicht unterwürfig? – gesenkt und von den jeweiligen (Handlungs-)Partnern abgewandt, was ich als ein Zeichen von Distanz respektive (körperlicher) Distanzierung bewerten möchte: Die Akteurin Lana del Rey wird in einer gewissen Abständigkeit zu ihren – in welcher Hinsicht auch immer – zwanghaften beziehungsweise erzwungenen Handlungen gezeigt (sprich: die Darstellung zwanghafter Promiskuität sowie der möglicherweise erzwungenen Prostitution).

LANA DEL REY UND IHRE VERSION DES AMERICAN DREAM

›The American Dream‹ ist ein schillernder Begriff – ein Begriff, der zwar erst zu Beginn der 1930er Jahre vom Historiker John Truslow Adams aufgeworfen wird, welcher aber seit der Konstitution der USA im unveräußerlichen Recht auf »Life, Liberty, and the Pursuit of Happiness« niedergeschrieben ist.[23] RIDE nun – mit seinen transitiven Schwellen-Orten, Orten des Übergangs: das Motel, das

---

23 Vgl. zur Kulturgeschichte des ›American Dream‹ grundlegend J. Cullen: The American Dream, sowie L. R. Samuel: The American Dream: A Cultural History.

Hotelzimmer, die Bar, der (belebte und aufgeheizte) Nachtclub, die (verlassene) Wüste, die offene Straße, der Highway – evoziert sehr prägnant ein Bild des ›American Dream‹. Wie dies mittels Stereotypen (in positiver wie auch negativer Ausprägung) durch das Zusammenspiel ganz unterschiedlicher Dimensionen[24] realisiert wird, sei im Folgenden dargelegt.

Abbildung 4: Screenshots aus dem Musikvideo RIDE

Quelle: Lana del Rey: RIDE, Regie: Anthony Mandler, Interscope 2012, Screenshots: der Autor.

Ein zentrales Thema von RIDE – dies gilt für den Song *und* den Clip – ist die persönliche Selbstverwirklichung als ein wiederkehrendes Grundmuster des ›American Dream‹. Die Begriffe Freiheit und Glück werden im Kurzfilm RIDE in unterschiedlicher Weise zitiert und in Szene gesetzt: So ist die Freiheit des Motorrad fahrenden Rockers und der mit diesem Lebensentwurf einhergehenden sexuellen Freiheit spätestens seit EASY RIDER[25] ins kulturelle Gedächtnis der – selbstverständlich nicht nur – US-amerikanischen Pop-Kultur eingeschrieben. Zugegebenermaßen traut man den in diesem Clip agierenden Rockern ein höheres Gewaltpotenzial zu, als die seinerzeit stilbildenden Vorbilder Dennis Hopper, Peter Fonda und Jack Nicholson. Der vielfache Gebrauch der ›Stars and Stripes‹ im Musikvideo unterstützt zudem symbolisch das US-amerikanische Selbstverständnis von Freiheit. Klar ist auch, dass die Flagge definitiv als ein

---

24 Dies meint insbesondere den gesprochenen *und* gesungenen Text, die Bildebene, die differenten Figurenkonstellationen sowie die Symbole.
25 EASY RIDER (USA 1969, R: Dennis Hopper).

patriotisches Symbol fungiert und von den auf der Bildebene handelnden Figuren affirmativ angeeignet wird. Es stellt sich die Frage, wie diese mögliche Affirmation nationaler Symbole in der visuellen Darstellung Lana del Reys zu bewerten ist – und dies ist in der Tat, wenn überhaupt, dann nur sehr schwierig abschließend zu beurteilen.

In nahezu allen Videoclips von Lana del Rey tauchen die ›Stars and Stripes‹ auf, und es beschleicht einen zunächst das Gefühl, dass sich darin ein stark konservativer Umgang mit nationalen Symbolen artikuliert. Ließe sich daher die Kunstpersona Lana del Rey als eine Art ›White Trash Queen‹ bezeichnen? Das Gesamtkonzept lässt dies – vermutlich bewusst – offen. Ich möchte dennoch dahingehend argumentieren, dass die fast inflationär auftauchenden Verweise auf nationale Symbole beziehungsweise auf Symbole, die eine (kultur-) historische Bewandtnis haben, durchaus auch eine kritische Distanzierung vom klassischen ›American Dream‹ bedeuten können – somit stellt das Konzept ›Lana del Rey‹ eine Art Abgesang auf die Gesellschaft und deren amerikanischen Traum dar: Denn die Überfrachtung mit Nationalsymbolen ist nur auf den ersten Blick eine Affirmation heute gültiger US-amerikanischer Symbolik.

Der American Dream nämlich, auf den die Off-Stimme Lana del Reys rekurriert, ist ein längst vergangener, was sie im Epilog zu RIDE explizit zum Ausdruck bringt: »I believe in the country America *used* to be« (TC 08:52). Jenes Verständnis des amerikanischen Traums verweist auf die 1940er, 1950er und 1960er Jahre, auf die goldene Zeit des klassischen amerikanischen Kinos als Mythos, der unter anderem glamouröse Filmdiven hervorbrachte. Oder auch auf Persönlichkeiten jener Epoche, mit denen ein tragisches Schicksal oder Leben verbunden ist, wie etwa Marilyn Monroe oder Jacqueline Kennedy, um nur einige zu nennen. Dafür spricht beispielsweise auch, dass Lana del Rey im Video NATIONAL ANTHEM[26] sowohl als »Happy Birthday Mr. President«-singende Marilyn Monroe als auch als trauernde Jacqueline Kennedy inszeniert wird. Eine weitere (und durchaus provokativ-zynische) Brechung liefert jener Clip gleich dahingehend mit, dass der vermeintliche Präsident Kennedy vom schwarzen Rapper A$AP Rocky verkörpert wird, einerseits also das Geschichtsbild auf der Oberfläche konterkariert und andererseits den tragischen Anschlag von 1963 auf die Gegenwart überträgt: die Assoziation zum aktuellen Präsidenten Barack Obama ist nur allzu offensichtlich. Es ließe sich somit gar behaupten, dass diese Inszenierung auch über gewisses subversives Potenzial verfügt.

Doch zurück zu RIDE: Es zeigt sich in diesem Videoclip eine Perspektive, in der sich jener Abgesang auf den American Dream mit der Inszenierung des

---

26 Lana del Rey: NATIONAL ANTHEM, Regie: Anthony Mandler, Interscope 2012.

›melodramatischen Modus'‹ verbinden lässt. Die hier vorliegende Version des ›American Dream‹, und dies ist in weiten Teilen auch auf die Gesamtinszenierung Lana del Reys übertragbar, hat sprichwörtliche ›Kratzer‹ abbekommen. Das zeigt sich sowohl in Text, Musik und visueller Darstellung. Die Persona Lana del Rey spricht – wie schon erwähnt – von Freiheit und Selbstverwirklichung, die es auch in schwierigen Zeiten zu bewahren gelte. Doch welche Art Freiheit eröffnet sich uns als Rezipienten auf visueller Ebene? Und zu welchem Preis ist diese vermeintliche Freiheit möglicherweise erkauft?

Was letztendlich vom amerikanischen Traum der sich erinnernden Persona übrigbleibt, ist, sich die persönliche Freiheit zu nehmen, diese Freiheit zu empfinden, der individuellen »obsession for freedom« nachzugehen, ein eigenes Leben selbstbestimmt zu kreieren und zu führen, seinen »darkest fantasies« zu folgen. So schließt Lana del Rey den Epilog mit den letzten Worten: »I am fucking crazy, but I am free« (TC 09:36-09:44).

EIN GEBROCHENES REAKTIONÄRES FRAUENBILD

Es besteht jedoch eine melodramatische Diskrepanz zwischen jener zuletzt genannten Aussage, der Gesamt-Wirkung des Songs sowie der Inszenierung des Musikvideos: Das vermeintlich so selbstbestimmte Leben der jungen Frau findet sich nämlich mehrfach konterkariert. Und damit komme ich abschließend zum Frauenbild bei Lana del Rey, die gleichsam die Verkörperung eines Abgesangs auf den American Dream früherer Tage kreiert. Wird auf der sprachlichen Ebene der amerikanische Traum gutgeheißen und die vergangene Zeit – trotz der Problematiken – als etwas Positives angesehen, so ist die Persona auf der visuell diese Erinnerungen illustrierenden Ebene fast ausschließlich mit traurigem und gesenktem sowie leerem und distanziertem Blick zu sehen. Hinzu kommt, dass die zu großen Teilen naive Überzeugung beziehungsweise der naive Traum vom ewigen Glück bei jener (durchaus gewaltbereiten) Rocker-Gang sicher nicht zu finden ist, und falls ja, so wäre hier ein äußerst fragwürdiges, reaktionäres Frauenbild gezeichnet.

Denn auch das von Lana del Rey verkörperte Frauenbild stellt, mit Blick auf die visuelle Strategie sowie die dem Adressaten in den Songtexten oftmals entgegengebrachte Unterwürfigkeit, weitere Fragen. Manche Kritiker werfen ihr vor, ein solches konservatives Stereotyp darzustellen und somit zu befördern: Zu oft gehe es in den Lyrics um die Frau als Opfer, als verlassene Frau, die sich nichts Sehnlicheres als die Geborgenheit eines sie beschützenden (und vor allem männlichen) Liebhabers wünscht. In dieser Hinsicht unterscheidet sich Lana del

Reys Inszenierung weitestgehend von derjenigen Madonnas oder auch derjenigen Lady Gagas. Ich möchte dennoch nicht so weit gehen, das Konzept ›Lana del Rey‹ als gänzlich reaktionär zu betrachten, denn es scheint darin vielmehr das künstlerische Interesse auf, sich an gescheiterten und gebrochenen Frauen-Persönlichkeiten der US-amerikanischen Gesellschaft, der Pop- und (Kultur-) Geschichte abzuarbeiten. Dies gilt sowohl in Bezug auf die mehr oder weniger tiefgründige Tragik, Melodramatik auf der einen Seite als auch in Bezug auf die optische, also rein oberflächliche Erscheinung dieser Personen – und das darf keineswegs außer Acht gelassen werden, denn schließlich handelt es sich bei Lana del Rey um ein höchst kommerzielles Pop-Phänomen. Dabei fungieren einerseits fiktive Figuren als Referenz, wie etwa Lolita,[27] weitere bekannte Frauenrollen aus klassischen Film-Melodramen (etwa dargestellt durch Lana Turner[28]) oder singenden (durchaus tragischen, aber zumindest traurigen) Frauenfiguren, deren Vorbilder in den Filmen von David Lynch (etwa in BLUE VELVET, TWIN PEAKS oder MULHOLLAND DRIVE[29]) zu finden sind. Andererseits arbeitet sich Lana del Rey auch wie schon erwähnt an Marilyn Monroe, Jacqueline Kennedy oder Nancy Sinatra ab, indem sie diese bekannten, pop- und (kultur-)historisch relevanten Personen zitiert, aber keineswegs parodiert.

Aus dieser (selbst-)reflexiven Haltung heraus ergibt sich letztendlich ein kritisches Potenzial, das durch Lana del Rey verkörpert wird und daher eine ganz andere Version der glamourösen Pop-Diva evoziert als etwa die der ebenso singenden und sich stets im Performance-Modus befindlichen Zeitgenossinnen Madonna, Lady Gaga, Katy Perry, Rihanna, Pink, Taylor Swift oder Miley Cyrus. Es ist ein kritisches Potenzial, das Lana del Reys Inszenierungskonzept auch eine gewisse Tiefe verleiht und somit einem möglicherweise als rein reaktionär zu bezeichnenden Frauenbild entgegenläuft. Im Kurzfilm-Videoclip RIDE scheint diese durchaus kritische Haltung auf, indem in pseudobiografischer Art

---

27 So finden sich eindeutige Verweise auf die Darstellung jener Figur (durch Sue Lyon) im gleichnamigen Film LOLITA (GB/USA 1962, R: Stanley Kubrick).

28 Neben dem zuvor erwähnten THE BAD AND THE BEAUTIFUL sei darüber hinaus noch auf IMITATION OF LIFE (USA 1959, R: Douglas Sirk) verwiesen.

29 Vgl. BLUE VELVET (USA 1986, R: David Lynch), hier im Besonderen die Analogien zur von Isabella Rossellini verkörperten Sängerin Dorothy Vallens; vgl. TWIN PEAKS (TV-Serie, USA 1990-1991, R: David Lynch u.a.), vor allem in Bezug auf die Figur der ›Roadhouse‹-Sängerin Julee Cruise; vgl. MULHOLLAND DRIVE (USA 2001, R: David Lynch), hier im Speziellen der Verweis auf die Sängerin Rebekah Del Rio, die in der prägnanten Sequenz ›Club Silencio‹ ihren Auftritt hat.

und Weise selbstreflexiv und explizit auf die gebrochene Karriere einer Sängerin eingegangen wird. In der Inszenierung dieses selbstreflexiven Moments wird letzten Endes auch die Vergänglichkeit einer Ausprägung des amerikanischen Traums markiert, hier etwa im Streben nach Erfolg und Popularität in der Unterhaltungsbranche – als einem Topos des klassischen Filmmelodrams. Es ist eine Beschwörung der Vergänglichkeit, die aus dem (vorausschauenden) Titel des Albums *Born to Die*, aus der erklingenden elegischen Musik, über den distanzierten Blick der Sängerin sowie aus den nostalgischen Erinnerungen an längst vergangene Zeiten hervorgeht.

Literatur

Cullen, Jim: The American Dream. A Short History of an Idea That Shaped a Nation, New York: Oxford University 2003.

Elsaesser, Thomas: »Tales of Sound and Fury. Observation on the Family Melodrama« [1972], in: Gledhill (1992), Home Is Where the Heart Is, S. 43-69.

— »Melodrama: Genre, Gefühl oder Weltanschauung?«, in: Frölich/Gronenborn/Visarius (2008), Das Gefühl der Gefühle, S. 11-34.

Frölich, Margrit/Gronenborn, Klaus/Visarius, Karsten (Hg.), Das Gefühl der Gefühle. Zum Kinomelodram, Marburg: Schüren 2008.

Gledhill, Christine (Hg.): Home Is Where the Heart Is. Studies in Melodrama and the Woman's Film [1987], London: BFI 1992.

— »The Melodramatic Field: An Investigation«, in: Dies., Home Is Where the Heart Is (1992), S. 5-39.

Kappelhoff, Hermann: Matrix der Gefühle. Das Kino, das Melodrama und das Theater der Empfindsamkeit, Berlin: Vorwerk 8 2004.

— »Tränenseligkeit. Das sentimentale Genießen und das melodramatische Kino«, in: Frölich/Gronenborn/Visarius (2008), Das Gefühl der Gefühle, S. 35-58.

Logan, Samuel: This Is For The Mara Salvatrucha. Inside the MS-13, America's Most Violent Gang, New York: Hyperion 2009.

Neale, Steve: »Melodrama and Tears«, in: Screen 27 (11/12/1986), S. 6-22.

Pinto, Vito: Stimmen auf der Spur. Zur technischen Realisierung der Stimme in Theater, Hörspiel und Film, Bielefeld: Transcript 2012.

Samuel, Lawrence R.: The American Dream: A Cultural History, New York: Syracuse University 2012.

Schäfer, Armin/Menke, Bettine/Eschkötter, Daniel (Hg.): Das Melodram. Ein Medienbastard, Berlin: Theater der Zeit 2013.

Williams, Linda: »Film Bodies: Gender, Genre, and Excess«, in: Film Quarterly 44/4 (1991), S. 2-13.

INTERNETRESSOURCEN

Hopper, Jessica: »Deconstructing Lana Del Rey«, http://www.spin.com/articles/deconstructing-lana-del-rey/ vom 09.01.2015.

Newman, Melinda »Was Lana del Rey's ›Saturday Night Live‹ performance a career killer?«, http://www.hitfix.com/blogs/the-beat-goes-on/posts/was-lana-del-reys-saturday-night-live-performance-a-career-killer vom 09.01.2015.

Richards, Chris: »Lana del Rey has the voice, not the emotion«, http://www.washingtonpost.com/entertainment/music/lana-del-rey-lacks-the-emotion-to-offset-a-thin-voice/2012/01/30/gIQA2eLddQ_story.html vom 09.01.2015.

Tucker, Ken: »The Self-Made Pop Star As A Target«, http://www.npr.org/2012/02/02/145909587/lana-del-rey-the-self-made-pop-star-as-target vom 09.01.2015.

»Stronger than Me«?

Zum performativen Spiel mit Klischees bei Amy Winehouse

CLAUDIA BULLERJAHN

> »But mostly I have this dream to be very famous. To work on stage. It's a lifelong ambition. I want people to hear my voice and just... forget their troubles for five minutes.«
> AMY WINEHOUSE[1]

EINLEITUNG

Die tragisch früh verstorbene britische Popmusikerin Amy Winehouse bietet die ideale Projektionsfläche für diverse Klischees, die ihre Rolle als Frau, als Jüdin, die ›schwarze‹ Musik singt, und als populäre kreative Künstlerin betreffen: So reiht sie sich ein in die Tradition erfolgreicher, weißer, jüdischer Entertainer und Entertainerinnen, die mit ihrer Stimme und Performance ›Blackness‹ zelebrieren. Ihr britischer ›Blue-Eyed Retro-Soul‹ ist geprägt vom Jazz und Blues längst vergangener Zeiten, Motown- beziehungsweise Stax-Soul-Arrangements und aktuellem Hip-Hop als postmoderne Mischung. Allerdings kommt bei Winehouse ihre Geschlechtlichkeit hinzu, ihre mit Obszönitäten gespickten, melancholischen, hochpoetischen Texte sowie ihr riskanter, todesverachtender Lebensstil, den diverse Drogen, unglückliche Beziehungen und ein Drogentod im mythenumwobenen Alter von 27 Jahren kennzeichnen. Am Beispiel ihrer Songs und gleichnamigen Musikvideos STRONGER THAN ME und BACK TO BLACK sowie

---

1 Aus dem Motivationsschreiben der zwölfjährigen Winehouse für die Aufnahme in der Sylvia Young Theatre School, zit. nach C. Newkey-Burden: Amy Winehouse, S. 17.

dem Umgang mit ihrem Ableben durch die Presse sollen diese Klischees und gegebenenfalls der Bruch mit ihnen erörtert werden.

Zu Beginn wird jedoch in einem Exkurs ein Blick auf ihre musikalische Sozialisation geworfen, denn in dieser sowie den ihr eigenen Persönlichkeitsmerkmalen war Vieles angelegt, was zum Imageaufbau und für Marketingmaßnamen benutzt werden konnte. Konstitutiv für Stars insgesamt und auch Amy Winehouse ist, dass gemäß Hans-Otto Hügel Werk und Image immer zusammen rezipiert werden, denn die Starfigur selbst ist ein Konstrukt.[2] Im Anschluss an den Exkurs zu Winehouses künstlerischem Lebenslauf geht es deshalb in Anlehnung an eine Systematisierung von Silke Borgstedt um die Komponenten von Startum allgemein, zu dem ein gezielter Imageaufbau gehört, der genauer erörtert werden wird.[3] Erst danach beginnt der Hauptteil mit seinem Hauptaugenmerk auf Klischees, bezogen auf Gender, Blackness und Künstlertum.

MUSIKALISCHE SOZIALISATION UND KÜNSTLERISCHER LEBENSLAUF VON AMY WINEHOUSE

Wesentlich für die musikalische Sozialisation der am 14. September 1983 geborenen Amy Jade Winehouse waren verschiedene Personen in ihrer nahen Verwandtschaft, die sich leidenschaftlich der Musik als Hobby oder sogar Profession widmeten. So sind ihr Vater und ihr älterer Bruder Hobbysänger, beide mit einer Vorliebe für Songs von Frank Sinatra, aber auch beispielsweise Tony Bennett, Sarah Vaughan und Ella Fitzgerald. Der Vater pflegte mit seiner Tochter in jungen Jahren das gemeinsame Singen in Alltagssituationen, und er sowie ihr Bruder initiierten erste Gesangsnachahmungsversuche. Sämtliche Familienmitglieder können als passionierte Jazzhörer bezeichnet werden und die Brüder ihrer Mutter sind sogar professionelle Jazzmusiker.[4]

Ab dem elften Lebensjahr entdeckte Amy Winehouse mit ihrer besten Freundin zusammen die Musik weiblicher Hip-Hop-Musiker wie *Salt-N-Pepa*, ab dem dreizehnten Lebensjahr die Musik von Girl Groups der 1960er Jahre wie *The Shangri-Las* und *The Ronettes*. Für eine Karriere in der Popmusik nicht ungewöhnlich begann Amy Winehouse im gleichen Alter autodidaktisch Gitarre zu

---

2 Vgl. H. Hügel: ›Weißt Du wieviel Sterne stehen?‹, S. 265-293, insb. S. 266.
3 Vgl. S. Borgstedt: Stars und Images.
4 Vgl. C. Newkey-Burden: Amy Winehouse, S. 3-6; A. Schuller/N. von Bredow: Back to Black, S. 40; M. Fuchs-Gamböck/T. Schatz: Amy Winehouse. I'm no good, S. 23-25.

erlernen, ebenfalls dazu angeregt durch das Vorbild ihres Bruders, und konnte sich bald selbst beim Gesang begleiten. Bereits seit dem achten Lebensjahr besuchte sie auf Wunsch ihrer Großmutter zusätzlich zur Regelschule die Susi Earnshaw Theatre School, wo sie Gesangs-, Tanz- und Schauspielunterricht erhielt. Mit 14 Jahren wechselte sie von der Regelschule an die Sylvia Young Theatre School, eine renommierte Londoner Privatschule für Theater, Gesang und Tanz, nachdem sie bereits im zwölften Lebensjahr die Aufnahmeprüfung absolviert und sich erfolgreich um ein Stipendium beworben hatte. Bis zum 15. Lebensjahr besuchte Amy Winehouse diese und wurde sogar noch nach dem Verlassen dieser Schule von Sylvia Young gefördert, indem diese dafür sorgte, dass Winehouse im National Youth Jazz Orchestra aufgenommen wurde, mit dem sie gegen Ende ihrer Schulzeit in Jazzclubs mit Songs von Ella Fitzgerald, Dinah Washington und Billie Hollyday auftrat. Mit 15 Jahren begann Winehouse obendrein mit dem Songwriting und trat zwei Jahre später jedes Wochenende singend zur Gitarre in Pubs auf. Außerdem setzte sie 1998 ihre Ausbildung als Sängerin an der BRIT Performing Arts & Technology School fort, gab jedoch nach nur einem Jahr wieder auf.[5]

Nachdem sie 1999 mit Brilliant 19 (gegründet vom *Spice Girls*-Manager und *Pop Idol*-Erfinder Simon Fuller) einen Managementvertrag eingegangen war, unterschrieb sie 2002, also mit 19 Jahren, einen Vertrag über ihre Musikrechte mit EMI und einen Plattenvertrag mit Island Records.[6] 2003 veröffentlichte sie ihr erstes Album mit dem Titel *Frank* und gewann gleich für die erste Single-auskoppelung »Stronger than Me« den Ivor Novello Award in der Kategorie »Best Contemporary Song«, womit speziell ihr Songwriting gewürdigt wurde, worüber sie sich besonders freute.[7] Ihr zweites unter neuem Management 2006 und als letztes zu Lebzeiten erschienenes Album mit dem Titel *Back to Black* wurde zum höchsten US-Chart-Debüt einer britischen Künstlerin überhaupt. Ihre künstlerisch erfolgreichsten Jahre wurden jedoch 2007 und 2008, in denen sie unter anderem fünf Grammys gewann (unter anderem »Best New Artist«, »Record of the Year«, »Song of the Year«), den BRIT Award als »Best British

---

5   Vgl. M. Fuchs-Gamböck/T. Schatz: Amy Winehouse. I'm no good, S. 25-39; C. Newkey-Burden: Amy Winehouse, S. 6-8 und 15-27; A. Schuller/N. von Bredow: Back to Black, S. 41f., 46 und 50-57.
6   Vgl. M. Fuchs-Gamböck/T. Schatz: Amy Winehouse. I'm no good, S. 50; A. Schuller/N. von Bredow: Back to Black, S. 60-77.
7   Vgl. M. Fuchs-Gamböck/T. Schatz: Amy Winehouse. I'm no good, S. 68f.; C. Newkey-Burden: Amy Winehouse, S. 67f. sowie A. Schuller/N. von Bredow: Back to Black, S. 11.

Solo Artist«, den Music of Black Origin (MOBO) Award als »Best UK Female Singer«, drei MTV-Awards und zwei Ivor Novello Awards, 2007 in der Kategorie »Best Contemporary Song« für das Songwriting von »Rehab« sowie 2008 in der Kategorie »Best Song Musically and Lyrically« für »Love is a Losing Game«.[8]

KOMPONENTEN DES STARTUMS

Beim Startum handelt es sich um einen komplexen Funktionszusammenhang aus zu differenzierenden Komponenten, die »abhängig von gesellschaftlich-kulturellen und technologisch-strukturellen Bedingungen einem permanenten Wandel unterworfen sind«.[9] In einem Handbuchartikel legt Borgstedt dar, welches ihres Erachtens die essentiellen Merkmale eines Stars beziehungsweise seines Images sind.[10] Sie lassen sich ohne Probleme auf Amy Winehouse übertragen, was im Folgenden demonstriert sei:

- Eines der wesentlichsten Kennzeichen eines Stars ist seine *kulturelle Leistung*, wobei es sich speziell bei Musikern und Musikerinnen um Kompositionen beziehungsweise Improvisationen oder Interpretationen präexistenter beziehungsweise eigener Kompositionen handelt, was für Winehouse alles gleichermaßen zutrifft. Durch ihre oben angeführten Preise und Auszeichnungen erlebte sie den Durchbruch, und quantitative Indikatoren wie Charterfolge und CD-Verkaufszahlen sowie Auftritte in prestigehaltigen Kontexten wie die beim Glastonbury Festival belegen ihren öffentlich sichtbaren Erfolg sowohl bei Kritikern und Kritikerinnen als auch bei der Musikindustrie und beim Publikum.
- Eine Anzahl publizierter Werke und deren mehrfache Präsentation in der Öffentlichkeit sind zugleich die Voraussetzung für *Bekanntheit* und diese wiederum »sowohl Ergebnis, als auch Ausgangsbasis für (weitere) mediale Aufmerksamkeit«[11], welche in *Beliebtheit* mit mehr oder weniger verbindlichen Anhängern (Fans) münden kann. Nicht nur das große Medienecho auf ihren Tod, sondern auch die derzeit (Stand 6.8.2014) 894.000 auf YouTube eingestellten Videos mit von ihr selbst performten Songs, die immer noch

---

8 Vgl. M. Fuchs-Gamböck/T. Schatz: Amy Winehouse. I'm no good, S. 136; A. Schuller/N. von Bredow: Back to Black, S. 166f.
9 S. Borgstedt: Stars und Images, S. 327.
10 Vgl. ebda.: S. 327-331.
11 Ebda.: S. 328.

tausendfach angeklickt werden, sowie mit von Laien gecoverten Songs belegen ihre große Bekanntheit und Beliebtheit.

- Eine wesentliche Strategie in der Gestaltung eines Starimages besteht im Allgemeinen darin, durch öffentliche Auftritte und mediale Berichterstattung sowohl die *Gewöhnlichkeit* (zum Beispiel Verkörperung gesellschaftlich erstrebenswerter Wertvorstellungen, intime Details zu gesellschaftlich tolerierten Lastern und persönliche Befindlichkeiten), als auch die *Herausgehobenheit* dieses Stars (etwa außergewöhnliche Fähigkeiten, Symptome einer Borderline-Störung sowie sonstige ungewöhnliche Eigenschaften und Einstellungen) zu verdeutlichen. Zugleich führt Gewöhnlichkeit, wie beispielsweise die seinerzeit ausführlich in den Medien präsente Sorge der Eltern um ihre Tochter Amy, zum Eindruck von Nähe, der Identifikation ermöglicht, während die Ferne des herausgehobenen Stars, der wie Winehouse beispielsweise vor begeisterten Menschenmassen auf hell ausgeleuchteten Bühnen großer Säle seine Songs darbietet, eine Projektion dieser Ermächtigung erlaubt.
- Fürderhin liegt es im Interesse sowohl der Künstler und Künstlerinnen, als auch zugehöriger Akteure wie Managern und Managerinnen sowie Konzertveranstaltern und Konzertveranstalterinnen, dass durch Techniken des *Impression-Managements* ein erwünschter öffentlicher Eindruck zielorientiert erzeugt wird. Diese achten beispielsweise offensiv auf adäquate Handlungen in entsprechenden Settings (zum Beispiel Konzertbühne, Talkshowrunde) sowie subtile Aspekte nonverbalen Ausdrucksverhaltens (etwa Blickkontakt, Mimik und Körperhaltung), um eine für das Image vorteilhafte Selbstdarstellung zu ermöglichen. Bei Winehouse war dagegen vor allem das ›Self-Handicapping‹ als defensive Strategie zu beobachten: Sämtliche Schwächen eines Konzertauftrittes wie Texthänger, Mängel in der Intonation oder Unsicherheiten im Timing konnten somit auf ihre aktuelle seelische Verfassung (zum Beispiel Liebeskummer), ihren Alkoholmissbrauch oder sonstige gesundheitliche Probleme als externe Erklärungen zurückgeführt werden. Gute Auftritte erschienen dagegen umso bemerkenswerter, da sie trotz dieser großen Einschränkungen zustande gekommen waren.[12]

---

12 Ein gutes Beispiel für die gezielte absichtsvolle Inszenierung eines erwünschten kontroversen Eindrucks war Winehouses Auftritt in der *Charlotte Church Show* im Oktober 2006 vor 19 Millionen Fernsehzuschauern, wo sie zusammen mit der Talkshowgastgeberin einen für sie eher ungeeigneten Song (»Beat it« von Michael Jackson) darbieten musste, nachdem man sie bis zum Ende der Sendung im Green Room bei reichlich alkoholischen Getränken warten ließ (vgl. C. Newkey-Burden:

- In keinster Weise zu vernachlässigen ist die *Vermittlung des Starimages durch Medien*: So selektieren diese als konstruktives Moment polarisierend Informationen zum Star, gestalten diese möglichst emotional und distribuieren diese mit Vorbewertungen, um damit die fehlenden unmittelbaren Erfahrungen zu kompensieren. Durch die Vermittlung häufig bewusst widersprüchlicher Informationen erscheint der Star geheimnisvoll und interessant, da nicht genau erkennbar ist, was Realität oder Fiktion ist.[13] Zugleich regulieren die Medien durch Art, Gestaltung und Menge der Information (zum Beispiel auch im technischen Bereich bei der Musikabmischung und Kameraeinstellung) die Nähe und Distanz zu Künstlern und Künstlerinnen. Ein gutes Beispiel für über Medien bewusst diffus gestreute Informationen über Winehouses Privatleben waren die offiziellen Pressetexte ihres Plattenlabels Island Records.[14]
- Sogenannte *Gatekeeper*, also Personen wie Redaktionsleiter und -leiterinnen oder Journalisten und Journalistinnen, entscheiden darüber, welche Inhalte in welcher Form vermittelt werden. Sogenannte *Nachrichtenfaktoren*, wie die angestrebte Zielgruppe für Werbekunden und Gesamtprofil des Mediums, spezifizieren somit, ob, in welchem Umfang und in welcher Präsentation (Platzierung, Aufmachung) über einen Star berichtet wird. Star-Images und Images von Medien beeinflussen sich gegenseitig, denn der Star benötig Auftritte in den für seine Zielgruppe relevanten Medien und die Medien brauchen Stars, um ihren Formaten und Leitbildern gerecht zu werden, die von den Werbekunden und -kundinnen erwartet werden. Beispielsweise hinderten ihre publik gewordenen Drogenprobleme Winehouse daran, ein Einreisevisum in die USA zu erhalten und persönlich die von ihr gewonnenen fünf Grammys entgegenzunehmen. Um jedoch dennoch die Erwartungen der Zuschauer und Zuschauerinnen zu befriedigen, wurde sie per Satellit zu den Feierlichkeiten zugeschaltet, wobei sie zwei Songs in den Londoner

---

Amy Winehouse, S. 87-91). Befragt nach derlei alkoholisierten Fernsehauftritten erwiderte Winehouse »I'm not trying to protect ›Winehouse, the Brand‹« (zit. nach ebda.: S. 94), wobei ihr fatalerweise womöglich nicht bewusst war, dass sie dies genau hiermit tat.

13 Vgl. hierfür u.a. die Medienberichte zu den Nachwehen der BRIT Awards 2007 (referiert bei C. Newkey-Burden: Amy Winehouse, S. 98-101) sowie die Mediendarstellungen zu ihrem letzten Konzert in Belgrad 2011 (Zusammengetragen bei A. Schuller/N. von Bredow: Back to Black, S. 206-209).

14 Wiedergegeben u.a. bei A. Schuller/N. von Bredow: Back to Black, S. 131.

Riverside-Studios live präsentierte und sich überschwänglich bei verschiedenen Personen bedankte.

- Die permanente, nur leicht variative Wiederholung in der öffentlich-medialen Präsentation bewirkt eine *Wiedererkennbarkeit* des Stars, denn erst sie ermöglicht ein Interesse und eine Bindung an diesen. Hierzu gehörten bei Winehouse ihre hoch aufgetürmten Bienenkorb-Frisuren, ihre Tätowierungen, ihr extremer Lidstrich sowie ihre Vintagekleider. Im sogenannten *Labeling* werden dem Star verdichtete Bedeutungen zugeschrieben, die beim Publikum Erwartungshaltungen erzeugen und zugleich wiederum den Verhaltensspielraum der etikettierten Person stark einschränken können. Diese umfassten bei Amy Winehouse beispielsweise ihren exzessiven Alkoholmissbrauch und ihre Drogensucht, ihre unglücklichen Liebesbeziehungen sowie ihren rebellischen Habitus, was sie in ihren Songtexten thematisierte, und was somit obendrein popmusikalische Klischees bestätigte. Sie stand damit zugleich scheinbar im Gegensatz zu den im Zeitalter von Castingshows künstlich erzeugten ›Popstars‹. Jedoch fungiert auch ihr Name wie ein Produktmarkenname, der in der Art eines Schlüsselreizes ein Markenschema aktiviert, auf die Imagekonstruktion als Ganzes einwirkt und bestimmte Inhalte in gewohnter Qualität, Mischung und Präsentation garantiert.[15]

Zugleich ließ die von ihr selbst sowie ihrem Management initiierte und von den Medien bereitwillig aufgegriffene Verschränkung von Leben und Werk sie als authentisch erscheinen. In diese Richtung geht auch das Resümee von Michael Fuchs-Gamböck und Thorsten Schatz zu einem Winehouse-Konzert in der Münchener Muffathalle im Jahre 2007:

»Sie bewies an diesem Oktoberabend mehr als eindrucksvoll, dass ein Künstler gnadenlosen Schmerz in seiner Musik nur überzeugend ausdrücken kann, wenn er diesen erleiden musste.«[16]

SPIEL MIT KLISCHEES

Klischees in Medienprodukten umfassen durch zu häufigen Gebrauch abgenutzte und dadurch schablonenhaft erscheinende Bilder, Denkschemata und Stilmittel

---

15 Vgl. M. Engh: Popstars als Marke.
16 M. Fuchs-Gamböck/T. Schatz: Amy Winehouse. I'm no good, S. 159. Vgl. zur Konstruktion von Authentizität allgemein auch H. Hügel: Die Darstellung des authentischen Moments, S. 43-58.

für die Darstellung von Personengruppen und sozialen Beziehungen. Sie repräsentieren nicht selten eingefahrene Vorurteile einer Gesellschaft, somit negative Stereotype. Zwar werden sie von Individuen teilweise einfach unbedacht übernommen, häufiger ist bei Medienmachern und -macherinnen jedoch die gezielte Verwendung stereotyper Strukturen und klischeehafter Inhalte, denn hiermit werden allzu komplexe Reizsituationen und Ambivalenzen ausgeschlossen, Erwartungen kanalisiert, Meinungen bestätigt und Kognitionen von Rezipienten und Rezipientinnen entlastet. Klischees sind somit typisch für Mainstreamprodukte. Bei zu deutlicher Vorhersehbarkeit wegen zu großer Häufung von Klischees besteht jedoch die Gefahr von Langeweile und daraus resultierend die Vermeidung der Rezeption dieses Medienprodukts. Das Spiel mit Klischees, bei dem mit einigen Klischees bewusst gebrochen wird, die meisten jedoch eine Bestätigung erfahren, lässt ein Medienprodukt wie beispielsweise einen Popstar und seine Manifestationen in Musikvideos beziehungsweise Konzertauftritten dagegen gewöhnlich interessant genug erscheinen, um eine längere Beschäftigung mit diesem anzubahnen.

Gender – »Stronger than Me«

Der vorliegende Abschnitt stellt den Song »Stronger than Me« und das zugehörige Musikvideo in den Mittelpunkt der Betrachtung. Es handelt sich um die in Großbritannien am 6. Oktober 2003 ausgekoppelte Debütsingle aus dem Debütalbum *Frank*, die nur Platz 71 in den UK-Single-Charts und damit die schlechteste Platzierung aller vier Singleauskopplungen des Albums erreichte. Obwohl zunächst insgesamt kein so großer Publikumserfolg, wurde das Album von Musikkritikern und -kritikerinnen überwiegend positiv aufgenommen. Dessen Produktion war dem afroamerikanischen Hip-Hop-Produzent Salaam Remi übertragen worden, der auch für die Komposition von »Stronger than Me« mitverantwortlich war. Da es sich hierbei um einen typischen Torch Song handelt, erörtert der nachfolgende Unterabschnitt zunächst knapp die Tradition dieser Gattung und diskutiert im Anschluss die Einordnung weiterer Songs von Winehouse in diese Gattung. Des Weiteren reflektieren Songtext und bildliche Umsetzung im Videoclip in klischeehafter Weise das gesellschaftliche Rollenverständnis von Mann und Frau und konterkarieren die Vorstellung vom Mann als starken Partner teilweise, was genauer analytisch herausgearbeitet werden soll.

Torch Songs

Torch Songs sind sentimentale Liebeslieder, welche eine nicht erwiderte oder verlorene Liebe beklagen. Sie umfassen traditionellen Jazzgesang bis hin zu Bluesmelodien. Zumeist werden Torchsongs mit weiblichen Sängerinnen wie Etta James, Carmen McRae oder Barbra Streisand assoziiert, jedoch findet der Begriff heutzutage auch Verwendung für Interpretationen männlicher Sänger, insbesondere Frank Sinatra. Diesem ist interessanterweise Winehouses erstes Album *Frank* gewidmet, das auch mehrheitlich Torch Songs enthält.[17] Zugleich hat ›frank‹ im Englischen die Bedeutung von ›offen‹ und ›ehrlich‹[18], was zu diesen oft biographisch geprägten lyrischen Ergüssen eines Teenagers an der Grenze zum Twen passt: So singt sie beispielsweise über ihren verstorbenen Kanarienvogel, ihre neue Gitarre und Gold Digging Girls, welche sie ihren Beziehungen zu Männern gegenüberstellt, um die es in allen anderen Nummern geht. Mit Ausnahme zweier gecrooner Jazz-Standards (»There is no greater Love« und »Moody's Mood For Love (Teo Licks)«)[19] handelt es sich schon auf dem ersten Album nur um eigene Songs, die jedoch größtenteils noch in Kooperation mit einem musikalischen Partner entstanden sind. Dies war wohl auch erforderlich, da sie zunächst wenig an den Bedürfnissen des Marktes orientiert komponierte und dazu neigte, endlose Strophen ohne Refrain aneinanderzureihen.[20] Auch das zweite Album *Back to Black* beinhaltet eine große Anzahl von Torch Songs, die hier teilweise an Girlgroup-Balladen mit ihrem melodramatischen Verlangen angelehnt sind (siehe unten).

Ambivalenz in den Genderklischees in »Stronger than Me«

Im *Songtext* stellt das weibliche lyrische Ich fest, dass sein Freund stärker sein sollte, da er einerseits älter ist (»You've been here seven years longer than me«), andererseits damit seiner Rolle als Mann entsprechen müsste (»Don't you know you're s'posed to be the man?«, »All I need is for my man to live up to his role«). Außerdem zeige er unmännliche Verhaltensweisen (will alles zerreden, dominiert und kontrolliert sie nicht), nur in der Tatsache, dass er sich von ihr bedienen lässt, entspricht er dem männlichen Klischee. Andererseits zeigt das lyrische Ich selbst eine dem weiblichen Klischee nicht entsprechende Stärke,

---

17 Vgl. O. Wang: The comfort zone, S. 201.
18 Vgl. auch A. Schuller/N. von Bredow: Back to Black, S. 77.
19 Zusätzlich wird im »October Song«, der Trauermusik für ihren Kanarienvogel, die titelgebende Melodiephrase aus dem Jazzstandard »Lullaby of Birdland« zitiert.
20 Vgl. C. Newkey-Burden: Amy Winehouse, S. 39. Teilweise lässt sich dies auch noch am Song »Back to Black« nachvollziehen.

indem es sexuelle Befriedigung einfordert (»I just wanna rip your body over mine«) und eine Heirat ablehnt (»I'm not gonna meet your mother anytime«). Amy Winehouse offenbart in diesem Text einerseits ein recht konservatives patriarchalisches Männerbild, andererseits erscheint ihr Frauenbild mit seiner sexuellen Selbstbestimmtheit jenseits sonstiger Verpflichtung recht modern.

Abbildung 1: STRONGER THAN ME: *Winehouse mit alkoholisiertem Freund*

Quelle: Snapshot aus dem Musikvideo

Im *Musikvideo* begibt sich Amy Winehouse in eine Pool Billard-Kneipe und findet dort ihren farbigen Freund stark alkoholisiert vor, somit in einem unkontrollierten und hilflosen Zustand. Die Musikvideoumsetzung folgt damit im Wesentlichen dem Songtext und illustriert die von Winehouse vorgeworfene, nicht rollenadäquate Schwäche des Mannes sowie den Rollenwechsel, denn die von Winehouse verkörperte Frau ist es, die als dominanter Partner aktiv handeln muss, um ihm nach Hause zu helfen. Man sieht, wie der Freund sie besoffen betatscht und wie sie ihn mit Ekel betrachtet, als er sich im Taxi übergeben muss. Vergeblich versucht sie, allerdings nur halbherzig, ihren halb bewusstlosen Freund nach Verlassen des Taxis in die offensichtlich gemeinsame Wohnung zu bringen, und lässt ihn zunächst auf dem Gehweg liegen. Mit fremder Hilfe schafft sie ihn schließlich bis auf die Treppenstufen vor der Haustür, jedoch betritt sie letztlich das Haus ohne ihn, als der Song endet.

Songtext zu »Stronger than Me«[21]

1. Strophe: You should be stronger than me,
you've been here seven years longer than me.
Don't you know you're s'posed to be the man?
Not pale in comparison to who you think I am.
You always wanna talk it through, I don't care.
I always have to comfort you when I'm there.
But that's what I need you to do, stroke my hair.

Refrain: 'Cause I've forgotten all of young love's joy,
feel like a lady, and you my lady boy.

2. Strophe: You should be stronger than me,
but instead you're longer than frozen turkey.
Why'd you always put me in control?
All I need is for my man to live up to his role.
You always wanna talk it through, I'm okay
I always have to comfort you ev'ry day.
But that's what I need you to do, are you gay?

Refrain: 'Cause I've forgotten all of young love's joy,
feel like a lady, and you my lady boy.

3. Strophe: He said »The respect I made you earn,
thought you had so many lessons to learn.«
I said »You don't know what love is, get a grip.
Sound as if you're reading from some other tired out script.
I'm not gonna meet your mother anytime.
I just wanna rip your body over mine.
Please tell, tell me why you think that's a crime?«

Refrain: 'Cause I've forgotten all of young love's joy,
feel like a lady, and you my lady boy.

Coda: You should be stronger than me,

---

21 »Stronger than Me« (Amy Winehouse/Salaam Remi), S. 2-5.

> you should be stronger than me,
> you should be stronger than me,
> you should be stronger than me.

Die *vokale Performance* von Winehouse unterstreicht zusätzlich ihre Stärke und Dominanz durch kontrollierten Stimmeinsatz bei zum Teil recht freier rhythmischer und melodischer Gestaltung. Ihre recht tiefe Stimme hat eine ›schwarze‹, soulige und reife Klangfärbung und erweckt somit vom Höreindruck her das Bild einer sehr viel älteren Frau mit viel Lebenserfahrung und den hiermit einhergehenden ›Narben‹ auf den Stimmbändern. Ihre Stimme ertönt bisweilen schneidend, aber immer kraftvoll und mächtig. Im Rückblick hinterlassen Songtext und Musikvideo einen bitteren Beigeschmack, denn am Ende ihrer Karriere ist es Winehouse, die im stark alkoholisierten Zustand auf der Bühne ihre Kontrolle einbüßt und Schwäche zeigt, während ihre farbigen Backup-Sänger, die Brüder Zalon und Heshima Thompson, lässig neben ihr tanzen.[22]

›Blackness‹ und ›Blue-eyed Retro-Soul‹

Der vorliegende Abschnitt beschäftigt sich mit dem musikalischen Phänomen der ›Blackness‹ und würdigt hierbei insbesondere die traditionelle Rolle jüdischer Interpreten und Interpretinnen bei der Mimikry von Race und die Konzeption des ›Blue-eyed Retro-Souls‹ mit der ihm zugrunde liegenden musikalischen Entwicklung. Hierbei wird auch auf die Bedeutung der *Dap-Kings*, der Begleitband von Winehouses zweitem Album und Tourneeauftritten, eingegangen.

Die beiden nachfolgenden Abschnitte setzen sich explizit mit Elementen ›schwarzer‹ musikalischer Stilistiken wie Jazz, Hip-Hop und Soul in Winehouses Musik auseinander und demonstrieren dies an den beiden ausgewählten Songs.

Tradition der Mimikry von Race durch jüdische Sänger

Das Streben nach ›Blackness‹ bei weißen Sängern kann bis in die Anfänge der Entstehung populärer amerikanischer Musik zurückverfolgt werden: So entwickelte sich mit den in den USA weitverbreiteten Minstrel Shows des 19. Jahrhunderts eine Theater- und Unterhaltungsmaskerade, welche als ›Black-face‹

---

22 Vgl. u.a. die Anmerkungen von A. Schuller/N. von Bredow: Back to Black, S. 145-148, zu einem Konzert in Birmingham am 14. November 2007.

bezeichnet wird. Hierbei schminkt sich ein weißer Sänger sein Gesicht schwarz (mit ausgespartem Bereich um den Mund, um die Lippen breiter erscheinen zu lassen), setzt eine krause Perücke auf und zieht einen schwarzen Anzug sowie weiße Handschuhe an. Zusätzlich zu den auf diese Weise optisch überzeichneten Klischees (auch in Körperhaltung, Gestik und Mimik) treten spezifische Minstrel-Songs, die in rhythmischen und melodischen Wendungen an schwarze Vorbilder mehr oder weniger stark angelehnt sind. Diese zunächst stark rassistisch geprägte stereotype Parodie von Afro-Amerikanern wurde später in das Vaudeville-Theater übernommen und beispielsweise durch den jüdischen Sänger Al Jolson populär gemacht[23], wobei immer mehr in nationalistischer Weise der Stolz auf eine ureigene amerikanische Musik als das Ergebnis einer Vermischung verschiedener Musikkulturen mit den USA als Schmelztiegel die ursprünglich abwertend gemeinte Sichtweise auf den naiven, tumben und immer fröhlichen ›Neger‹ und seine Musik überwiegt.

Die als ›Coon Shouter‹ bezeichneten Sänger waren nicht nur häufig jüdischen Glaubens, sondern teilweise auch weiblichen Geschlechts. So machten beispielsweise weibliche jüdische Coon Shouter wie May Irwin die Ragtime-Songs populär, größere Erfolge verzeichneten jedoch Sophie Tucker und Fanny Brice.[24] Die jüdische Fremdheit der Sänger und Sängerinnen wird entfernt zu Gunsten einer klanglichen und visuellen Schwärzung.[25] Jon Stratton weist zusätzlich darauf hin, dass speziell in Großbritannien Juden nach dem zweiten Weltkrieg auf der Grenze zwischen ›schwarz‹ und ›weiß‹ wahrgenommen wurden. Da es insgesamt nur eine kleine britische Population schwarzer Hautfarbe gab und somit auch nur wenige schwarze Jazzmusiker, wurden Juden problemlos als Jazzmusiker akzeptiert, zumal Afroamerikaner und Juden beide eine Geschichte von Diskriminierung und Unterdrückung teilen.[26] So können letztlich auch Winhouses Auftritte als weiße britische Jüdin als rassistische Mimikry aufgefasst werden, wobei ihr Judentum von der britischen Presse durchaus akzentuiert wurde.[27]

›Blue-eyed Retro-Soul‹

Das Phänomen des ›blue-eyed soul man‹ ist beständiges Element der Popkultur. Beginnend mit Elvis Presley bis hin zu Justin Timberlake wird ihre performative

---

23 Vgl. u.a. C. Bullerjahn: The Jazz Singer, S. 128-133.
24 Vgl. D. A. Brooks: ›This voice which is not one‹, S. 39.
25 Vgl. ebda.: S. 40.
26 Vgl. J. Stratton: Visibly Jewish: Amy Winehouse in Multicultural Britain, S. 178-180.
27 Vgl. ebda.: S. 184 und 186.

Glaubwürdigkeit jedoch immer wieder in Zweifel gezogen durch rassische Authentizitätskritik. Selten ist jedoch eine weibliche Künstlerin Gegenstand dieses Diskurses, wie zum Beispiel Janis Joplin und Dusty Springfield.[28] Auch in England gab und gibt es zahlreiche Popkünstler und -künstlerinnen, die erfolgreiche schwarze Musikästhetik aufgriffen. Hierzu gehören beispielsweise *The Beatles*, *The Rolling Stones* und später das Brit-Soul-Revival in den 1980er Jahren, eingeleitet beispielsweise durch George Michael.[29]

Retro-Soul ist ein weltweites Phänomen seit den frühen 1990er Jahren. Es handelt sich um R&B- und Funkmusik heutiger Künstler und Künstlerinnen, die exakt klingt wie vergangene Stile der 1960er/70er Jahre. Diese nostalgische Musikstilistik ist besonders populär beim weißen Publikum. Ihr Klangideal umfasst warme, analoge, rohe und raue Klänge als Abgrenzung zum intellektuellen Acid Jazz und zu kommerzieller Popmusik. Eine typische Formation des Blue-eyed Retro-Souls sind die *Dap-Kings*, seit 2000 Hausband des Retro Soul-Plattenlabels Daptone Records. Ihre Kennzeichen sind analoger Sound, Blechbläserbetonung sowie knackiger Funk & Soul-perkussiver Beat. Weitgehend verströmen sie die Aura der schwarzen Kultur von etwa 1964, jedoch besteht die Band mehrheitlich aus weißen Musikern und Musikerinnen. Eine der Ausnahmen bildet die über 50jährige, afroamerikanische Sängerin Sharon Jones als Frontfrau seit 2002.[30]

2007 profitierten die *Dap-Kings* bei ihrem dritten Album *100 Days, 100 Nights* vom Erfolg von »Back to Black«, jedoch unterstellte die Presse, Winehouse habe Jones ihren Sound und die Band gestohlen.[31]

›Blackness‹ in »Stronger than Me«

Der Song »Stronger than Me« beginnt als entlehnte Hip-Hop-Praxis mit einem zweitaktigen rhythmischen Sample aus dem Funk-Song »Smokin Cheeba-Cheeba« der *Harlem Underground Band* aus dem Jahre 1976. Es läuft das ganze Stück durch und wird durch weitere digitale Schlagzeug-, Keyboard- und Bassklänge ergänzt. Mit Einsatz der Singstimme tritt die synkopiert versetzte Begleitung einer halb-akustischen Jazzgitarre hinzu. Der Refrain wird durch einen zusätzlichen Bläsersatz und Hammondorgel akzentuiert. Somit vermittelt der Song auf den ersten Eindruck hin ein recht modernes, jedoch jazzgeprägtes

---

28 Vgl. D. A. Brooks: ›This voice which is not one‹, S. 41.
29 Vgl. ebda.: S. 50; O. Wang: The comfort zone, S. 203.
30 Vgl. D. A. Brooks: ›This voice which is not one‹, S. 46; O. Wang: The comfort zone, passim.
31 Vgl. O. Wang: The comfort zone, S. 203.

Klangbild und greift zugleich mit Hip-Hop auf einen Winehouse in der musikalischen Sozialisation prägenden schwarzen Musikstil zurück. Darüber hinaus verwendet Winehouse viele Blue Notes und eine ebenfalls für viele schwarze Musikstile typische ›dirty‹ Tongebung, jedoch hauptsächlich einen eher untypischen syllabischen Gesangsstil mit wenigen Melismen bei jedoch recht freier Phrasierung. Dies ist wiederum typisch für den Gesang von Frank Sinatra, der ihr durch die musikalische Praxis mit Vater und Bruder vertraut wurde, wobei sie sich des bei Sinatra üblichen schmalzig-süßlichen Croonings eher nicht bedient, sondern des im Soul üblichen Beltings mit der Betonung des Brustregisters. Allerdings beweisen andere Songs (neben den Jazzstandards zum Beispiel »Cherry« und »Help yourself«) auf *Frank*, dass sie das jung, luftig und melancholisch klingende Crooning durchaus beherrschte. Sowohl angedeutete Improvisationen im Gesang als auch ein ›cooles‹ Trompetensolo gegen Ende bilden wiederum Jazzanklänge und somit Marker für schwarze Musik in einer postmodernen Mischung.

›Blackness‹ in »Back to Black«

Im recht soul-lastigen Song »Back to Black« lehnt sich Winehouse in Stimmfärbung und -nutzung an R&B- sowie Jazz-Größen an. Silben werden durch Tonbendings angehalten und gezogen, und Winehouses emotional berührender Gesangsstil ist insgesamt eher melismatisch geprägt, was den schwarzen Vorbildern wie zum Beispiel Aretha Franklin entspricht. Allerdings verwendet Winehouse keine Howls, Growls und Shouts,[32] was darauf hindeutet, dass sie sich eher an Soulvorbildern orientierte, die entweder eher an ein weißes Publikum adressiert waren (wie der Großteil der bei Motown herausgekommenen Songs mit ihrem eher süßlichen Stimmklang)[33] oder selbst weiß waren wie die Girl Group *The Shangri-Las*, für die sie ja erwiesenermaßen als Teenager schwärmte. Jedoch präsentiert sie sich insgesamt mit individueller und wiedererkennbarer Stimmcharakteristik mit Ecken und Kanten[34] und somit sehr präsenter Körperlichkeit: Ihre Stimme wird zur Hauptsache des Songs und kann somit

---

32 Vgl. D. A. Brooks: ›This voice which is not one‹, S. 42.
33 Vgl. u.a. »Baby Love« von *The Supremes*. Zum typischen Sound und den kompositorischen Charakteristika dieser Crossover-Produktionen vgl. u.a. J. Fitzgerald: Motown crossover hits 1963-1966 and the creative process, S. 1-11.
34 Gemäß Roland Barthes würde man in diesem Fall von »grain« (dt. ›Körnung‹) sprechen (vgl. R. Barthes: The Grain of the Voice, S. 179-189). Vgl. auch D. A. Brooks: ›This voice which is not one‹, S. 45f.

im Sinne von Roland Barthes mit Fug und Recht als »geno song« bezeichnet werden. In den Instrumentalarrangements des Albums zeigen sich dagegen deutliche Anlehnungen an Produktionen der ›schwarzen‹ Plattenlabels Motown und Stax[35] und somit die Abdeckung der Regeln eines vorgegebenen Genres beziehungsweise die Nachahmung des Idiolekts eines Arrangeurs, was Barthes als »pheno song« etikettieren würde. Speziell in »Back to Black« findet sich kein prominenter off-beat, sondern durchmarschierende Viertel in der Rhythmusgruppe (Klavier, Schlagzeug, E-Bass) mit dem für Motown typischen Schellenkranz auf der vierten Zählzeit. Hinzu treten ab dem ersten Einsetzen des Refrains verhallt-verzerrter 1960er Jahre-E-Gitarrenklang, Streicherarrangements, Glockenklänge und Vibraphon. Der Eindruck eines typischen Girl Group-Sounds entsteht durch Back Vocals und die hinzugemischte zweite Singstimme von Winehouse. Gerade die Back Vocals erinnern durch ihre Vokalise-Verwendung sehr stark an den Song »Remember (Walking in the Sand)« von *The Shangri-Las* aus dem Jahre 1964. Interessanterweise integrierte Winehouse in ihren Live-Auftritten gelegentlich den Refrain dieses Songs der *Shangri-Las* in die Bridge ihres eigenen Songs »Back to Black«, was ein weiterer Beleg dafür ist, dass die Anklänge bewusst von ihr gewählt wurden.[36] Sämtlichen Aufnahmen des Albums ist anzuhören, dass die Instrumente nicht – wie bei heutigen Pop-Produktionen eigentlich üblich – nacheinander und clickbasiert in Einzeltracks aufgenommen wurden, sondern in einer Aufnahmesession mit allen Musikern und Musikerinnen in einem größeren Studio zusammen, was ebenfalls bei Stax-Produktionen die Regel war. Aus diesem Grunde variiert auch das Tempo ständig ein wenig, was besonders deutlich bei der Bridge von »Back to Black« herauszuhören ist, da hier das Tempo spürbar verlangsamt wurde. Mit erneutem Erklingen des Refrains wird das Tempo von der Rhythmusgruppe jedoch wieder merklich angezogen.

---

35 Angesichts der Tatsache, dass Motown zwar mit Barry Gordy einen afroamerikanischen Firmengründer hatte, aber bewusst für ein weißes Publikum produzierte, und dass Stax mit Jim Stewart einen weißen Firmengründer besaß, der jedoch vorrangig das schwarze Publikum bediente, ist es schwierig, explizit von ›schwarzen‹ Plattenlabels zu sprechen. Der typische Stax-Sound wird vor allem durch die prominenten Bläsersätze charakterisiert, die Winehouses Songs »Rehab«, »You know I'm no good«, »Tears dry on their own« und »He can only hold her« prägen (vgl. zum Stax-Sound u.a. R. Bowman: The Stax Sound, S. 285-320).

36 Auch insgesamt faszinieren Winehouses improvisatorischen Fähigkeiten in Konzertsituationen, was deutlich wird, wenn man im Internet zugängliche diverse Liveversionen dieses Songs miteinander vergleicht.

Sex, Drugs & Rock'n'Roll – »Back to Black«

Der vorliegende Abschnitt stellt den Song »Back to Black« und das zugehörige Musikvideo in den Mittelpunkt der Betrachtung. Es handelt sich um die in Großbritannien am 30. April 2007 ausgekoppelte dritte Single aus dem gleichnamigen zweiten Studio-Album, das bereits 2006 erschienen war, jedoch 2007 in einer neu abgemischten Deluxe-Fassung wiederveröffentlicht wurde. Die Mehrheit der subjektiven Songtexte dieses Albums betreffen wiederum Liebesbeziehungen und reflektieren Winehouses Erfahrungen mit Alkohol, Sex und Drogen. Das Album war ein unmittelbarer Erfolg beim Publikum und bekam generell positive Besprechungen von Musikkritikern, wobei insbesondere die klassischen Souleinflüsse und ihr emotional anrührender Vortrag gelobt wurden.[37] Produziert wurde es von dem jüdischen, britisch-stämmigen US-Produzenten Mark Ronson sowie wiederum Remi, und Winehouse war diesmal nur bei vier der elf Songs nicht allein für das Songwriting verantwortlich. Mit ihrem Tod am 23. Juli 2011 nahm der Verkauf des Albums drastisch zu. Ende 2011 wurde es mit 3,5 Millionen Kopien das zweitbestverkaufte Album des 21. Jahrhunderts in Großbritannien und Nummer Eins in diversen europäischen Albumcharts, unter anderem auch in Deutschland. Ende April 2013 waren über 12 Millionen Kopien weltweit verkauft.[38]

Der Song »Back to Black« ist der dunkelste des Albums und reflektiert ihre Liebesbeziehung zu Blake Fielder-Civil, mit dem Winehouse mit Unterbrechungen immer wieder liiert und 2007 bis 2009 sogar verheiratet war. 2006 verließ dieser sie für seine ehemalige Geliebte, womit Winehouse wieder in Alkohol und Depression abstürzte (»going back to black«). Im Zentrum der analytischen Betrachtung von Songtext und bildlicher Umsetzung im Videoclip soll deshalb vor allem die absichtsvolle Verschränkung des Lebens der Medienfigur Amy Winehouse mit ihrem Werk »Back to Black« stehen. Hierfür werden vorweg Klischees referiert, die kreative Künstler und Künstlerinnen allgemein und speziell Popmusiker und Popmusikerinnen betreffen. Es wird untersucht, in welcher Weise diese insbesondere bei Winehouse vorzufinden sind. Außerdem soll darauf eingegangen werden, in welcher Weise Song und zugehöriges Musikvideo nach ihrem Tod zur Re-Interpretation durch Rezipienten und Rezipientinnen einladen und ihre in den Medien und durch Fans zelebrierte Aufnahme in den sogenannten ›Forever 27-Club‹ begünstigen.

---

37 Vgl. M. Fuchs-Gamböck/T. Schatz: Amy Winehouse. I'm no good, S. 127 und 129.
38 Vgl. http://en.wikipedia.org/wiki/Back_to_Black vom 09.01.2015.

Stereotypes Bild vom kreativen (populären) Künstler

Mindestens seit der Antike existiert ein überraschend stereotypes Bild vom kreativen Künstler allgemein, das sich aus immer ähnlichen Anekdoten vermischt mit semiwissenschaftlichen Bruchstücken zu angeblich typischen Persönlichkeitseigenschaften speist und die Künstler und vor allem ihr Werk verherrlicht. Den Höhepunkt der Künstlerverklärung findet man jedoch in der Romantik mit seinem in der bürgerlichen Kultur verwurzelten Geniemythos und der Musik als Religionsersatz. So wird dem genialen Künstler gewöhnlich eine Distanz zum alltäglichen Leben nachgesagt, was oft in Probleme mit sozialen Beziehungen mündet. Als ständig mit Lösungen ringender, auf schöpferischen Einfall und göttliche Eingebung wartender, sich gleichwohl zu Höherem berufen fühlender Mensch verfällt er gemäß dem Klischee aufgrund seiner geradezu dämonischen Besessenheit bisweilen dem Wahnsinn. Zugleich gilt seit der Antike Melancholie mit ihren Bestandteilen Leiden, Schwermut und Trauer als Voraussetzung einer kontemplativen Haltung, die transzendente Imagination ermöglicht und somit Quelle künstlerischer Produktivität werden kann. Kompositionen werden häufig im Rahmen tiefenpsychologischer Interpretationen als Verarbeitung früher traumatischer Erlebnisse der Künstler im Sinne einer Ich-Regression sowie einer Art Sublimierung libidinöser und aggressiver Energien verstanden. Hinzu gesellt sich der angeblich frühe Tod insbesondere bei herausragenden kompositorischen Begabungen.[39]

Überraschenderweise werden von kreativ tätigen Musikern und Musikerinnen im populären Bereich teilweise die gleichen stereotypen Merkmale erwartet, was insbesondere den schöpferischen Drang, die Rolle des Einfalls und das gesellschaftliche Außenseitertum bis hin zum Verdacht des Fehlens geistiger Normalität betrifft. Unterschiede sind dagegen vor allem die Autodidaxie, also das Fehlen einer musikalischen Grund- beziehungsweise akademischen Fachausbildung, die angeblich den kreativen Prozess ersticke. Auch aus diesem Grund schmücken sich Popmusiker und -musikerinnen oft mit der Behauptung, keine Notenkenntnisse zu haben.[40] Dem entspricht auch das populären Künstlern und Künstlerinnen sowie deren Rezipienten und Rezipientinnen klischeehaft zugeschriebene abweichende Verhalten (Devianz) in Form von Unangepasstheit und Rebellentum, was sich in unflätiger Sprache, ungebändigten sexuellen oder aggressiven bis hin zu kriminellen Handlungen und Konsum mehr oder weniger harter Drogen äußert. All dies dient der Konstruktion von Authentizität, der eine besondere Bedeutung im populären Bereich zukommt.

---

39 Vgl. C. Bullerjahn: Der Mythos um das kreative Genie, S. 129-132.
40 Vgl. ebda.: S. 151-154.

Klischees in der Performance und Darstellung von Amy Winehouse

Amy Winehouses Markenzeichen bei Auftritten in der Öffentlichkeit waren ihr derber Slang sowie explizite Obszönitäten oder Verweise hierauf (›Fuckery‹).[41] Andeutungen hiervon finden sich auch im *Songtext* von »Back to Black« gleich in der zweite Zeile (»Kept his dick wet«), wobei »dick« (umgangssprachlich für das männliche Geschlechtsteil) durch einen Glockenklang ersetzt wurde, um vermutlich Probleme mit dem Jugendschutz zu vermeiden. Schlechtes Benehmen gehört wie Skandale zur populären Kultur, denn beides vermehrt den Bekanntheitsgrad und kann somit direkt in Profit umgemünzt werden.[42]

Viele von Winehouse selbst verfasste Songtexte greifen aktuelle Lebensumstände oder Probleme auf, wie zum Beispiel »Rehab« die Ablehnung eines ihr vom damaligen Management nahegelegten Drogenentzugs oder eben »Back to Black« die Trauer über die vorübergehend gescheiterte Beziehung mit Blake Fielder-Civil, womit zugleich das oben geschilderte Klischee der Melancholie als notwendige Voraussetzung für kreative Leistungen bedient wird.[43] Die Textzeile »I'll go back to black« bezieht sich zum einen auf einen Rückfall in Depressionen, zum anderen kann sie aber auch als programmatische Aussage hinsichtlich der rückwärtsgewandten Musikstilistik des Albums gedeutet werden, was beides durch schwarzweiße Visualisierung mit deutlichen Helldunkelkontrasten akzentuiert wird.[44]

Auch den Konsum von Drogen, der Verhaftungen von ihr und ihrem Ehemann nach sich zog (letzterer musste sogar aufgrund von schwerer Körperverletzung eine Gefängnisstrafe verbüßen), spricht der Songtext an: Mit »you love blow« spielt sie auf Fielder-Civils Vorliebe für das Schnupfen von Kokain an und mit »and I love puff« in der nachfolgenden Zeile auf ihre Präferenz für das Rauchen von Marihuana. Die Zeile »And life is like a pipe« ist dagegen ambivalent interpretierbar: So ist mit »pipe« einerseits die Pfeife zum Crack rauchen gemeint, das Winehouse bekanntermaßen konsumierte,[45] andererseits handelt es

---

41 Vgl. D. A. Brooks: ›This voice which is not one‹, S. 43.
42 Vgl. ebda.
43 So behauptete sie 2004 in einem Interview mit dem Sunday Mirror, dass ihr durch die Tatsache, dass sie sich derzeitig prächtig fühle, »die Themen für neue Songs ausgegangen« seien, »weil ich nicht inspiriert schreiben kann, wenn ich mich wohlfühle« (zit. nach M. Fuchs-Gamböck/T. Schatz: Amy Winehouse. I'm no good, S. 69).
44 Vgl. D. A. Brooks: ›This voice which is not one‹, S. 46.
45 Vgl. hierzu die Aussage ihres Ex-Ehemannes: »I introduced Amy to heroin, crack, cocaine and self-harming.« (zit. u.a. in C. Newkey-Burden: Amy Winehouse, S. 228).

sich um ein Wortspiel, denn »pipe dream« hat die Bedeutung von Hirngespinst oder frommer Wunsch, womit die Zeile auf ihre geringen Erwartungen in Hinsicht auf eine positive Entwicklung ihrer Beziehung anspielen könnte.

Songtext zu »Back to Black«[46]

1. Strophe: He left no time to regret,
kept his dick wet,
with his same old safe bet.
Me and my head high,
and my tears dry,
get on without my guy.
You went back to what you knew,
so far removed
from all that we went through.
And I tread a trouble track,
my odds are stacked,
I'll go back to black.

Refrain: We only said goodbye with words,
I died a hundred times,
you go back to her,
and I go back to…
I go back to us.

2. Strophe: I love you much,
it's not enough,
you love blow
and I love puff.
And life is like a pipe,
and I'm a tiny penny
rollin' up the walls inside.

Refrain: We only said goodbye with words,
I died a hundred times,

---

46 »Back to Black« (Amy Winehouse/Mark Ronson), S. 31-36.

> you go back to her,
> and I go back to…
>
> *Bridge:* Black. Black. Black. Black
> Black. Black. Black.
> I go back to, I go back to…
>
> *Refrain:* We only said goodbye with words,
> I died a hundred times,
> you go back to her,
> and I go back to…
> We only said goodbye with words,
> I died a hundred times,
> you go back to her,
> and I go back to black.

Im *Musikvideo* wird Amy Winehouse von ihren Begleitmusikern, den *Dap-Kings*, mit Autos zu einer Beerdigung abgeholt. Wohnungseinrichtung, Kleidung und Autos entstammen stilistisch den 1960er Jahren und greifen somit den Soundeindruck auf. Da die Musiker ihre Instrumente mit dabei haben – auch wenn sie diese nie spielen –, gemahnt das Schreiten der teils farbigen Musiker und ihrer Backup-Sängerinnen über den Abney Park Cemetery, einen Friedhof nahe London, an Begräbnisprozessionen in New Orleans, was wohl durchaus beabsichtigt ist. Die Prozession stoppt an einem Urnengrab mit der Trauerkapelle im Hintergrund, was zusammenfällt mit dem musikalischen Formteil der Bridge (»Black, black, black, black…«), die mit dominanten Glockenklängen, Wurlitzer-Orgel und chorischem Gesang bei gleichzeitigem Pausieren der durchlaufenden Viertel der Rhythmusgruppe und Verlangsamung des Tempos religiöse Assoziationen wachruft. Als letzte Einstellung sah man in der ursprünglichen Videoclipfassung den Endtitel »R.I.P. the Heart of Amy Winehouse«, womit deutlich wird, dass Winehouse symbolisch ihr vor Liebeskummer gebrochenes Herz zu Grabe trägt, was auch der Songtext andeutet (»I died a hundred times«).[47] Diese Quasi-Grabinschrift wurde direkt nach ihrem Tode 2011 aus

---

47 Teilweise wird diese Textzeile auch als Ankündigung ihres frühen Todes, möglicherweise sogar in Form eines Selbstmordes, gedeutet, wobei die letztlich bestätigte Alkoholvergiftung als Todesursache diese Möglichkeit zumindest nicht völlig ausschließt (vgl. P. Hearsum: A musical matter of life and death, S. 194f.).

dem offiziellen Video getilgt, da sie der Plattenfirma wohl zu makaber erschien. Heute findet man beide Fassungen im Internet.

Abbildung 2: BACK TO BLACK: Winehouse mit Musikern am Grab

Quelle: Snapshot aus dem Musikvideo

Der zugleich absehbare, jedoch dennoch überraschende Tod wird in der Presse als Kulmination ihrer Lebensgeschichte gedeutet, als Bestrafung für rücksichtsloses Verhalten, jedoch auch als ultimativer Übergangsritus in den ›Forever 27-Club‹, dem beispielsweise Janis Joplin, Brian Jones, Jimi Hendrix, Jim Morrison und Kurt Cobain angehören (vgl. Tabelle 1).[48] Hiermit wird zugleich die Doppelmoral der Gesellschaft deutlich, die sich an der ästhetischen Produktion von Popstars erfreut und ein aus ihrer Sicht ›authentisches‹ Verhalten erwartet, zugleich jedoch entsprechend dem bürgerlichen Moralkodex eine angemessene Bestrafung in Form beispielsweise eines frühen Todes erwartet. Mythen und literarisch überformte Legenden, die herausragenden Künstlern und Künstlerinnen einen Pakt mit dem Teufel unterstellen, der diese letztlich ihre Seele kostet, gehen in eine ähnliche Richtung.

---

48 Vgl. u.a. P. Hearsum: A musical matter of life and death, die eine Stichprobe von Pressemeldungen aus britischen Zeitungen für den Zeitraum zwischen Winehouses Tod und Beerdigung untersuchte, sowie A. Schuller/N. von Bredow: Back to Black, S. 119-121.

Tabelle 1: Mitglieder des Forever 27-Clubs[49]

Musiker	Todesursache	Jahr
Robert Johnson	Strichninvergiftung	1938
Rudy Lewis	Drogenüberdosis	1964
Malcolm Hale	Kohlenmonoxidvergiftung	1968
Dickie Pride	Schlafmittelüberdosis	1969
Brian Jones	Ertrinken	1969
Jimi Hendrix	Ersticken	1970
Alan Wilson	Schlafmittelüberdosis, möglicherweise Selbstmord	1970
Janis Joplin	Mutmaßliche Heroinüberdosis	1970
Jim Morrison	Mutmaßlicher Herzfehler	1971
Ron ›Pigpen‹ McKernan	Gastrointestinale Blutung in Verbindung mit Alkoholismus	1973
Pete Ham	Selbstmord	1975
Gary Thain	Drogenüberdosis	1975
Alexander Bashlachev	Selbstmord	1988
Mia Zapata	Mord	1993
Kurt Cobain	Selbstmord	1994
Kristen Pfaff	Überdosis	1994
Richey Edwards	Verschwunden, mutmaßlich tot (2008)	1995
Freaky Tah	Mord	1999

---

49 Übersetzt nach P. Hearsum: A musical matter of life and death, S. 184.

Sean Patrick McCabe	Ersticken	2000
Jeremy Michael Ward	Heroinüberdosis	2003
Bryan Ottoson	Überdosis verschreibungspflichtiger Medikamente	2005
Valentin Elizalde	Mord	2006
Amy Winehouse	Alkoholvergiftung	2011

RESÜMEE UND FORSCHUNGSAUSBLICK

Amy Winehouse umgab sich stets mit Produktionsteams aus führenden Songwritern, Ensembles, Produzenten und Toningenieuren, die einen breiten, genre- und generationenüberschreitenden Publikumsgeschmack getroffen haben.[50] Allerdings prägte sie durch ihr Songwriting und ihren Gesang jeweils offensichtlich maßgeblich das Gesamtergebnis, was daran deutlich wird, wenn man die sonstigen Projekte ihrer Mitarbeiter ohne ihre Beteiligung betrachtet (etwa bei Mark Ronson oder den *Dap-Kings*), die keineswegs eine solche affektive Nostalgie aufweisen.[51] Ihre Auftritte waren in gewisser Weise immer kalkuliert, festigten sie doch entweder ihr Image bezogen auf ihr handwerklich-virtuoses Können als Künstlerin oder bezogen auf ihre Rolle als Popstar, von dem der Verstoß gegen bürgerliche Normen erwartet wird.

Es handelt sich bei den Songs und Musikvideos von Amy Winehouse um die Inszenierung von ›Blackness‹ für ein weißes Publikum, ähnlich wie schon bei Al Jolson. Ihre Songs sind postmoderne Mischungen aus klischeehaften Versatzstücken, welche vielfältige Angebote für Gender-, Rasse- und Klasse-Identitäten bieten sowie originelle, eklektizistische ästhetische Neugebilde ergeben, nie jedoch reine Stilkopien, was unter anderem auch mit ihrer charakteristischen Stimme zu tun hat, welche gleichwohl verschiedene Stile technisch gekonnt anklingen lässt. Winehouse verwendete ihre klangliche Schwärze als ein Mittel, um ihre eigenen emotionalen und identitätsformenden Ziele zu erreichen. Hiermit sowie durch ihre Abgrenzung von sonstiger zeitgenössischer Popweiblichkeit war sie einzigartig.[52]

---

50 Vgl. D. A. Brooks: ›This voice which is not one‹, S. 39.
51 Vgl. ebda.: S. 50.
52 Vgl. ebda.

In ihren Songtexten drückte sie nach Meinung von Daphne Brooks nicht nur die Sehnsucht einer weißen Frau nach einem schwarzen Sexualpartner aus, sondern vielmehr die Leidenschaften und Gefahren eines weißen weiblichen Subjekts, das sich musikalisch danach sehnt, ein schwarzer Mann zu sein, was die eigentliche musikalische Innovation wäre.[53] Es wären in diesem Zusammenhang rezeptionspsychologische Befragungen interessant, um einerseits festzustellen, ob und in welcher Weise Rezipienten und Rezipientinnen ihre ›Blackness‹ wahrnehmen und vor allem, welchen Sinn sie dieser Mimikry von Race zuschreiben und ob sie womöglich ebenfalls die von Brooks angedeutete Queerness erkennen würden. Hierbei könnten sich deutliche Unterschiede zwischen europäischen beziehungsweise schwarzen und weißen US-amerikanischen Rezipienten und Rezipientinnen zeigen.

LITERATUR

Barthes, Roland: »The Grain of the Voice«, in: Ders., Image, Music, Text, übersetzt von Stephen Heath, New York: Hill & Wang 1977, S. 179-189.

Borgstedt, Silke: »Stars und Images«, in: Helga de la Motte-Haber/Hans Neuhoff (Hg.), Musiksoziologie, Laaber: Laaber 2007, S. 327-337.

Bowman, Rob: »The Stax Sound: A Musicological Analysis«, in: Popular Music 14/3 (1995), S. 285-320.

Brooks, Daphne A.: »›This voice which is not one‹: Amy Winehouse sings the ballad of sonic blue(s)face culture«, in: Women & Performance: A journal of feminist theory 20/1 (2010), S. 37-60.

Bullerjahn, Claudia/Löffler, Wolfgang (Hg.): Musikmythen – Alltagstheorien, Legenden und Medieninszenierungen (= Musik – Kultur – Wissenschaft, Band 2), Hildesheim: Olms 2004.

— »Analyse von Filmmusik und Musikvideos«, in: Lothar Mikos/Claudia Wegener (Hg.), Qualitative Medienforschung. Ein Handbuch, Konstanz: UVK/UTB 2005, S. 484-495.

— »Der Mythos um das kreative Genie: Einfall und schöpferischer Drang«, in: Dies./Löffler (Hg.), Musikmythen (2004), S. 125-161.

— »The Jazz Singer. Der neue Klang des Tonfilms«, in: Gerhard Paul/Ralph Schock (Hg.), Sound des Jahrhunderts. Geräusche, Töne, Stimmen 1889 bis heute, Bonn: Bundeszentrale für politische Bildung 2013, S. 128-133.

---

53 Vgl. ebda.: S. 54.

Engh, Marcel: Popstars als Marke. Identitätsorientiertes Markenmanagement für die musikindustrielle Künstlerentwicklung und -vermarktung, Wiesbaden: Deutscher Universitäts-Verlag 2006.

Fitzgerald, Jon: »Motown crossover hits 1963-1966 and the creative process«, in: Popular Music 14/1 (1995), S. 1-11.

Fuchs-Gamböck, Michael/Schatz, Thorsten: Amy Winehouse. I'm no good, Köln: VGS 2008.

Hearsum, Paula: »A musical matter of life and death: The morality of mortality and the coverage of Amy Winehouse's death in the UK press«, in: Mortality: Promoting the interdisciplinary study of death and dying 17/2 (2012), S. 182-199.

Hügel, Hans-Otto: »Die Darstellung des authentischen Moments«, in: Jan Berg/Hans-Otto Hügel/Hajo Kurzenberger (Hg.), Authentizität als Darstellung, Hildesheim: Universität Hildesheim 1997, S. 43-58.

— »›Weißt Du wieviel Sterne stehen?‹ Zu Begriff, Funktion und Geschichte des Stars«, in: Bullerjahn/Löffler, Musikermythen (2004), S. 265-293.

Newkey-Burden, Chas: Amy Winehouse. The Biography 1983-2011, London: John Blake 2011.

Schuller, Alexander/Bredow, Nicole von: Back to Black. Amy Winehouse und ihr viel zu kurzes Leben, München: Goldmann 2011.

Stratton, Jon: »Visibly Jewish: Amy Winehouse in Multicultural Britain«, in: Ders., Jews, Race and Popular Music, Burlington: Ashgate 2009, S. 175-196.

Wang, Oliver: »The comfort zone: Shaping the retro-soul audience«, in: Eric Weisbard (Hg.), Pop when the world falls apart: Music in the shadow of doubt, Durham: Duke University Press Books 2012, S. 201-229.

NOTEN

»Stronger than Me« (Amy Winehouse/Salaam Remi), in: Amy Winehouse, *Frank*, London: EMI Music Publishing 2003, S. 2-5.

»Back to Black« (Amy Winehouse/Mark Ronson), in: Amy Winehouse, *Back to Black*, London: EMI Music Publishing 2006, S. 31-36.

MUSIKVIDEOS

STRONGER THAN ME (GB 2003, M: Amy Winehouse/Salaam Remi).
BACK TO BLACK (GB 2006, M: Amy Winehouse/Mark Ronson, R: Phil Griffin).

Lady Bitch Ray und die diskursiven Grenzen weiblicher Maskulinität

MARION GERARDS

Es mag verwundern, bei Lady Bitch Ray von weiblicher Maskulinität zu sprechen, ist sie doch eine Künstlerin, die in ihren Performances und Videos in sexualisierter Weise ihren (weiblichen) Körper inszeniert (vgl. Abb. 1).

Abbildung 1: Lady Bitch Ray (2008)

Quelle: Pressefoto: Alex Fanselau, Bildregie: Lady Bitch Ray,
online http://www.musik-base.de/Bands/Lady-Bitch-Ray/bilder/2347 vom 12.11.2014,
mit freundlicher Genehmigung der Künstlerin

Ihre erotisch-aufreizenden Körperhaltungen und Posen kann man in Kontrast zu den Formen weiblicher Maskulinität sehen, die Judith Halberstam in ihrem grundlegenden Werk über »Female Masculinity«[1] beschreibt. Bei Halberstam stehen Inszenierungen im Vordergrund, die einen in weibliche Körper eingeschriebenen männlichen Habitus zeigen (vgl. Abb. 2).

Abbildung 2: Raging Bull by Sadie Lee (1994)

Quelle: http://www.sadielee.f9.co.uk/images/bull_g.jpg vom 12.11.2014

Dies trifft auf die körperlichen Inszenierungen in den Performances von Lady Bitch Ray nicht zu. Versteht man aber unter weiblicher Maskulinität nicht nur maskuline Körperpraktiken durch Frauen, sondern alle Formen von Männlichkeitsinszenierungen, die von sogenannten biologischen Frauen gelebt werden,[2] lassen sich ihre Performances auch anders interpretieren, und es geraten weitere Praktiken in den Blick: In ihren Performances geht Lady Bitch Ray provokativ, dominant und selbstbewusst mit ihrer Sexualität um – eine Praxis, die männlich konnotiert ist, da Eigenschaften wie Aktivität, Dominanz, Selbstbestimmung und

---

1 Halberstam hat »Female Masculinity« (1998) mit dem Vornamen Judith publiziert, mittlerweile benutzt sie/er ebenso den Vornamen Jack oder auch Judith Jack (vgl. http://www.egomego.com/judith/home.htm; http://www.jackhalberstam.com/bio/ vom 03.11.2014).

2 Vgl. U. Jäger: Geschlechter(un)ordnung.

-bewusstsein sowie sexuelle Potenz damit verbunden sind. Des Weiteren rappt sie in ebenso aggressiver Weise wie ihre männlichen Kollegen und benutzt eine sexualisierte, zuweilen sexistische, hier jedoch männerabwertende Sprache. Diese Praktiken weiblicher Maskulinität ermöglichen zwar auf der einen Seite ein Empowerment im Sinne einer Selbstermächtigung von Frauen, aber sie unterliegen auf der anderen Seite diskursiven Grenzen und sind in ihrer provozierenden Wirkung für das weibliche Individuum mit Risiken verbunden. Um diese These zu begründen, wird zunächst das Konzept von Halberstam zur weiblichen Maskulinität vorgestellt, daran anschließend werden die biographischen und künstlerischen Hintergründe zu Lady Bitch Ray gegeben, da gerade im Hip-Hop Biographie und Künstlertum im Sinne von Realness und Authentizität zentrale Parameter sind. Anhand dieser Informationen wird das Empowerment-Konzept erläutert, bevor dann in einer exemplarischen Analyse von Statements zu Songs von Lady Bitch Ray auf Youtube die intersektional bedingten diskursiven Grenzen weiblicher Maskulinität aufgezeigt werden.

WEIBLICHE MASKULINITÄT

Nach Halberstam steht Maskulinität zwar in Verbindung mit männlichen Körpern in besonderem Maße für Macht und Herrschaft, aber sie ist nicht auf männliche Körper zu reduzieren beziehungsweise sie wird nicht nur von ihnen performt. Halberstam untersucht Maskulinität von lesbischen Butch- und Femme-Rollen, über Transgender-Butches (so genannte ›Dykes‹) bis hin zu Drag Kings. Weibliche Maskulinität als alternative Spielform zur Maskulinität von Männern macht in der Kombination von sozialem und biologischem Geschlecht deutlich, dass Maskulinität als ein kulturelles Konstrukt von biologisch männlichen und weiblichen Individuen performativ hergestellt wird. Dabei definiert Halberstam weibliche Maskulinität nicht als pathologische »misidentification«[3], sondern sie schreibt der Trennung von Männlichkeit und männlichem Körper ein wirkmächtiges Potenzial zu.[4] Darauf weist sie am Ende ihres Buches hin. Das grundsätzliche Konzept von weiblicher Maskulinität könne seinen Nutzen besonders für heterosexuelle Frauen entwickeln, und sie prophezeit, »that a major step toward gender parity, and one that has been grossly overlooked, is the cultivation of female masculinity.«[5]

---

3   J. Halberstam: Female Masculinity, S. 9.
4   Vgl. F. Bergmann/J. Moos: Männer und Geschlecht, Einleitung, S. 21.
5   J. Halberstam: Female Masculinity, S. 272.

Wenn weibliche Individuen nicht nur feminine, sondern ebenso maskuline Verhaltensweisen ausführen, erweitern sie ihr Verhaltensrepertoire und überschreiten gesellschaftlich zugewiesene Geschlechtergrenzen. In diesem Sinne können auch die Inszenierungsstrategien von Lady Bitch Ray verstanden werden, die sich als Frau in der männerdominierten Hip-Hop-Szene in folgenden Aspekten maskulin verhält:

- Sie übernimmt die aktive Sprechrolle.
- Sie inszeniert sich selbst exzessiv in Wort und Bild.
- Sie disst in ihren Songs und medialen Aussagen aggressiv andere Rapper und Rapperinnen.
- Sie nutzt einen provokativen Sprachstil, der offensiv weibliche und männliche Geschlechtsteile und sexuelle Praktiken benennt.
- Sie betrachtet Männer als Objekte ihrer Begierde und wertet Chauvinisten ab.
- Sie inszeniert sich als sexuell potente Person.
- Sie pocht auf ihre (sexuelle) Selbstbestimmung.

LADY BITCH RAY – REYHAN ŞAHIN

Lady Bitch Ray heißt mit bürgerlichem Namen Reyhan Şahin und wurde 1981 in Bremen geboren.[6] Sie ist das Kind eines türkischen Ehepaars aus Bremen-Gröpelingen, einem Arbeiterviertel, das aufgrund des hohen Anteils türkischstämmiger Bewohnerinnen und Bewohner auch als »Klein-Istanbul« bezeichnet wird. Şahin studierte nach dem Abitur Linguistik, Germanistik und Erziehungswissenschaft an der Universität Bremen und arbeitete vier Jahre als Journalistin bei Radio Bremen (Funkhaus Europa). Der Vertrag wurde gekündigt, da man ihre künstlerischen Inszenierungen und Songtexte als pornografisch auffasste. Seit 2006 ist sie als Rapperin und Konzeptkünstlerin unterwegs und erzielt mit ihren Songs wie »Deutsche Schwänze«, »Ich hasse Dich« oder »Mein Weg« beachtenswerte Erfolge in Form von millionenfachen Klicks auf Youtube. Ihr wohl bekanntestes Lied, »Deutsche Schwänze« aus dem Jahr 2006, wurde mittlerweile mehr als 3,8 Millionen Mal angeklickt.[7] In diesem Song holt Lady Bitch Ray zu einem Rundumschlag gegen diejenigen deutschen Männer aus, die sich selbstherrlich in ihrer hegemonialen Männlichkeit und Potenz inszenieren und einen

---

6   Es existieren unterschiedliche Angaben zum Geburtsjahr: 1977, 1980 oder 1981 (vgl. den Artikel zu Reyhan Şahin auf Wikipedia, siehe Internetressourcen).

7   Vgl. http://www.youtube.com/watch?v=ZMGyFolDfmw vom 12.11.2014.

›auf dicke Hose‹ machen, aber ihrer Erfahrung nach eine Frau nicht befriedigen können: Rapper, DJs, solarium-gebräunte Schönlinge, Manager, Ferrari-Fahrer, Bodybuilder, Polizisten, Soldaten, Musiker und Popstars, Fernsehmoderatoren und Sportler, ihnen allen wird sexuelle Potenz abgesprochen.

Als Künstlerin war Şahin Gast in zahlreichen Talkshows, führte Debatten mit Alice Schwarzer über muslimische Frauen. Legendär war ihr Auftritt in der *Harald-Schmidt-Show* (2008), in der sie Oliver Pocher ein Fläschchen Votzenschleim überreichte. Auf dem Höhepunkt ihres medialen Erfolgs erlitt sie jedoch 2008 einen psychischen Zusammenbruch und musste zeitweilig wegen Depressionen psychotherapeutisch behandelt werden. Ende 2011 meldete sie sich in der Medienlandschaft zurück (Sonja Maischberger), produzierte neue Songs (»Aufklärung« 2012) und verfasste ein Manifest mit dem Titel »Bitchism. Emanzipation. Integration. Masturbation«, das sie als ein feministisches Aufklärungsbuch versteht und in dem sie die Bezeichnung »Bitch« neu definiert.[8] Um ihre Songs und das Manifest publizieren zu können, gründete sie ihr eigenes Label, Vagina-Style-Records, sowie ihren eigenen Verlag, Vagina-Style-VS-Verlag.[9]

Neben ihrer Karriere als Rapperin betrieb sie ihre akademische Karriere weiter; im Februar 2012 promovierte sie an der Universität Bremen mit einer Arbeit über das »Bedeutungssystem des muslimischen Kopftuchs in Deutschland« (summa cum laude) und erhielt dafür 2013 einen zweiten Preis beim Deutschen Studienpeis der Körber-Stiftung. Zur Zeit ist sie Post-doc-Stipendiatin an der Universität Hamburg (Research Center for Media and Communication) in einem Projekt zur religiösen Selbstdarstellung von Musliminnen in sozialen Netzwerken.

Die Kenntnis ihres biographischen Werdegangs ist insofern von Relevanz, als gerade im Hip-Hop die Frage nach dem Verhältnis von Person und Künstler und Künstlerin beziehungsweise Kunstwerk zentral ist, gilt es doch, »die Hip-Hop-spezifische Echtheitsprüfung«[10] zu bestehen. Gabriele Klein und Malte Friedrich beschreiben diesen Aspekt so: »Über die permanente Vergewisserung dessen, was als echt und authentisch gilt, wird eine Differenz hergestellt, die nicht zwischen medialer Wirklichkeit und Lebenswirklichkeit trennt«, vielmehr werden in beiden Wirklichkeiten Sein und Schein miteinander abgeglichen, zwischen ihnen wird nicht unterschieden.[11] Nur über die im Leben gemachten Erfahrungen kann man oder frau in authentischer Art und Weise rappen, ansonsten

---

8   Lady Bitch Ray: Bitchsm, S. 19.
9   Vgl. ebd.: S. 479.
10 O. Karnik: Rezension zu »Is this real?«.
11 G. Klein/M. Friedrich: Is this real?, S. 139.

wird einem Realness abgesprochen. Lady Bitch Ray und Reyhan Şahin gehören also untrennbar zusammen. Darüber gibt auch ihr Song »Mein Weg« (2007) Auskunft,[12] in dem sie ihre Situation, ihre Erfolge und Niederlagen als Lady Bitch Ray (Shows, Rap-Szene) und als Reyhan Şahin (Radiomoderatorin, Klage) thematisiert. Der Song beschreibt den Selbstermächtigungsprozess einer Person, die sich nichts von anderen vorschreiben lässt, die selbstbewusst ihre Entscheidungen trifft und ihr Leben nach ihren Maßgaben gestaltet – trotz aller Hindernisse und Steine, die ihr in den Weg gelegt werden. Damit greift sie einen Topos auf, der auch in vielen Songs männlicher Rapper thematisiert wird (zum Beispiel: Sido »Zeig, dass Du ein Mann bist«) und der als konstitutiv für den Hip-Hop gilt.

EMPOWERMENT

Ein Selbstermächtigungsprozess kann mit dem sozialpädagogischen Begriff »Empowerment« umschrieben werden und »meint den Prozess, innerhalb dessen Menschen sich ermutigt fühlen, ihre eigenen Angelegenheiten in die Hand zu nehmen, ihre eigenen Kräfte und Kompetenzen zu entdecken und ernst zu nehmen«.[13] In sozialen Kontexten geht es um die Veränderung der Defizitorientierung hin zu einer Ressourcenperspektive, um Hilfe zur Selbsthilfe, um die Öffnung für aktives Handeln in konkreten Lebenswelten und um die aktive Förderung solidarischer Handlungsformen, beispielsweise in Form von Netzwerkarbeit.

Diesen Selbstermächtigungsprozess hat auch Lady Bitch Ray alias Reyhan Şahin vollzogen, nämlich den von einem Kind mit sogenanntem Migrationshintergrund aus dem Arbeiterviertel zur schillernden medialen Kunstfigur und zur promovierten Akademikerin. Daneben ist ihr – ganz im Sinne des Empowerment-Ansatzes – auch die Selbstermächtigung und Solidarität mit anderen Frauen wichtig. In ihrem Manifest will sie die Bitch in jeder Frau wecken und Männer zu sogenannten Bitchern emanzipieren. Dafür interpretiert sie den negativ besetzten Begriff der Bitch um, der ursprünglich Schlampe, Miststück oder Luder bedeutet, und knüpft damit an anglo-amerikanische Rapperinnen an, die bereits in den 1980er und 1990er Jahren eine semantische Umdeutung des Bitch-Begriffes vornahmen, Roxanne Shanté 1984 in ihrem Song »I am one bad bitch!« und Missy Elliot 1999 mit »She's a bitch«. Lady Bitch Ray definiert

---

12 Vgl. http://www.youtube.com/watch?NR=1&v=KOWzTAoex40&feature=endscreen.
13 H. Keupp: Empowerment, S. 244.

Bitch in einem Stern-Interview 2008 wie folgt: »Eine Bitch ist vulgär, frech, rotzig und intelligent. Sie tut Dinge, die bei Frauen gesellschaftlich tabuisiert sind, bei Männern aber stillschweigend akzeptiert werden. Eine Bitch steht zu ihrer vaginalen Selbstbestimmung.«[14] Und 2012 formuliert sie das in ihrem Manifest so: »Eine Bitch verfügt über die maximale Freiheit, ihr Leben nach ihrem eigenen Willen und eigenen Prinzipien zu gestalten.«[15] »Die ›Vaginale Würde‹ einer Bitch ist unantastbar […], sie ist kein passives Wesen […], sondern ein aktives Lust-Subjekt im Sinne von eigenständig, frei und selbstbestimmt.«[16]

Abbildung 3: Lady Bitch Ray Pink

Quelle: Foto: Alex Fanselau, Bildregie: Lady Bitch Ray, online unter http://www.lady-bitch-ray.com/tx-bl/wp-content/gallery/lbr-pink/lbr_pink_titel.jpg vom 12.11.2014, mit freundlicher Genehmigung der Künstlerin

Auf den insgesamt knapp 500 Seiten ihres reich bebilderten Manifests erläutert sie ihre Bitchsm-Philosophie, -Ethik und -Sexualität, sie gibt Tipps zur sexuellen Befriedigung und körperlichen Schönheit, beschäftigt sich mit interkulturellem Bitchsm und dem Hip-Hop. Sie bezeichnet das Buch, das im Eigenverlag erschienen ist, weil kein Verlag es publizieren wollte, als ein Aufklärungsbuch[17]

---

14 G.-M. Schönfeld: ›Keine Öko-Tussi wie Charlotte Roche‹.
15 Lady Bitch Ray: Bitchsm, S. 22.
16 Ebda.: S. 27; vgl. zur folgenden Abbildung auch S. 374.
17 Ebda.: S. 125.

und »neofeministisches Pamphlet«[18], das in einem offensiv-aggressiven, die sexuellen Dinge beim Namen nennenden Sprachstil verfasst ist: »Wir haben eine Power-Klitoris, mit der wir ficken und genießen können.«[19] Oder sie spricht von »patriarchalen Schwanzstrukturen«.[20] In Texten und auf Abbildungen inszeniert sie sich als eine phallische Frau: Ihre selbstentworfenen Kostüme sind mit Penissen bestückt, aber neben einer intensiven Zurschaustellung der Brüste wird auch die Vagina immer wieder in Wort und Bild in Szene gesetzt (vgl. Abb. 3).

»Die Enthüllung des unsichtbaren Geschlechts« knüpft an die pornografische Bildtraditionen der Baubo-Präsentation an, die die Vulva personifiziert darstellen und damit sichtbar machen (vgl. Abb. 4).[21] Lady Bitch Ray stellt so weibliche Potenz in den Vordergrund und setzt sich als aktives sexuelles Subjekt, das Männer zu Lustobjekten macht. Damit dreht sie den im Hip-Hop, zumindest im Porno-Rap, üblichen Geschlechterdiskurs um: Nicht Männer machen Frauen zu ihrem Sex-Objekt und entwürdigen sie als Schlampe oder Hure, sondern eine Frau beziehungsweise Bitch übt die ansonsten Männern vorbehaltene maskuline Sexualität aus, indem sie ihr sexuelles Begehren befriedigt, ohne unbedingt an feminine Liebe (Feminisierung der Liebe) gebunden sein zu müssen.

An dieser Stelle möchte ich eine Frage aufgreifen, die die Soziologin Paula-Irene Villa wie folgt formuliert hat: Ist die weibliche Selbstermächtigung, die sich pornografischer Elemente bedient, auch tatsächlich eine solche?[22] Oder sind es nicht vielmehr »postfeministische Maskeraden«?[23] Darunter versteht sie mit Angela McRobbie »vermeintlich souveräne, spielerische Formen weiblicher Aneignung von als männlich kodierten Subjektpositionen«.[24] Zu bedenken ist in diesem Zusammenhang, dass Frauen – nicht nur in der Pop-Kultur – ihren

---

18 Interview in der TAZ vom 28./29.01.2012, S. 30-31, hier S. 31.
19 Lady Bitch Ray: Bitchsm, S. 22.
20 Ebda.: S. 129.
21 Vgl. M. M. Sanyal: Vulva.
22 P.-I. Villa: Pornofeminismus?, S. 236.
23 A. McRobbie: Top Girls, S. 94-108. McRobbie versteht unter diesem Begriff »eine neue Form vergeschlechtlichter Machtverhältnisse [...], die die heterosexuelle Matrix neu inszeniert, um die Existenz des patriarchalen Gesetzes und der männlichen Hegemonie erneut abzusichern; diesmal allerdings aus einer ironischen, pseudo-feministischen Distanz und im Gewand der Weiblichkeit« (ebda.: S. 100).
24 P.-I. Villa: Pornofeminismus?, S. 236.

Abbildung 4: Baubo, 3. Jahrhundert v. Chr.

Quelle: online http://www.beyond-the-pale.org.uk/xbaubo.jpg vom 12.11.2014[25]

weiblichen Körper in einem heteronormativen Sexualisierungsrahmen verorten müssen, der bisher fast ausschließlich von einer männlichen Begehrensordnung geprägt wurde. Innerhalb dieser Ordnung »inszenieren [sie] sich als handlungsmächtige, souveräne Frauen, die sich individuell des Pornografischen *bedienen*. Sich pornografisch inszenieren wird als das Gegenteil des dem Pornografischen ausgeliefert sein inszeniert. [...] Diese Frauen ficken, sie werden nicht gefickt.« Und Villa führt als Beispiel Lady Bitch Ray an, die »einen *Empowerment*-Diskurs [pflegt], der sich explizit an Frauen richtet und rhetorisch und ikonographisch um selbst-bestimmte Sexualität kreist.«[26] Villa liest das als einen Versuch, sich in eine phallische Position zu begeben, weil sie maskulin kodierte Praxen und Positionen übernimmt, ohne die eigene Weiblichkeit gefährden zu wollen. »Phallische Frauen setzen sich als handlungsmächtige, souveräne, individualisierte Subjekte in Szene, indem und insofern sie sich selber sexualisieren.«[27] Dabei wird »Empowerment [zum] Billet zur Erlangung von Legitimität im Spiel um Anerkennung, das insbesondere Frauen spielen müssen, um

---

25 Vgl. M. M. Sanyal: Vulva, S. 29.
26 P.-I. Villa: Pornofeminismus?, S. 240, Hervorhebungen im Original.
27 Ebda.: S. 242.

Subjekte von Gewicht (Butler) zu sein.«[28] Damit vermeidet diese pornografische Strategie die übliche Opferrolle,[29] vielmehr machen junge Frauen aus der Not eine Tugend und begreifen ihre Selbstpornografisierung als handlungsmächtiges Empowerment,[30] die laut Villa und McRobbie jedoch als Versuche, phallische Frauen zu sein, zum Scheitern verurteilt sind.[31] Indem sie nämlich Männlichkeit performen, ohne ihre Weiblichkeit aufzugeben, suggerieren sie als »Top Girls« (McRobbie), dass sie sich selbst aus freien Stücken und aus Spaß sexualisieren, und bewegen sich damit auf einem schmalen Grat, weil diese vermeintlich freie Inszenierung im Rahmen einer traditionell männlichen Begehrensordnung stattfindet. Wie schmal dieser Grat, wie eng die diskursiven Grenzen weiblicher Maskulinität innerhalb einer heteronormativen Geschlechterordnung gesteckt sind, soll im Folgenden am Beispiel von Lady Bitch Ray aufgezeigt werden.

DISKURSIVE GRENZEN WEIBLICHER MASKULINITÄT

Lady Bitch Ray bewegt sich musikalisch im maskulinen Feld des Hip-Hop, das von *Hate* und *Excitable Speech*[32] (Judith Butler) geprägt ist. In den ›Sprachspielen‹ des Rap finden verbale Verletzungen statt. Gleichzeitig besteht jedoch »die Möglichkeit eines Gegen-Sprechens, eine Art von Zurück-Sprechen«.[33] Man kann die von Lady Bitch Ray praktizierte Umkehrung der Sprechpositionen und Sprechakte als ein Gegen-Sprechen im Hip-Hop-Diskurs verstehen. Sie kehrt die verletzende Anrufung von Frauen als Schlampe oder Hure um, indem sie selbst als eine Praxis weiblicher Maskulinität Hate-Speech durchführt und denjenigen verbale Verletzungen zufügt, die sich »den patriarchalen Schwanzstrukturen« unterwerfen. Kann diese Taktik gelingen?

Während männliche Porno-Rapper mit sexistischen Texten und aggressiven Inszenierungen ihre marginalisierte Männlichkeit überwinden, sich der hegemonialen Männlichkeit annähern und ihre patriarchale Dividende[34] (Robert

---

28 Ebda.
29 Vgl. ebda.: S. 243.
30 Vgl. ebda.: S. 244.
31 Vgl. ebda.: S. 236.
32 J. Butler: Haß spricht.
33 Ebda.: S. 30.
34 Vgl. zu den verschiedenen Männlichkeitskonzepten R. W. Connell: Der gemachte Mann, S. 97-102.

Connell) einfahren, sieht sich Lady Bitch Ray starken Anfeindungen ausgesetzt. Das macht folgender Vergleich deutlich:

Youtube-Aufrufe und -Kommentare (Stand: 12.11.2014)

Song	Aufrufe	positiv »mag ich«	negativ »mag ich nicht«
Lady Bitch Ray: »Deutsche Schwänze«	3,8 Mill.	6.252 (41%)	9.098 (59%)
Sido: »Arschficksong«[35]	685.246	2269 (86%)	370 (14%)
Frauenarzt: »Teilen macht Spaß«[36]	686.232	1.167 (86%)	185 (14%)

Während die Songs von Sido und Frauenarzt, die beide Frauen als benutzbare Sexualobjekte degradieren, von der Youtube-Community Anerkennung erfahren (86% gefällt das), wird dem Song von Lady Bitch Ray, in dem Männer als impotent bezichtigt und damit ihrer Männlichkeit beraubt werden, zwar ein erstaunliches Interesse (3,8 Millionen Aufrufe) entgegen gebracht, aber der Song wird von knapp 60% des Publikums abgelehnt – beziehungsweise als »gefällt nicht« geklickt. Es scheint also für einen großen Teil (86%) der Youtuber und Youtuberinnen akzeptabel zu sein, Frauen als Objekte auf ihre sexuellen Funktionen zu reduzieren, Hate-Speech gegen Männer wird jedoch nur von 40% akzeptiert.

Interessant sind in diesem Zusammenhang die Kommentare, die auf Youtube abgegeben werden. Hier finden sich in Bezug auf Lady Bitch Ray ablehnende Argumentationsmuster, die beispielhaft am Lied »Deutsche Schwänze« aufgezeigt werden. In naiver Selbstüberschätzung führt ›Mann‹ sich selbst als Gegenbeispiel an und wehrt über die Aufwertung der eigenen Person die Kritik

---

35 Auf Youtube existieren mehrere Fassungen; die Bewertungen variieren zwischen 91% Zustimmung und 9% Ablehnung (http://www.youtube.com/watch?v=BXlfjBeEV5Q) oder 81% Zustimmung und 19% Ablehnung (http://www.youtube.com/watch?v=tzvuGdvvvkU); das Beispiel in der Tabelle ist das mit den meisten Klicks unter http://www.youtube.com/watch?v=2ifW-0FT_v4.

36 Vgl. http://www.youtube.com/watch?v=etSJPIuadcY.

an der Impotenz der deutschen Männer ab: »wie wahrscheinlich schon hundert andere sagten: ›Meinen hat sie noch nicht ausprobiert o.O‹« (lukadora2010). Daneben wird in vielen Kommentaren (insgesamt 15.350, Stand 12.11.2014) die Kritik abgewehrt, indem Lady Bitch Ray in zentralen Aspekten ihrer Persönlichkeit abgewertet wird:

- Abwertung der Musikerin: Lady Bitch Ray wird als musikalisch inkompetent beschrieben und auf ihre Frauenrolle reduziert: »du sagst deutsche können nicht ficken?, wir sagen du kannst nicht rappen ! und gehörst hintern herd :D« (Muka191)
- Abwertung der Wissenschaftlerin: Lady Bitch Ray wird als Wissenschaftlerin diskreditiert: »Wenn sie wirklich Germanistik-Dozentin ist, ist das ja noch erbärmlicher.« (Nelli Rein)
- Abwertung der Ethnie und Sexualität: Lady Bitch Ray wird als Türkin beschimpft und in ihrer sexuellen Attraktivität diskreditiert: »kanaken huren kannste alle knicken wer möcht den solche fotzen ficken? hab zwar noch keine ausprobiert aber in den tierpornos sieht man ja was da passiert!« (EVILDEAD1000)
- Abwertung der Person als psychisch krank: Lady Bitch Ray wird aufgrund ihrer psychischen Erkrankung angegriffen: »Die Frage wäre, wenn doch alles Bestens und Gut und Richtig ist, warum dann P[s]ycho mit Tabletten, Gruppengesprächen, Selbstmord Gefahr !! Also so sieht eine Person aus die uns den Weg leuchten will.« (Peter Zahn)
- Abwertung als Frau: Lady Bitch Ray wird in ihrer Weiblichkeit kritisiert: »Welche Frau? Ich sehe nur ein Etwas, daß für eine Hure zu häßlich, für eine Frau zu würdelos ist ... ;)« (Nika7074)
- Abwertung als Mensch: Lady Bitch Ray wird jegliche Existenzberechtigung abgesprochen: »Tötet es, bevor es Eier legt :O!« (MichiSun03) und »ich hoffe deine familie macht ehrenmord mit dir« (The Aggroalbo).

Neben diesen zahlreichen abwertenden und verletzenden Aussagen gibt es aber auch Unterstützung und Anerkennung, die sich wie folgt äußert:

- »Die beste deutsche porno rapperin. keiner kann ihr das wasser reichen« (Judchi).
- »Einfach nur geil, ich liebe sie !!!« (celine cilly)
- »Die meisten Kommentare hier sind der beste Beweis, dass Lady Bitch Ray einfach Recht hat.« (Klaus Schwitters)

- »8000 negativ? Wenn die'n Kerl wär hätte se wahrscheinlich 16000 positiv....
   -_-« (RAPHOLICS88)

Die letzte Aussage möchte ich aufgreifen, weil sie auf den wichtigen Aspekt hinweist, dass die mediale Resonanz und Bewertung vom Geschlecht der künstlerisch tätigen Person abhängig ist. Auch der Hip-Hop ist ein Diskurs, der durch Ausschluss-Praktiken organisiert wird. So lassen sich anhand der oben zusammengestellten Kommentare zur Musik von Lady Bitch Ray beispielhaft die verschiedenen Ebenen der diskursiven Ausschließung festmachen, wie sie von Michel Foucault[37] unterschieden worden sind:

Externe Ausschließung: Was darf gesagt werden?

Während die Entwürdigung von Frauen im Hip-Hop-Diskurs von den meisten akzeptiert wird, ist die Degradierung von Männern für die große Mehrheit nicht sagbar und auszuhalten. Im Hip-Hop herrscht weitgehend Übereinstimmung darüber, dass man nicht am Mythos (deutscher) Männlichkeit rütteln darf. Vielmehr geht es ja gerade im Hip-Hop darum, sich seiner eigenen Männlichkeit zu vergewissern, indem man sich als Gangsta, Frauenheld oder cooler Typ inszeniert, der alle Herausforderungen meistert. Sich als deutscher Mann von einer türkischen Frau der Impotenz bezichtigen zu lassen, löst entsprechende aggressive Abwehrmechanismen aus und darf nicht gesagt werden. Vielleicht handelt es sich hier sogar um ein Hip-Hop-spezifisches kategorisches Verbot, das bei Überschreitung sanktioniert wird – in diesem Fall mit massiver Abwertung der Person.

Verknappung der Ereignisse: Wie darf man sprechen?

Diskurse (Wissenschaft, Religion, Literatur, Kunst, Alltag) unterliegen einem bestimmten Format, das die Art und Weise zu sprechen bestimmt. Die Sprachspiele im Gangsta- oder Porno-Rap benutzen zu weiten Teilen das Format des Hate-Speech. Nun hat Foucault auch darauf hingewiesen, dass es immer möglich sei, »im Raum eines wilden Außen die Wahrheit« zu sagen; »aber im Wahren ist man nur, wenn man den Regeln einer diskursiven ›Polizei‹ gehorcht, die man in jedem seiner Diskurse reaktivieren muß.«[38] Zwar könnte man den Hip-Hop

---

37 M. Foucault: Die Ordnung des Diskurses. Vgl. auch W. Müller-Funk: Kulturtheorie, S. 187-215.
38 M. Foucault: Ordnung des Diskurses, S. 25.

durchaus als ein wildes Außen verstehen, aber auch hier gelten Regeln, die von der Community beispielsweise auf Youtube überprüft und kommentiert werden. Wenn dann weibliche Rapperinnen mittels Hate-Speech versuchen, im Hip-Hop-Diskurs Gehör zu finden, verletzen sie die im Hip-Hop gültige Diskurs- und Geschlechterordnung, da Hate-Speech ein maskulines Sprachspiel darstellt. Wenden Frauen Hate-Speech an, laufen sie sofort Gefahr, dass ihnen ihre persönliche Integrität abgesprochen wird. Dieser Aspekt hängt eng mit der dritten Verknappungsmethode zusammen.

Verknappung der sprechenden Subjekte: Wer darf sprechen?

Im Hip-Hop als einer Diskursgesellschaft – vergleichbar anderen männlich dominierten Gruppierungen wie die der Freimaurer, Akademien, Fußballvereinen, Orden oder Kirchen – ist festgelegt, wer sprechen darf (in der Regel und zum größten Teil männliche Individuen), wer zuhören muss (Frauen und marginalisierte Männer, zum Beispiel schwule Männer oder Männer mit Handicaps) und wer draußen bleibt (Frauen und untergeordnete Männlichkeiten, zum Beispiel erfolglose Männer mit Migrationshintergrund). Wenn sich also nun Lady Bitch Ray als türkischstämmige Frau das Recht herausnimmt, sich eine männliche Subjektposition anzueignen, das Wort zu ergreifen, maskulinen Hate-Speech anzuwenden und dann auch noch Männer in ihrer Männlichkeit massiv zu kritisieren, weisen die Kommentare sie darauf hin, dass ihr dieser Subjektstatus nicht zusteht. Sie besitzt keine legitimierte Position, als Person ist sie aufgrund ihres Geschlechts, ihrer Sexualität, ethnischen Herkunft, Bildung und Erkrankung nicht legitimiert, derartige Urteile abzugeben. Denn nicht jedes Subjekt darf in einem bestimmten Diskursfeld alles sagen, im Diskursfeld Hip-Hop, speziell im Gangsta- oder Porno-Rap darf eine türkische Frau (Wer) nicht im Hate-Speech (Wie) Männer in ihrer Männlichkeit (Was) kritisieren. Überschreitungen werden mit Sanktionen in Form von massiven Abwertungen und Verunglimpfungen der Person belegt.

Der Blick auf die verschiedenen diskursiven Ausschlussmechanismen zeigt, dass diese intersektional miteinander verknüpft sind.[39] Zum einen ist die Kategorie Geschlecht wirksam, wenn Frauen als sprechende Subjekte im Hip-Hop-Diskurs Männern reservierte Themen in maskulinem Hate-Speech vortragen, zum anderen die Kategorien ethnische Zugehörigkeit, wenn einer Frau mit türkischer Abstammung diese Subjektposition noch weniger zugestanden wird, und

---

39 Eine transkulturelle Perspektive auf Lady Bitch Ray bietet der Aufsatz von P. Tuzcu: Performing female ›Kanackness‹, S. 157-172.

Bildung, wenn einer Akademikerin Authentizität abgesprochen wird. Diese diskursiven Grenzen und Ausschlussmechanismen machen es der Künstlerin Lady Bitch Ray schwer, mit ihrer Kunst ein finanzielles Auskommen zu finden, denn kein Verlag beziehungsweise kein Label wollte ihre Songs oder ihr Manifest herausbringen. Das Risiko, finanziell zu scheitern, hat sie durch ihre Beschäftigungsverhältnisse im Wissenschaftsbetrieb auffangen können.[40] Zudem muss die erfahrene massive Ablehnung bis hin zu Drohungen psychisch verkraftet werden. Sie selbst gibt in Interviews an, dass sie Ende 2008 an einem Burnout beziehungsweise an Depressionen gelitten hat. Für Lady Bitch Ray stellen sich die intersektionalen Bedingungen ihrer künstlerischen Lebenssituation wie folgt dar: Sie ist als Türkin in Deutschland, als Frau, Feministin und Rapperin in einer von hegemonialer Männlichkeit geprägten Musikszene und als Wissenschaftlerin im Kunstbetrieb beziehungsweise als Künstlerin im Wissenschaftsbetrieb dreifach heimatlos.[41] In einem TAZ-Interview vom Januar 2012 hat sie selbst diese Situation wie folgt umschrieben: »Das Problem ist eher, inwieweit habe ich als Reyhan Şahin, die als Künstlerin Lady Bitch Ray ist, in Deutschland eine Chance. Meine größte Angst ist, dass ich als Wissenschaftlerin keinen Job bekomme, weil ich Lady Bitch Ray bin.«[42] Damit weist sie auf diskursive Ausschlussmechanismen hin, die im Wissenschaftsbetrieb gelten und die festlegen, wer was wie sagen und publizieren darf; aber dies ist ein anderes Diskursfeld, auf das hier nicht näher eingegangen werden kann und das in seinen Auswirkungen noch offen ist.

FAZIT

Auf der biographischen Ebene hat Reyhan Şahin alias Lady Bitch Ray mit ihren Praktiken weiblicher Maskulinität im Sinne eines Empowerment-Prozesses durchaus ihre eigenen Kräfte und Kompetenzen entwickelt und ihr Leben aktiv und selbstbestimmt gestaltet: von der Tochter einer Gastarbeiter-Familie in einem Arbeiterviertel hin zu einer bekannten Künstlerin und promovierten Wis-

---

40 F. Ladleif: ›Dafür bitche ich‹.
41 Hier greife ich auf das von Gustav Mahler geprägte Bild der dreifachen Heimatlosigkeit zurück. Mahler fühlte sich »als Böhme unter den Österreichern, als Österreicher unter den Deutschen und als Jude in der ganzen Welt« heimatlos (vgl. A. Mahler-Werfel: Erinnerungen an Gustav Mahler, S. 137, Hervorhebungen im Original nicht übernommen).
42 Interview in der TAZ vom 28./29.1.2012, S. 30-31, hier S. 31.

senschaftlerin. Inwieweit die von ihr inszenierte Selbst-Pornografisierung und Sexualisierung ebenfalls als Empowerment beziehungsweise Selbstermächtigung in Form einer aktiven, selbstbestimmten Sexualität aufgefasst werden kann, muss im popspezifischen Sexualisierungsrahmen differenziert unter die Lupe genommen werden. Die beispielhafte Analyse der Youtube-Kommentare zum Song »Deutsche Schwänze« hat die Grenzen aufgezeigt, die in der ›Ordnung des Hip-Hop-Diskurses‹ und der ihm inhärenten Geschlechterordnung wirksam sind. Weibliche Maskulinität als Empowerment in Form von Hate-Speech gegen Männer wird als Provokation verstanden und sanktioniert. Dies ist für das Individuum mit ökonomischen und persönlichen Risiken verbunden. Es lassen sich intersektionale Ausschlussmechanismen und diskursive Grenzen ausmachen, die die »Ordnung des Diskurses« wiederherzustellen versuchen. Das heißt aber auch, dass weibliche Maskulinität nur bis zu einem gewissen Grad akzeptiert wird, nämlich nur solange die Gültigkeit hegemonialer männlicher Maskulinität nicht in Frage gestellt wird.

LITERATUR

Bergmann, Franziska/Moos, Jennifer: »Männer und Geschlecht, Einleitung«, in: Freiburger Zeitschrift für Geschlechterstudien 21 (2007), S. 13-37.

Butler, Judith: Haß spricht. Zur Politik des Performativen, Frankfurt am Main: Suhrkamp 2006 (OA u.d.T. Excitable Speech. A politics of the Performative, New York: Routledge 1997).

Connell, Robert W.: Der gemachte Mann. Krise und Konstruktion von Männlichkeiten, 2. Auflage, Opladen: Leske + Budrich 2000.

Foucault, Michel: Die Ordnung des Diskurses, 8. Auflage, Frankfurt am Main: Fischer Taschenbuch 2001.

Halberstam, Judith: Female Masculinity, Durham/London: Duke University 1998.

Keupp, Heiner: »Empowerment«, in: Dieter Kreft/Ingrid Mielenz (Hg.), Wörterbuch Soziale Arbeit, 6. Auflage, Weinheim/München: Juventa 2008, S. 244-246.

Klein, Gabriele/Friedrich, Malte: Is this real? Die Kultur des HipHop, Frankfurt am Main: Suhrkamp 2003.

Ladleif, Frauke: »›Dafür bitche ich‹«, Interview mit Lady Bitch Ray, in: Financal Times Deutschland vom 02.11.2012, S. 27.

Lady Bitch Ray: Bitchsm. Emazipation – Integration – Masturbation, Stuttgart: Vagina Style-VS 2012.

— Interview in der TAZ vom 28./29.1.2012, S. 30-31.
Mahler-Werfel, Alma: Erinnerungen an Gustav Mahler / Gustav Mahler: Briefe an Alma Mahler, hg. von Donald Mitchell (Ullstein-Buch, Band 3526), Frankfurt am Main/Berlin/Wien: Ullstein 1978.
McRobbie, Angela: Top Girls. Feminismus und der Aufstieg des neoliberalen Geschlechterregimes, Wiesbaden: Springer 2010.
Müller-Funk, Wolfgang: Kulturtheorie. Einführung in Schlüsseltexte der Kulturwissenschaften, 2. erweiterte und bearbeite Auflage, Tübingen/Basel: Francke 2010.
Sanyal, Mithu M.: Vulva. Die Enthüllung des unsichtbaren Geschlechts, 2. Auflage, Berlin: Klaus Wagenbach 2009.
Tuzcu; Pinar:»Performing female ›Kanackness‹ – Transcultural Perspectives on Lady Bitch Ray«, in: Birgit Bütow/Ramona Kahl/Anna Stach (Hg.), Körper – Geschlecht – Affekt. Selbstinszenierungen und Bildungsprozesse in jugendlichen Sozialräumen, Wiesbaden: Springer 2013, S. 157-172.
Villa, Paula-Irene:»Pornofeminismus? Soziologische Überlegungen zur Fleischbeschau im Pop«, in: Dies. et al. (Hg.), Banale Kämpfe. Perspektiven auf Populärkultur und Geschlecht (= Geschlecht & Gesellschaft, Band 51), Wiesbaden: Springer 2012, S. 229-247.

INTERNETRESSOURCEN

Frauenarzt: TEILEN MACHT SPAß, http://www.youtube.com/watch?v=etSJPluadeY vom 12.11.2014.
Jäger, Ulle:»Geschlechter(un)ordnung. Female masculinity«, http://www.hbs-Hessen.de/archivseite/pol/female_masculinity.htm vom 03.11.2014.
Karnik, Olaf: Rezension zu »Is this real? Die Kultur des HipHop«, http://www.booksports.de/HipHopSuhrkamp.html vom 03.11.2014.
Lady Bitch Ray: DEUTSCHE SCHWÄNZE, http://www.youtube.com/watch?v=ZMGyFolDfmw vom 12.11.2014.
— MEIN WEG, http://www.youtube.com/watch?NR=1&v=KOWzTAoex40&feature=endscreen vom 12.11.2014.
Reyhan Şahin, Wikipedia, http://de.wikipedia.org/wiki/Reyhan_%C5%9Eahin vom 12.11.2014.
Schönfeld, Gerda-Marie:»»Keine Öko-Tussi wie Charlotte Roche«« , stern.de, 30.4.2008, http://www.stern.de/unterhaltung/buecher/:Lady-Bitch-Ray-Keine-%D6ko-Tussi-Charlotte-Roche/618933.html vom 04.11.2014.

Sido: ARSCHFICKSONG, http://www.youtube.com/watch?v=BXlfjBeEV5Q; http://www.youtube.com/watch?v=tzvuGdvvvkU; http://www.youtube.com/watch?v=2ifW-0FT_v4 vom 12.11.2014.

Queer Style

Inszenierungsstrategien von Pink, Robyn und La Roux

KATHARINA ROST

> »Fashion is not something that exists in dresses only. Fashion is in the sky, in the street, fashion has to do with ideas, the way we live, what is happening.«
> COCO CHANEL

LESBIAN LOOKS

Pink, Robyn und Elly Jackson von La Roux sind Popsängerinnen und Kunstfiguren, die viele Klischees eines stereotyp ›lesbischen‹ Aussehens und Verhaltens erfüllen. »I should be gay by the way that I look and the way that I am. I just happen not to be«[1], bekennt sich Pink in einem Interview mit der amerikanischen schwullesbischen Zeitschrift *The Advocate* zu ihrem Nicht-Lesbisch-Sein, das mit dem durch ihre äußere Erscheinung vermittelten Eindruck kontrastiert. Auch Robyn und Elly Jackson von La Roux pflegen einen Look, der eine bestimmte sexuelle Orientierung anzuzeigen scheint. Robyn erklärt dazu: »I get mistaken for a lesbian all the time, but I guess I do have the

---

1 D. Anderson-Minshall: The Truth About Pink.

most lesbian haircut of any of the girls in my field.«[2] Alle drei Sängerinnen besitzen nach eigenen Aussagen eine große homosexuelle Fangemeinde, die nicht nur auf die Musik, sondern ebenfalls auf den jeweiligen ›Style‹ und die sexuelle Ambivalenz, welche sich aus ihm ergibt, reagiert. Vor allem Elly Jackson äußert sich in Interviews dazu, wie sie sich so mancher Aufdringlichkeit ihrer weiblichen Fans erwehrt: »It's the fact that they think I want their bras – that's what's weird about it. One girl in Toronto stood there for ages with her boobs out. Everyone just thinks I'm a raging lesbian and I want to see everyone's boobs. Sorry, I'm not.«[3] Jackson verweigert grundsätzlich, sich durch bestimmte Geschlechts- und Identitätskategorien zu definieren: »I don't have a sexuality. I don't feel like I'm female or male. I don't belong to the gay or straight society, if there is such a thing.«[4]

Deutlich wird, dass bei allen drei Sängerinnen eine Diskrepanz zwischen der vermeintlichen sexuellen Identität, die ihnen aufgrund ihres Erscheinungsbildes zugeschrieben wird, und der Geschlechts- und Sexualitätsauffassung, mit der sie sich selbst identifizieren, besteht. Ebenfalls zeigt sich daran, dass es bestimmte ›Looks‹ beziehungsweise einzelne Attribute gibt, die speziell auf eine lesbische Orientierung hinweisen und deren Wirksamkeit so stark ist, dass die geäußerten Selbstidentifikationen der drei Sängerinnen überhört oder ignoriert werden. So antwortet beispielsweise eine Internet-Userin mit Namen Madina auf die Frage, ob La Roux' Sängerin Elly Jackson lesbisch sei: »No, I read an article on her that said she had a lot of lesbian fans but that she herself wasn't gay, *maybe she*

---

2   E. Jackson, http://www.afterellen.com/la-rouxs-elly-jackson-refutes-lesbian-rumors/ 09/2009/ vom 09.01.2015.
3   E. Jackson, zit. nach K. Kregloe: The curious case of La Roux's Elly Jackson.
4   E. Jackson, zit. nach ebda. In einem aktuellen Interview hat Jackson dies noch einmal bestätigt, vgl. T. Jonze: Interview mit Elly Jackson, The Observer: »I don't get fame, I don't know what you're supposed to do«: »I don't feel man, I don't feel woman – that's where the androgyny comes from. I probably feel more feminine than I do masculine... but if people want to hold me up as a gay role model, absolutely, I'm proud to be that, but I don't feel the need to say that I'm gay to do it.« Bezüglich der zu verwendenden Pronomen gibt Jackson keine Präferenz vor und lehnt die Beschreibung durch feminine Pronomen nicht ab, weshalb im Folgenden – auch aufgrund ihrer eigenen Aussage, sich tendenziell eher weiblich zu fühlen – unter Vorbehalt und in kritischem Bewusstsein der damit einhergehenden möglichen Festschreibung Jacksons auf eine bestimmte Geschlechtlichkeit – die femininen Pronomen eingesetzt werden.

was lying though [Hervorhebung der Autorin].«[5] Die Erscheinungsweisen von Pink, Robyn und Elly Jackson von La Roux werden von vielen Fans und den Medien als ›lesbisch‹ gedeutet, da sie kulturelle Klischeevorstellungen über ein typisch lesbisches Aussehen und Verhalten bestätigen. Erst die Interview-Aussagen, in denen die Sängerinnen darauf insistieren, nicht lesbisch zu sein, provozieren andere Deutungen und Diskussionen in diversen Fan-Foren.[6] So entsteht bei den Kunstfiguren »Pink«, »Robyn« und »La Roux« ein Spannungsverhältnis zwischen der verbalen Selbstbeschreibung und den in der Rezeption entstehenden Effekten des Sichtbaren und des in den Songs und Musikvideos Inszenierten. Auch zeigen sich Differenzen in der Darstellung der Personae – während Alecia Moore alias Pink sich als ›authentisch‹ inszeniert, betonen Robin Carlsson alias Robyn und Elly Jackson alias La Roux eine Differenz zwischen öffentlicher und privater Person.[7] Doch beide Dimensionen stellen Komponenten der Persona-Konstitution dieser Sängerinnen dar, und es ist anzunehmen, dass gerade auch der Kontrast zwischen Selbstdefinition und Präsentationsweise Teil umfassender, im Detail divergierender Inszenierungsstrategien ist, der bewirkt, dass den Personae keine eindeutige sexuelle Orientierung zuzuordnen und potentiell eine größere Fangruppe zu erschließen ist.[8]

Wirkt es demnach zunächst so, als würden die Sängerinnen mit ihrem Style vor allem medienwirksame Marketingzwecke verfolgen, so ist einzuwenden, dass Style kein neutraler und nur spielerischer Prozess der ästhetischen Selbststilisierung ist. Vielmehr handelt es sich um eine grundlegende, kulturell und

---

5 Yahoo, Is la roux gay the girl that sings bullet proof? Vgl. auch The Most Cake: Tuesday Top Ten: Rumoured Celebrity Lesbians, http://themostcake.co.uk/scene/rumoured-celebrity-lesbians/ vom 09.01.2015: Elly Jackson »refuses to say whether she's of the lez. *Of course you are dear.* You even have a girlfriend« [Hervorhebung der Autorin].

6 Vgl. Fanpop, Is Elly Jackson a lesbian? (i hope so!!! hehe).

7 »Pink is just me.« (Pink, vgl. http://www.womenshealthmag.com/life/singer-pink vom 09.01.2015); »I see myself as an actor when I go on stage [...]« (Robyn, vgl.http://www.musicomh.com/features/interviews/interview-robyn vom 09.01.2015); »People forget that it's a character. There's definitely a stage La Roux look which is a lot more glam, a lot more shiny, a lot more big eyes, angular shapes, big jackets.« (Elly Jackson, vgl. http://www.dailymail.co.uk/home/you/article-1227179/the-la-roux.html#ixzz35BfH8 Z49 vom 09.01.2015).

8 Mit Rückgriff auf Richard Dyers Konzept des »star image« lassen sich die Personae als Resultate aller möglichen Formen des In-Erscheinung-Tretens der Personen auffassen (vgl. R. Dyer: Heavenly Bodies, S. 7; S. Lowry: Star, S. 441-445).

historisch stark geprägte, zeichenhaft codierte und interpretierbare Komponente dessen, was performativ als ›Identität‹ erzeugt und für andere lesbar wird. Philipp Dorestal führt dies wie folgt aus:

»Mithilfe von Style werden Identitäten konstruiert und dekonstruiert. Es handelt sich um eine performative Praxis, die Strukturkategorien wie *Race*, *Class*, Gender und sexuelle Orientierung verhandelt. Style, so meine These, ist damit immer schon Style Politics, selbst wenn eine explizite ›politische‹ Aussage von den Träger/innen des Styles gar nicht intendiert ist.«[9]

Identität entsteht somit unter anderem als Effekt von »Style«. Unter »Style« verstehe ich die sich prozessual ereignende Wahrnehmung und Deutung der von einzelnen Personen präsentierten Kombination verschiedener Elemente – sowohl innerhalb eines bestimmten Outfits und einer für den Moment eingenommenen Pose als auch einer Reihe verschiedener Erscheinungsweisen über längeren zeitlichen Verlauf.[10] Es handelt sich um einen die Gestaltetheit betonenden Begriff, der darauf abhebt, in der Divergenz und der Synthese der einzelnen Komponenten Bedeutung hervorzubringen. Kleidung, Frisur, Make-up, Schmuck und Accessoires sind dabei ebenso relevant wie die hervorgebrachte Körperlichkeit durch Bewegungen, Posen, Gesten und Mimik. Style ist in diesem Sinn als Resultat vielfältiger performativer Akte und insofern einerseits als prozessual und wandelbar, andererseits als durch kulturelle Normen und Bedeutungszuschreibungen geregelt aufzufassen.

Es sind somit die Performances der drei Sängerinnen im Zusammenspiel mit ihrer Rezeption, welche die Einschätzung als typisch ›lesbischen Look‹ hervorbringen. Es ist ein durch die Looks der Sängerinnen provozierter, aber nach eigenen Prinzipien verlaufender, nicht nur von Lesben vollzogener ›lesbian gaze‹, der das Sichtbare auf mögliche Codierungen bestimmter kultureller Bedeutungen

---

9   Ph. Dorestal: Style Politics, S. 13.
10 Im Gegensatz zum Begriff »Stil« verweist »Style« auf die im Folgenden thematisierten Zusammenhänge zwischen Mode- und Popwelt der Gegenwart. »Style« ist auch von »Mode« zu trennen, insofern der Begriff »Mode« vor allem auf die von bestimmten Designer und Designerinnen oder der Modeindustrie für einen bestimmten Markt produzierten und zumeist nur für kurze Zeit populären Looks bezogen wird. »Mode« betont vor allem das Wechselhafte und Kollektive, während »Style« eher auf einer gewissen Kontinuierlichkeit und – zumindest einer vermeintlichen – Individualität beruht, vgl. Lemmata »Mode« und »Stil«, in: R. Schnell (Hg.), Metzler Lexikon Kultur der Gegenwart, S. 342ff. und S. 491f.

und Zuschreibungen hin lesen lässt. Somit ist die relevante Frage in diesem Zusammenhang keineswegs, ob Pink, Robyn und Elly Jackson wirklich nicht lesbisch sind oder doch, sondern vielmehr, wodurch ihre Styles eine solche Lesbarkeit und starke Wirksamkeit entfalten können und welche Konsequenzen dieser Effekt auf die verschiedenen Deutungsmöglichkeiten und Identitätskonzepte hat. Auszugehen ist davon, dass die Ambivalenz und Spannung der Identitäten zu Uneindeutigkeiten, Überkreuzungen und Erweiterungen bestimmter, auf eindeutige Identitätskategorien zurückgreifende Lesarten – beispielsweise der ›Lesbe‹ – führen. Zudem sind diese Prozesse als ein Queering einzuschätzen, das vor allem auf die Annahme zielt, heterosexuelle Frauen könnten oder würden so nicht aussehen, weshalb logisch zu folgern wäre, dass diese Sängerinnen – insgeheim doch – lesbisch sein müssten.[11]

Queerness zeigt sich aber noch auf einer anderen Ebene, insofern die Styles von Pink, Robyn und La Roux in sich nicht kohärent sind, sondern – wie die durch sie konstituierten Personae – unaufgelöste Spannungsverhältnisse, in Unruhe versetzende Störelemente und Vermischungen aufweisen, die eindeutige Zuweisungen von Geschlechtlichkeit und sexueller Orientierung verunmöglichen können. Queere Prozesse manifestieren sich im Style von Pink, Robyn und Elly Jackson im Sinne von Eve Kosofsky Sedgwicks »queer«-Begriff als »the open mesh of possibilities, gaps, overlaps, dissonances and resonances, lapses and excesses of meaning when the constituent elements of anyone's gender, of anyone's sexuality aren't made (or can't be made) to signify monolithically.«[12] »Queer Style« bezeichnet in diesem Sinn einen in sich nicht kohärenten, gebrochenen und auf irgendeine Weise gestörten Style, eine Art »Anti-Style«, der sich im Entstehen selbst unterläuft und stört, so dass feste Zuschreibungen und Vorstellungen in Bewegung geraten und ambivalente Hybride entstehen können.

---

11 Robyn im Interview mit OUT Magazine: »Having that experience where I was confronted by people's reactions to what I looked like or what I was supposed to look like made me identify with queerness. It still happens to me all the time, and a lot of the time it happens to me in America because even though what I consider butch is still very feminine in Europe, here you can shock people very easily just by looking a little queer« (vgl. N. Michelson: Pop Goes the Damsel).

12 E. Kosofsky Sedgwick: Tendencies, S. 8. Während dies bei Kosofsky Sedgwick noch positiv als eine sich zeigende Überkreuzung gefasst wird, deutet Lee Edelman »Queerness« als negative Durchkreuzung, die als solche nicht präsent, sondern nur in ihrem Wirken wahrnehmbar ist (vgl. L. Edelman: Against Survival, S. 149).

Performing Queer Styles

›Maskulinität‹ + ›Femininität‹ = ?

Von dem schwullesbischen Magazin *The Advocate* wird Pinks Aufmachung und Auftreten als typisch ›lesbisch‹ gedeutet aufgrund der ihr zugeschriebenen Durchsetzungskraft, Vorlautheit und Frechheit sowie ihres Looks, desbezüglich eine ›Butch-Attitüde‹ vor allem an Frisur und Tätowierungen festgemacht wird. Weshalb ihr Style in dieser Hinsicht besonders wirksam ist, lässt sich aber nicht durch die Kohärenz, sondern vor allem durch die Brüche und Kontraste erklären, die ihn kennzeichnen. Anzunehmen ist daher, dass insbesondere die Kombination von stereotyp ›maskulinen‹ mit stereotyp ›femininen‹ Attributen sowohl hinsichtlich ihrer Körperlichkeit als auch des Auftretens und der Performances das Spezifische der Persona »Pink« begründet. Die in diesem Rahmen als stereotyp ›maskulin‹ bestimmten Komponenten verweisen desgleichen auf das klischeehafte Bild der ›Lesbe‹, deren typisches Erscheinungsbild als ›maskulin‹ geprägt gilt.[13] Als queer lässt sich Pinks Style jedoch nicht allein bezeichnen, weil Lesbenklischees – zum Beispiel der ›Rockerin‹ – zitiert werden, sondern weil in ihm keine verschmelzende Synthese der verschiedenen Komponenten und Einflüsse vollzogen wird. Vielmehr stehen die diversen, in ihrer Eigenart belassenen Aspekte nebeneinander, was zu einem Spannungsverhältnis der an sich entgegengesetzt zu deutenden Details des Erscheinungsbildes führt. Zu verdeutlichen ist dies an einem im Internet verfügbaren Mitschnitt eines Konzerts von Pink bei den MTV Video Music Awards 2012.[14]

Was sich bei diesem Live-Mitschnitt über die Selbstinszenierung von Pink vor allem mitteilt, ist ihre stark wirkende physische Kraft und Präsenz, welche sie durch ihre Outfits und die häufig schwierigen und teilweise riskanten akrobatisch-tänzerischen Einlagen bei Live-Auftritten akzentuiert. Die extreme Durchtrainiertheit ihres Körpers, der Oberarme und Schultern sowie insbesondere des Bauches bewirkt, dass die Muskeln deutlich hervortreten, was von den Medien häufig als ›maskulin‹ bewertet und teilweise kritisiert wird.[15] Zugleich schwächt

---

13 »Although lesbian style is not exclusively about masculine attire, the idea that lesbians tend to dress like men has persisted through representations of them in popular culture.« (A. Geczy/V. Karaminas: Queer Style, S. 23).

14 Pink bei den MTV Video Music Awards 2012 (vgl. Internetressourcen).

15 »At the show last night, we were like, ›Look at her butt, her biceps, and those abs!‹, Pink: ›My man abs? They're pretty full-on. [...] I get a lot of flak for it. That's where the masculine thing comes in, people saying it's not normal for a girl to have

sie diesen Eindruck einerseits durch die noch muskulöseren Tänzer neben ihr sowie andererseits durch ihre ›feminin‹ konnotierbaren Kostüme und Bewegungen ab. Ihr Bewegungsvokabular auf der Bühne umfasst ein Spektrum verschiedener, aber jeweils geschlechtsstereotyper Posen, Gesten und mimischer Ausdrucksweisen. Bei dem Auftritt im Rahmen der MTV Video Music Awards schlägt sie einerseits kokett die Beine übereinander, während die leichte Schräglage ihres Körpers Schüchternheit und Scham ausdrückt, andererseits steht sie breitbeinig da und reißt mit grimmig-abschätzigem Blick wut- und schwungvoll einen Arm in die Höhe, den Refrain des Hitsongs »Blow Me (One Last Kiss)« intonierend.

Auch an ihrem Outfit und Styling lässt sich eine Kombination verschiedener Einflüsse und Referenzen erkennen. Die Frisur besteht aus Kontrasten: die seitlich extrem kurz rasierten und auf dem Kopf sehr lang belassenen Haare, die mal in die Höhe stehen, mal – wie bei dem genannten Auftritt – zu einer Welle onduliert sind, verweisen als ›Mohawk‹ oder ›Euro-Hawk‹ sowohl auf Lesbenkultur als auch auf ›Maskulinität‹, mit denen rasierte Haare nach wie vor eher assoziiert werden.[16] Die klassisch ›maskulinen‹ Kleidungsstücke und Accessoires des weißen T-Shirts und der Hosenträger werden mit ›weiblich‹ besetztem starkem Make-up, High Heels und einer engen, kurzen Hotpants kombiniert. Während die fingerlosen Lederhandschuhe auf das ›maskulin‹ konnotierte Genre Punk verweisen, ergibt sich über den Glitzer auf der Schläfe, die Netzstrumpfhosen und die hüfthohen, schwarzglänzenden Hotpants vor allem ein Bezug auf die eher ›weiblich‹ gekennzeichnete Kunst der Burlesque, welche seit den 1990er Jahren in den USA als Neo Burlesque eine Renaissance erlebt. In ihrer oft übertrieben ausgestellten Gestik und Mimik spielt die Sängerin mit stereotypen Rockerposen, indem sie bekannte Körperhaltungen, Bewegungen und Gesichtsausdrücke zum Beispiel von Billy Idol oder Mick Jagger übernimmt und diese nicht einfach nur kopiert, sondern sie in ihr umfassendes expressives Vokabular assimiliert.

[those].‹«« (vgl. Pink im Interview mit Lori Majewski: Pink, the Singer: A softer Shade).

16 Das Gestalten und Tragen von Haaren stellt ein aktuelles kulturwissenschaftliches Thema dar, zu dem in den letzten Jahren umfassende Studien veröffentlicht wurden, vgl. etwa B. Haas (Hg.), Haare zwischen Fiktion und Realität; N. Tiedemann: Haar-Kunst; Ch. Janecke: Haar tragen. Das Thema wird zudem in der lesbischen und feministischen Theorie bereits seit den 1970er Jahren stark diskutiert (vgl. etwa A. Askowitz: Hair Piece, S. 93-98).

Der bei den Awards dargebotene Song »Blow Me (One Last Kiss)« ruft über die Lyrics Geschlechterklischees auf, insofern das lyrische Ich sich zunächst über lang erduldete Eskapaden des Partners auslässt und von den eigenen Qualen der Enttäuschung und Frustration berichtet: »I've been crying, I've been crying, I've been dying over you / Tie a knot in the rope, trying to hold, trying to hold / But there's nothing to grab so I let go«. Später wandelt sich die Klage in selbstbewusste Feststellungen der eigenen Stärke und neu gewonnen Freiheit (»I'll dress nice, I'll look good, I'll go dancing alone / I'll laugh, I'll get drunk, I'll take somebody home«), was schließlich am Ende des Songs in eine dem vorherigen Partner ebenbürtige egoistische Sorglosigkeit und Nicht-Reflexion mündet: »I will do what I please, anything that I want / I will breathe, I won't breathe, I won't worry at all«. Während sich im Text demnach einerseits die emanzipatorische Befreiung eines weiblichen lyrischen Ichs erkennen lässt, werden zugleich zwei Extrempole des möglichen Beziehungsverhaltens aufgerufen, die auf klischeehafte Rollenzuschreibungen einer als ›maskulin‹ bestimmten egoistisch-sorglosen Freiheit und einer als ›feminin‹ geltenden Hingabe und Geduld referieren. Als potentiellen Ausweg aus der problematischen Beziehung präsentiert der Song die Übernahme der dominanten Position und die An- und gleichzeitige Umeignung der dazugehörigen Denk- und Verhaltensweisen – eine Strategie, die sich über den Song hinaus auch der Künstlerin Pink zuweisen lässt, insofern davon ausgegangen werden kann, dass sie sich unter anderem durch die Bezüge auf männliche Rockidole eine bessere Position im traditionell auch männlich dominierten Bereich des Rocks beziehungsweise Poprocks zu verschaffen sucht. Auch ihre Gesangsstimme, die vor allem in zwei Facetten zu Gehör kommt, insofern die Songs häufig aus ruhigen Strophen- und sehr energetischen, oft schnellen und laut gesungenen Refrainteilen bestehen, weist diese Doppeltheit auf: ihrer relativ tiefen, klangreichen und eher popartigen Stimme verleiht sie beim Singen zur Akzentuierung bestimmter Sequenzen eine raue, gepresste Qualität, in denen sich das typisch ›Rockige‹ manifestiert – so beispielsweise in »Just Like A Pill«, bei dem die Modulation der Stimme zwischen Strophen und Refrain stark variiert und im Refrain ein Wechsel zwischen sehr hoch und sehr tief gesungenen Refrainzeilen-Enden vollzogen wird. Dabei wird auf die mit der klangvollen Pop-Stimme betonten Worte »swear« und »better« jeweils mit der rauen Rock-Stimme mit »ill« und »pill« geantwortet, so dass über die spezifische Klanglichkeit komplexe Verhältnisse der Zusammen- und Entgegenstellung einzelner Bestandteile des Refrains erzeugt werden.

Insgesamt entfaltet sich in ihrem Style eine besondere Dynamik, durch welche das Spannungsverhältnis der verschiedenartigen Komponenten nicht überspielt oder aufgelöst, sondern explizit ausgestellt und eingesetzt wird. Daher ist es auch keineswegs so, dass Pinks Kombination ›maskuliner‹ und ›femininer‹ Attribute zu einer androgynen Erscheinung führt; nicht primär ihre Geschlechtlichkeit wird fraglich, sondern ihre sexuelle Orientierung. Es stellt sich nicht die Frage, ob Pink als eine ›Frau‹, sondern vielmehr, ob sie aufgrund der Art ihrer Erscheinung und ihres Auftretens noch als ›*heterosexuelle* Frau‹ gelesen werden kann. Über die Ambiguität erzeugt die Sängerin das Image einer ›starken Frau‹, die sich in ihrem Business behaupten und über ihre Sexualität verfügen kann. Zudem aber – und dies stellt mit Einschränkung das Queere an ihrem Style dar – bewirkt die ständig gegebene Mehrschichtigkeit ihres Auftretens ein In-Bewegung-Bleiben möglicher Zu- und Festschreibungen von Sexualität, so dass ihre Wirkung in der Zuschreibung ›emanzipierte heterosexuelle Frau‹ allein nicht aufgeht und sich weitere Deutungsmöglichkeiten anbieten.

Being a Boi

Neben ihren lesbischen Fans hat Robyn eine große Anzahl schwuler Anhänger, wobei dies kein Zufall ist. Denn Robyns Style beruht weniger auf einer Kombination heterosexuell geprägter ›maskuliner‹ oder ›femininer‹ Attribute, sondern bezieht sich vorrangig auf homosexuelle Identitätskategorien. Denn die Queerness ihrer Ästhetik resultiert aus der Verschmelzung der Kategorien ›schwul‹ und ›lesbisch‹ in ihrer äußeren Erscheinung und ihrem Auftreten. Mit ihrem Haar im 1990er Jahre Bowl-Cut, mit den Bomberjacken, weiten Kapuzenpullis, Tops der Marke *Boy London*, »Creepers«-Schuhen[17], Stecknadel-Ohrringen und einer Ausstrahlung, die sich als ›jungenhaft‹ bezeichnen lässt, greift sie nicht nur viele Elemente der britischen Punk- und Clubszene auf, sondern zitiert darüber hinaus die sehr spezifischen, aktuellen und nicht unproblematischen Kategorien schwullesbischer Lebens- und Erscheinungsweisen des lesbischen »Boi« und des schwulen »Twink«. Diesen Kategorien ist gemeinsam, dass sie Aspekte von Jugendlichkeit und von vermischter Geschlechtlichkeit im Sinne von Halberstams Konzept der »maskulinen Femininität« sowie einer »femininen Maskulinität« betonen. Ariel Levy beschreibt die Kategorie »boi« als »young, hip, ›sex-positive‹, a little masculine, and ready to rock«[18] und hebt zudem

---

17 »Creepers« bezeichnet eine Art Hochplateau-Schuh, der zumeist aus Leder und häufig mit Nieten oder Tigermuster verziert ist.
18 Vgl. A. Levy: Where the Bois Are. Der Artikel ist aufgrund seiner einseitigen Darstellung der Bois als anti-feministisch und anti-butch stark kritisiert worden (vgl. Ampersand: Two Critiques Of Ariel Levy's Writing About Bois). Die Aspekte, die für

hervor, dass sich mit dieser lesbischen Kategorie auch eine Bezugnahme auf schwule Praktiken verbinden kann, insofern sich manche Bois aufgrund ihres Interesses für andere Bois als schwul begreifen. Demgegenüber ist »Twink« ein Begriff, der in der Schwulenszene beziehungsweise im Kontext von Schwulenpornos – teilweise abwertend – ein extrem jugendliches, da schmales und wenig behaartes Erscheinungsbild bezeichnet.[19] Jenseits der Szene wird das »Twink«-Image positiv gewendet und insofern mainstreamtauglich von der Modeindustrie eingesetzt; die britische Modefirma *Topman* sucht ausschließlich Männermodels entsprechenden Aussehens und hebt in ihren Werbemitteln die entsprechenden Aspekte besonders hervor.[20] Robyns äußeres Erscheinungsbild kann von beiden Kategorien des »Boi« und des »Twink« her gedeutet und als Objekt des Begehrens lesbischer und schwuler Fantasien imaginiert werden, wobei sich dabei Kollisionen mit ihrer heterosexuellen, weiblichen Geschlechtsidentität ergeben, die sie nicht zu überdecken sucht: »Sorry, I'm straight!«[21] Zugleich aktiviert und instrumentalisiert sie aber in ihrem Style das Potential des Offenen, Ambivalenten und Spielerischen, das mit der Figur des ›Jungen‹ in seiner noch nicht erwachsenen und somit jenseits der für erwachsene Maskulinität geltenden Normen verorteten Sexualität assoziiert wird. Manifest wird dies im Musikvideo U SHOULD KNOW BETTER, in dem ein Junge zu sehen ist, welcher der Sängerin in Aussehen, Style und Tanzbewegungen gleicht und wie ihr spiegelbildliches Alter Ego erscheint.[22]

Als eine wesentliche Inspirationsquelle ihrer Choreographien nennt Robyn die Eingangssequenz des Spike Lee Films DO THE RIGHT THING von 1989, in welcher die Schauspielerin Rosie Perez tanzend und boxend zu sehen ist. Im

---

die vorliegende Betrachtung relevant sind, wurden dabei jedoch nicht in Frage gestellt.

19 Vgl. T. Rogers: What comes after the Twink?
20 Vgl. http://eu.topman.com/?geoip=home vom 09.01.2015.
21 Vgl. http://thenewgay.net/2010/08/robyn-sorry-im-straight.html vom 09.01.2015.
22 In dem Musikvideo U SHOULD KNOW BETTER ist außerdem der mit Gastvocals vertretene Rapper Snoop Dogg in Gestalt einer Frau zu sehen, die ihm äußerlich stark ähnelt und die sich im Verlauf der dargestellten Handlung mit dem Jungen anfreundet. Insofern handelt das Video von einer auf verschiedenen Ebenen außergewöhnlichen Freundschaft und zeigt auf einer Meta-Ebene das Überschreiten der auf die Persona – Robyns oder Snoop Doogs – bezogenen Genderzuschreibungen durch Impersonifizierungen im anderen Geschlecht. Vor allem die im Video implizierte Drag Persona Snoop Doggs stellt die im Kontext des Mainstream-Rap nach wie vor starken Geschlechterrollen aus und in Frage.

Boxen, in dem sich die Ausübung durch Frauen zum Beispiel in Deutschland erst seit Mitte der 1980er Jahre professionalisieren konnte,[23] eröffnet sich zwar der Möglichkeitsraum eines ›gay gaze‹, insofern Männer anderen Männern beim Schwitzen, Kämpfen, Ringen zusehen können, doch bleibt diese Dimension unausgesprochen. Nach wie vor gilt Boxen als eine der ›männlichsten‹ Sportarten überhaupt, was sich nicht nur im schwierigen Stand der Frauen in diesen Domänen, sondern auch in der Problematik des fast nicht vorhandenen Geoutetseins schwuler Boxer manifestiert.[24] Somit verweisen die Box-Bewegungen von Perez' Figur in DO THE RIGHT THING nicht nur auf Möglichkeiten starker Femininität, sondern auch auf einen Sport, in dem ›Schwul‹-Sein nicht als ›maskulin‹ gilt und nach wie vor tabuisiert ist. In diesem Sinn zeigt sich Robyn in ihrem Musikvideo DANCING ON MY OWN als ambivalente Figur einer starken Frau einerseits – ihr Kleid, Make-up, Nagellack und Ohrring rekurrieren auf ›Femininität‹ – und eines boxenden jungen Schwulen andererseits, die/der nicht nur gegen den eigenen Liebeskummer – »Somebody said you got a new friend / Does she love you better than I can?« –, sondern ebenfalls gegen Ignoranz, Isolierung und Einsamkeit kämpft: »I'm right over here, why can't you see me?« Die Lyrics des Songs erhalten insbesondere aufgrund der Mehrdeutigkeit von Robyns Style verschiedenste Bedeutungsmöglichkeiten; während »I« und »you« geschlechtslos offen bleiben, ist das zwischen beiden verortete »she« weiblich bestimmt, so dass der Song sowohl den Blick eines schwulen Mannes oder einer heterosexuellen Frau auf einen heterosexuellen Mann als auch den einer lesbischen Frau auf eine andere homosexuelle Frau meinen kann. Über die Situation des lyrischen Ichs, das sich mit Ignoranz, Unerfülltheit und Unglücklichsein auseinandersetzen muss, sagt Robyn, sie identifiziere sich mit der Position von Außenseitern, und in diesem Sinn überrasche es sie nicht, dass der Song unter Homosexuellen sehr populär ist:

»Gay culture has always had to embody outsidership. [...] When you're different on a very basic level, that feeling is going to be with you more often than someone who doesn't have to face what being an outsider is really like. I think it's a song about being on the outside – very physically – and if it feels like a gay anthem then I take that as a super compliment.«[25]

---

23 Vgl. M. Krauß: Raus aus der Schmuddelecke.
24 Erst 2012 outete sich Orlando Cruz als erster offen schwuler Boxer (vgl. A. Coen: Sie nennen ihn Ente).
25 N. Michelson: Pop Goes the Damsel.

Auch in anderen Songs verweist die Konfiguration des lyrischen Ich mit Aussagen wie »You never were, and you never will be mine«, »Still I'm dying with every step I take« oder »If you're looking for love, get a heart made of steel« auf die von Robyn häufig eingenommene Position der Einsamen, Unglücklichen, unmöglich Verliebten. Im Musikvideo INDESTRUCTIBLE zeigt sich Robyn als Androidin, die von transparenten Kabeln umwickelt ist und in einer Welt von Sterilität lebt, getrennt von der Welt der Liebe und der Sexualität.[26] Zwar pulsiert es wild und bunt durch ihre ›Kabel-Adern‹, doch liegt sie allein in dem großen weißen Bett, während die in den anderen, in wärmeren Farben gestalteten Bildern gezeigten Menschen jeweils zu zweit sind und sich berühren.[27] Als Androidin ist Robyn aus einer anderen Welt, sie hat keinen Anteil an der menschlichen Intimität. Ihr Körper wird durch die sichtbaren ›Kabel-Adern‹ als andersartig gezeigt, und möglicherweise besitzt sie auch eine von der dargestellten abweichende Form der Sexualität. Häufig erscheinen auch die Outfits der Sängerin einer Fantasie-Welt zu entstammen. Mit den an ihr Vorbild Björk erinnernden, asymmetrisch geschnittenen Kleidern, ihrem weißblonden Haar und den von ihrer Frisur betonten spitzen Ohren, dem häufig orangefarbenen Make-up und dem ungewöhnlichen und extravaganten Schmuck wirkt sie wie ein Fabelwesen, eine Elfe oder ein Elbe, denen kein eindeutiges Geschlecht, höchstens Geschlechtertendenzen zuzuordnen sind. Weder eindeutig ›maskulin‹ oder ›feminin‹ bleibt Robyns Geschlechtsidentität unbestimmbar, und in dieser Geschlechtslosigkeit ist auch ihre sexuelle Orientierung ambivalent.

Ob heterosexueller »Boi«, weiblicher »Twink«, ob Androidin oder Elfe, Robyns Andersartigkeit ist in diesen Figurationen immer präsent und als solche ausgestellt. Auch wenn Robyn auf vielen Fotos lächelnd zu sehen ist, stellen die Dimensionen des Unglücklichseins, der Melancholie und der Einsamkeit wesentliche Bestandteile ihrer Persona-Kreation dar. Die von ihr auf diese Weise thematisierten Aspekte verweisen auf die teilweise unverändert extrem problematische Situation junger Schwuler und Lesben, deren Existenz in einem

---

26 Vgl. K. Völker: Androide, S. 109-114.
27 Auch wenn sich das Geschlecht der Beteiligten nicht immer ausmachen lässt, so ist doch auffällig, dass eine explizite Darstellung schwulen Sexes ausbleibt. Schwuler Sex stellt ein bezüglich seiner Präsenz und Sichtbarkeit in den Medien immer noch stark tabuisiertes Phänomen dar, und ein solches, für den Popmarkt produziertes Musikvideo geht diesbezüglich, auch wenn es von einer Künstlerin wie Robyn gemacht wird, offenbar kein Risiko ein.

homophoben Umfeld ein Kampf, wenn nicht gar ein Überlebenskampf ist.[28] Vor diesem Hintergrund erscheint das Mode- und Pop-Phänomen des ›Lesbian Chic‹ als höchst streitbare ästhetische Spielerei. In diesem Sinn kritisiert Tim Duggan Katy Perrys Hit-Song »I kissed a Girl« als gefährliche »fauxmosexuality«: »In interviews, Perry implies it's just all a bit of fun. But when up to 30 per cent of teen suicides in the US are by lesbian or gay teens, it's very a dangerous game for celebrities to play.«[29] In Perrys Song ist von einem gleichgeschlechtlichen Kuss des lyrischen Ich die Rede, welcher als exotischer Ausflug in eine andersartige Welt dargestellt wird – »You're my experimental game / Just human nature / It's not what, good girls do«. Durch die Erwähnung eines die Heterosexualität der Singenden unterstreichenden ›Freundes‹ wird der Kuss in seinem lesbischen Potential reduziert und als ungehorsamer, aber unschuldiger ›Ausrutscher‹ bewertet: »I kissed a girl just to try it / I hope my boyfriend don't mind it / [...] Ain't no big deal, it's innocent«. Es liegt damit eine vollkommen andere Art des Umgangs mit gleichgeschlechtlicher Sexualität vor, als sich dies in Bezug auf Robyns Ästhetik aufzeigen lässt, vor allem insofern letztere sich ›selbst‹ in der Position der Außenseiterin und nicht als distanzierte Beobachterin inszeniert. Das queere Potential ihrer Stilisierungen lässt sich zudem darin verorten, dass ihr Style keiner Identitätskategorie zuzuordnen ist, sondern vielmehr verschiedene Einflüsse, Kategorien, Stil zusammenführt und miteinander verbindet zu einer begrifflich schwer fassbaren Andersartigkeit, in der auch die Grenzen lesbischer und schwuler Konzeptionen überschritten und teilweise aufgehoben werden, indem in den Figurationen des Jungenhaften, Andersweltlichen eine andere Art der Sexualität angedeutet wird.

La Dandy

Die hochstehende rote Haarwelle von La Rouxs Elly Jackson ist zum Markenzeichen der Band geworden und hat ebenfalls den Namen bestimmt: »La Roux«, ein Ausdruck, der, so Jackson, in absichtlich gewähltem grammatikalisch falschem Französisch auf die ambivalente Geschlechtlichkeit ihrer Pop-Persona hinweist. In der androgynen Bezeichnung »La Roux«, zusammengesetzt aus einem femininen Artikel und einem maskulinen Substantiv, manifestiert sich der

---

28 Vgl. zur Situation in Deutschland auch den Report des Deutschen Berufsverbandes für Soziale Arbeit (DBSH), M. Leinenbach: Der Umgang mit Minderheiten zeigt viel über das Demokratieverständnis eines Staates.
29 T. Duggan: The dangers of fauxmosexuality.

spezifische Style der Sängerin, der ein die Geschlechterbinarität übersteigendes genderqueeres androgynes Aussehen hervorbringt.[30]

Jacksons Androgynität wird in den Musikvideos durch die häufige Positionierung neben anderen Frauen verstärkt, die Vorstellungen stereotyper femininer Weiblichkeit bedienen – so im Video zu QUICKSAND, in welchem die Großaufnahme von Jacksons Gesicht häufig durch eine lasziv sich bewegende, wenig bekleidete, langhaarige Frau überblendet wird. Aufgrund seiner konsequenten orange-rot-pinken Sonnenuntergangs-Tapeten-Ästhetik und seinem Strand-Palmen-Hawaiihemd-Kitsch ließe sich das Video der Musikvideoregisseurin Kinga Burza in wohlwollender Lektüre als übertriebene, ironisierende Ausstellung diverser, historisch vor allem in den 1980er Jahren zu verortender Klischees deuten. Doch besitzt das Nebeneinanderstellen der Körperlichkeiten – einer klischeehaft femininen und einer androgynen – den Effekt, dass die zwischen den Konzepten ›Frau‹ und ›Mann‹ bestehenden geschlechterdifferenzierenden, normativ wirksamen Ab- und Aufwertungsmechanismen wiederholt und scheinbar im Rahmen der Inszenierung des Androgynen instrumentalisiert werden. Das heißt, dass das Androgyne in diesem Video auf der Basis einer Aktivierung von und in klarer Abgrenzung zu klischeehafter Weiblichkeit in Erscheinung tritt – und darin, zumindest bezüglich dieses Videos, feministischen Vorwürfen des Sexismus nicht enthoben werden kann.[31]

---

30 Der Begriff der »Androgynität« ist ein umstrittener, historisch geprägter und mehrdeutiger Begriff, der dann missverständlich ist, wenn er nur die Zusammengesetztheit aus stereotyp ›maskulinen‹ und ›femininen‹ Aspekten meint und nicht berücksichtigt, dass aus der Kombination verschiedener Geschlechterklischees etwas Neues entsteht, das über die einfache Addition von Maskulinität und Femininität hinausgeht. Wenn im Folgenden vom ›androgynen‹ Style Elly Jacksons die Rede ist, dann verwende ich diesen Begriff in Hinblick auf das *nicht* auflösbare Spannungsverhältnis zwischen den verschiedenen Polen eines variantenreichen Spektrums von Geschlechtsidentitäten und ziele damit vor allem auf die sich im Wahrnehmungsprozess ergebende Dynamik, die zu keinem endgültigen Ergebnis im Sinne einer Festschreibung kommen kann (vgl. U. Bock: Androgynie, S. 106).

31 Terry Castle bezeichnet die – mit Jacksons Inszenierungsweise in diesem Video vergleichbare – in der Oper bei Hosenrollen-Darstellungen teilweise sichtbare Aneignung und Kopie stereotyp männlicher Haltungen gegenüber den durch Frauen dargebotenen Frauenrollen als Aufgreifen und Darstellen von anti-feministischem, »lesbischen Chauvinismus« (vgl. T. Castle: The Apparitional Lesbian, S. 230).

Auch wenn es zwischen der Tänzerin und Jackson nie zu tatsächlichen Interaktionen kommt, so dass die dargestellte Beziehung offen bleibt, wird dennoch aber durch die Art der Überblendungen und durch die Lyrics eine lesbische Beziehung nahegelegt beziehungsweise eine Situation angedeutet, in der eine Frau ihren Mann für das lyrische Ich verlassen oder zumindest temporär vergessen hat: »I'm the obsessor holdin' your hand / It seems you have forgotten about your man / Alone in the darkness my bed's a different land / Your touch intensifies and I'm in the quicksand«. Das lyrische Ich der Zeilen ruft das Stereotyp der sich ›maskulin‹ gebenden »Butch« auf, die eine Liebschaft mit einer zuvor offenbar heterosexuell identifizierten Frau eingeht und in diesem Sinn eine männlich-heterosexuelle Machtposition für sich beansprucht, wobei sie – so die Fortsetzung dieses klischeehaften Narrativs – am Ende doch verlassen wird und einsam bleibt.[32] Das lyrische Ich klagt am Schluss: »oh, when will I learn all you do is push me back in the dark?«

Die von La Roux präferierte ›männlich‹ besetzte Kleidung, die geschlechtsambivalente Falsett-Gesangsstimme sowie ihr schlanker Körper betonen zwar ein jungenhaftes Erscheinungsbild, doch werden jegliche Festschreibungsversuche ihrer Geschlechtlichkeit dadurch in eine oszillierende Dynamik versetzt, so dass die Maskulinität bestimmter Attribute in ihrer Stereotypie gebrochen wird. Bewirkt wird dieser Effekt vor allem durch die Vermischung von Details unterschiedlichster Moderichtungen und Epochen, einer Durchmischung, die insbesondere im Pop der 1980er Jahre gängig war. Jackson greift den Stil des New Wave und New Romantic dieser Zeit auf, insofern ihre Frisur, das bunte, oft flächig über das Gesicht verteilte Make-up und die gemusterten Anzüge auf Künstler und Künstlerinnen wie David Bowie, Annie Lennox, Adam Ant, *Yazoo*, die goldenen Glitzer-Outfits auf Michael Jackson, Prince, ihre Hüte und langen Ketten auf Boy George verweisen. Insbesondere in den Verweisen auf barocke Mode – zum Beispiel den Rokokohemden mit Spitzenjabot, den Gehröcken und historischen Soldatenjacken – zeigt sich Jacksons Praxis der Zitation des Zitats, insofern viele der von ihr übernommenen Elemente der 1980er Jahre-Ästhetik schon damals wiederum zitathafte Aneignungen vielfältiger Einflüsse und Modestile darstellten. Jackson kombiniert diese Zitationen auf spezielle Weise mit dem Dandytum der 1920er Jahre, so dass ein eigener, eigenartiger und auffälliger Look entsteht.

---

32 Sam Abel konstatiert im Kontext des Cross-Dressing in der Oper: »The female-to-male cross-dresser, however, always poses a threat« (S. Abel: Opera in the Flesh, S. 151).

Kulturgeschichtlich wird der »Dandy« nicht allein über einen bestimmten Kleidungsstil, sondern auch durch ein soziales Verhalten, eine Lebenseinstellung und ein sich aus einer spezifischen Gestik und Mimik ergebendes, performativ wirksames Bewegungsvokabular charakterisiert. »Dandyism is itself a performance, the performance of a higly stylized, painstakingly constructed self, a solipsistic social icon.«[33] Dandies werden vor allem durch das sich in ihren manierierten Bewegungen und Posen zeigende Flair von Dekadenz und Erhabenheit bestimmt, das nicht notwendigerweise auf ihrer aristokratischen Abstammung beruht, sondern über die Performativität ihres Styles erzeugt wird.[34] Elly Jacksons Übernahme dieser historischen Dandy-Figur steht nicht nur in Relation zur üblicherweise mit Dandies assoziierten Homosexualität von Männern, sondern ruft darüber hinaus auch Aneignungen dieser Lebens- und Erscheinungsweise durch lesbische Frauen in und seit den 1920er Jahren auf – beispielsweise von Romaine Brooks, zu der Florence Tamagne schreibt:

»Through the visual rhetoric of the modern woman, Brooks transfigured the male cultural connotations of the dandy in early-twentieth-century Paris and London to suggest a potential female homoerotic sexuality as she explored the possibilities and limits of a visible lesbian identity within a culture based on normative heterosexuality.«[35]

Als ›queere New Romantic Dandy‹ mit mehreren großen Ringen an den Fingern, einer großen Brosche am Revers, einem einzelnen extravaganten, lang baumelnden Feder-Ohrring, einem eleganten Gehstock, Lackschuhen und dem schmal geschnittenen schwarzen Anzug über einem weißen Hemd ist Elly Jackson in dem für den amerikanischen Markt extra produzierten Musikvideo zu IN FOR THE KILL zu sehen.[36] Ihre Lippen sind rot geschminkt, weiteres Make-up verleiht ihrem Gesicht eher markante Konturen. Die Haare stehen – wie gewohnt – spitz zulaufend in die Höhe. Doch nicht nur über Kleidung, Accessoires und Styling, sondern vor allem auch aufgrund der von ihr eingenommenen Posen verkörpert Jackson in diesem Video eine »weibliche Dandy« beziehungsweise »Femme Dandy«[37]. Der zu Boden gewendete Blick kündet von Desinteresse am Gegenüber, die in der Bewegung innehaltende Hand strebt nach keinem bestimmten Zweck, die leicht gespreizten Finger zeugen von Distinguiertheit

---

33 Rh. K. Garelick: Rising Star, S. 3.
34 Vgl. F. Tamagne: The Homosexual Age, S. 172.
35 J. Lucchesi: ›The Dandy in Me‹ Romaine Brooks's 1923 Portraits, S. 155.
36 Vgl. La Roux' Musikvideo IN FOR THE KILL in der US-Version.
37 Vgl. die Bezeichnung der »Femme Dandy« in I. Stauffer: Die Femme Dandy, S. 44ff.

und dekadenter Eleganz. Sie lächelt nie, sondern schaut uns, die Betrachter und Betrachterinnen, mit einem distanziert-ernsten, etwas gelangweilten oder auch traurigen Blick an. Häufig sind diese Szenen, in denen sie direkt in die Kamera blickt, so aufgenommen, dass suggeriert wird, wir sähen sie durch ein Guckloch in der Tür, so dass sich über die visuelle Dramaturgie des Videos in der Begegnung unserer Blicke ein gemeinsames Wissen um das wechselseitige, nun nicht mehr heimliche Beobachten konstituiert. Dies stellt überhaupt einen zentralen Gegenstand des gesamten Clips dar, indem er das zwischen verschiedenen Personen in einem heruntergekommenen Stundenhotel ausagierte, vielfältige erotische und sexuelle Begehren und die gegenseitige voyeuristische Beobachtung zeigt.

Blickwechsel, Sichtbarkeit, Voyeurismus stellen Aspekte dar, die mit lesbischer Identität insofern in einem Zusammenhang stehen, als sich über visuelle Wahrnehmung das gegenseitige Erkennen durch ›Lesen‹ der entsprechenden Codes vollzieht. Durch Sichtbarkeit werden eine Veränderung der gesellschaftlichen und kulturellen Vorurteile und Ausschlussmechanismen und eine Ermächtigung im Sinne eines wahrnehmbaren, soziopolitisch agierenden Kollektivs angestrebt. Im damit einhergehenden Ausgestellt- und Ausgeliefertsein gegenüber den prüfenden, nicht immer freundlichen Blicken wird ein Aushalten und zugleich ein Bestreben nach Selbstdefinition aktiviert. Dass diese Position keine immer erstrebenswerte ist, zeigt sich implizit in vielen Kommentaren zu Jacksons Style, für den sie zwar einerseits häufig als Stilikone ausgezeichnet,[38] andererseits aber – hauptsächlich vor ihrer Zeit als Popstar – oft kritisiert und angegriffen wurde.[39] Erst der Erfolg und die Bekanntheit haben Jackson eine Position verschafft, die sie – räumlich und sozial – von den Verbalattacken, die ihr androgynes und häufig spektakulär auffälliges Aussehen offenbar provoziert,

---

38 Vgl. http://www.glamour.de/beauty/star-style-beauty/it-girls-die-neue-schoenheit-la-roux ;http://www.vogue.it/en/people-are-talking-about/focus-on/2010/07/la-roux; Interview mit Style.com, http://www.youtube. com/watch? v=ujtnDIblm78, alle Zugriffe vom 09.01.2015.

39 Vgl. J. Durban: Red Hot, http://www.papermag.com/2010/09/la_roux.php. Jackson erwähnt einen häufigen – zur Anpassung an Geschlechterrollen mahnenden – Kommentar zu ihrem Äußeren: »One day you'll wear high heels.« Ihre Antwort: »Well no, I fucking won't. It's such a cliché to say, but it's just who I am. It's never going to be a different way.« In vielen Interviews spricht Jackson von ihrer schwierigen Schulzeit, während der sie aufgrund ihres androgynen Styles diskriminiert wurde (vgl. ebda. und etwa T. Jonze: Killer queen, http://www.theguardian.com/music/2009/may/23/la-roux-interview vom 09.01.2015).

distanziert. Doch einfach akzeptiert wird es nach wie vor nicht. Eine der häufigsten Interview-Fragen ist diejenige nach der Herstellung ihres Haar-Stylings. In mehreren Szenen des Videos wird Jackson beim Frisieren und vor allem beim Versprühen von Unmengen von Haarspray gezeigt, was die große Resonanz der Medien auf die Frisur der Sängerin thematisiert.[40] Mit der übertriebenen Ausstellung des Frisierens, zu der auch das Produktplacement – die Haarspray-Marke ist deutlich zu erkennen – zählt, antwortet La Roux auf die mediale Aufmerksamkeit, die der Frisur geschenkt wird, in einer Weise, die nicht nur den eigenen Style, welcher der Band zum Markenzeichen geworden ist, sondern vor allem auch die Hierarchien und Ökonomien der medialen Beachtung ironisch hinterfragt. La Roux stellt nicht allein aufgrund ihrer kommerziell höchst erfolgreichen Musik, sondern ebenfalls auch wegen ihres besonderen Styles ein in der Presse immer wieder aufgegriffenes und – häufig mit einer zwischen Erstaunen und Befremden gemischten Haltung – besprochenes Phänomen dar. Nur mit Erstaunen und Befremden meinerseits wiederum lässt sich im Gegenzug der sich dabei teilweise durch die Art der Fragen und Kommentare offenbarenden medialen Haltung gegenüber und impliziten Machtdynamik der notwendigen Legitimation von androgynen Stars wie zum Beispiel Elly Jackson begegnen. Denn mancher Journalist fühlt sich offenbar bemüßigt, aus einem ›male gaze‹ heraus vor laufender Kamera das Androgyne ihres Looks durch Komplimente verbal – und sozusagen stellvertretend für die Gesellschaft – zu akzeptieren und in seinem Dasein zum Beispiel durch Betonung der Schönheit und Attraktivität des Gegenübers zu legitimieren: »...but you're very beautiful, you have beautiful eyes, beautiful features..., so...«[41] Das Wort »but« am Anfang und das kleine, vom Interviewer am Ende des Komplimentes noch angefügte Wort »so«, das nicht weiter ausgeführt wird, implizieren die fragwürdige Rechtfertigung, dass solch ein Aussehen erst dann gesellschaftlich akzeptabel ist, wenn die betreffende Person nach allgemeinem Attraktivitätsmaßstab als ›schön‹ gelten kann. Es manifestiert sich darin eine durch das androgyne Äußere Jacksons offenbar provozierte Suche nach Legitimation solcher Abweichung vom stereotypen und idealisierten ›weiblichen‹ Aussehen. In »Female Masculinity« konstatiert Judith Halberstam: »there is still no general acceptance or even recognition of masculine women and boyish girls.«[42] Fehlende Akzeptanz zeigt sich in den

---

40 La Roux' Musikvideo IN FOR THE KILL in der US-Version, Minute 00:54-01:02, http://vimeo.com/21238491 vom 09.01.2015.

41 Vgl. L. London, Voice of America, Interview mit Elly Jackson, Minute 3:44-3:49, http://www.youtube.com/watch?v=EnQlZ_SCVl0 vom 09.01.2015.

42 J. Halberstam: Female Masculinity, S. 15.

Reaktionen der Medien auf La Roux's Auftreten, und zwar sowohl in den negativen wie auch – auf subtilere Art – in manchen der höchst positiven Kommentaren. Denn beide Arten der Bewertung verweisen nicht nur auf die immer wieder betonte ›originelle‹ Besonderheit ihres Styles – dessen außergewöhnlicher Charakter sich zudem unter Berücksichtigung historischer Vorbilder insbesondere auch der lesbischen Kultur weniger an ›Originalität‹ als an seiner spezifischen Art der Zusammenstellung festmachen lässt –, sondern implizieren, dass die Art, wie Elly Jackson sich als androgyner Dandy gibt, als besonders mutige Grenzüberschreitung zu beurteilen ist. Jacksons Bewertungen bestätigen damit implizit die von Halberstam zehn Jahre zuvor geäußerte Feststellung. Zudem sind die Reaktionen besonders in den grundsätzlich positiv gestimmten Artikeln in Teilen insofern auch ambivalent, als sie Jacksons Auftreten mehrfach als »scary« beschreiben, ein Eindruck, der vor allem mit ihrer geschlechtlichen Ambivalenz und ihrem auf Promo-Fotos immer ernsten Gesichtsausdruck verbunden wird.[43] Diese Reaktion manifestiert zum einen den immer noch sehr problematischen Status von Menschen ambivalenter Geschlechtlichkeit und Erscheinung,[44] und führt zum anderen auch zu einem Übersehen der komplexen Zitationsverhältnisse und Relationen der Synthese, die sich in La Roux's Style ereignen.[45]

POLITIK DER SICHTBARKEIT IM POP

Queerness und Queering basieren in ihrem Wirken auf dem Wahrnehmbar- und Auffällig-Werden einer (ver-)störenden oder inspirierend-horizonterweiternden Andersheit. Vorgänge des Stylings sind in diesem Sinn als performative Akte aufzufassen, in denen Identität im Erzeugt-Werden sichtbar wird. Sie stellen stilisierte Akte im Sinne von Judith Butlers Beschreibung der Prozesse von Identitätskonstitution als »stylized repetition of acts«[46] dar, doch sind sie in ihrer

---

43 Vgl. etwa http://ohnotheydidnt.livejournal.com/36675271.html; http://www.dailymail. co.uk/home/you/article-1227179/The-La-Roux. html, beide vom 09.01.2015. Vgl. zur Bewertung femininer Maskulinität als ›beängstigend‹ auch kritisch aufgegriffen in J. Halberstam: Female Masculinity, S. 21.
44 Vgl. V. K. Namaste: Genderbashing, S. 584-600.
45 Dieses Übersehen zeigt sich am häufig anzutreffenden, erstaunlichen Vergleich mit Lady Gaga, der allein auf der Vorliebe beider Sängerinnen für auffällige Outfits basiert (vgl. etwa http://www.youtube.com/watch?v=EnQlZ_SCVl0 vom 09.01.2015).
46 J. Butler: Performative Acts and Gender Constitution, S. 519.

politischen Brisanz keineswegs mit den sprachlichen und körperlichen, durch vorgängige Normen bestimmten Akten der Genderkonstitution gleichzustellen, sondern – unter bestimmten Bedingungen –, wie zum Beispiel Drag, eher als diese Prozesse ausstellend, fortführend und übertreibend einzuschätzen. Als Bestandteil der genderkonstitutiven performativen Prozesse können sich in den Vorgängen des Stylings Möglichkeitsräume der intentionalen Überschreitung und Auseinandersetzung vorgängiger Kategorien und Normen eröffnen. Style im Allgemeinen ist eine sich vorrangig mit modisch-ästhetischen Kategorien beschäftigende und häufig in Bezug auf Genderdifferenz sehr affirmative Praxis, während »Queer Style« darin besonders ist, dass er die ästhetische Auseinandersetzung auf eine soziale und implizit auch eine (sichtbarkeits-) politische Ebene bringt. Adam Geczy und Vicky Karaminas führen das Potential von »Queer Style« folgendermaßen aus:

»Queer style is therefore to be considered not only as a set of signifiers of dress and accoutrements, but it also is worn as part of the body. Whereas the straight construct sees a dichotomy between the naked body and the clothing that covers it, queer style considers a far more seamless relation between the two.«[47]

Meiner Meinung nach lässt sich an den Pop-Personae von Pink, Robyn und La Roux aufzeigen, wie sich Queering in Kontexten vollziehen kann, die zunächst nicht als ›queer‹ einzuordnen sind und die eher mit Oberflächlichkeit, Äußerlichkeit und Kommerz assoziiert werden: Mode und Pop.[48] Doch, wie im Vorangehenden zu zeigen war, wirken Mode und Pop gerade auf dieser Ebene des Oberflächlichen im Sinne des Sichtbaren, des Präsentierten und performativ Hervorgebrachten in einer Weise, die nicht jenseits soziopolitischer

---

47 Ebda.: S. 8.
48 Mode und Pop sind in dem Sinn nicht als ›queere‹ Bereiche einzuschätzen, als sie beide über kommerzielle Vermarktung durch Massenmedien fungieren und insofern weitgehend nicht subversiv, sondern, im Gegenteil affirmativ organisiert sind. Dennoch sind es zugleich ›queere‹ Bereiche in dem Sinn, dass sich viele Beispiele für ›queerende‹ Mode- und Pop-Künstler und -künstlerinnen anführen lassen, die durch ihre Kunst von der heteronormativen Matrix abweichende Geschlechtlichkeiten und Sexualitäten zur Erscheinung bringen – wie u.a. Alexander McQueen, Jean-Paul Gaultier und Jil Sander oder David Bowie, Grace Jones und Boy George. Pink, Robyn und Elly Jackson stellen insofern nur eine von mir getroffene Auswahl einer Vielzahl von ähnlich wirkenden Künstlern und Künstlerinnen dar – eine Auswahl, die durch deren Gemeinsamkeit in der Sichtbarmachung weiblicher Maskulinität motiviert war.

Entwicklungen, sondern als ein eminenter Bestandteil davon zu verorten ist. Marjorie Jolles und Shira Tarrant weisen auf das politische Potential hin, das der Modeindustrie sowie der Kleidung und dem Styling in der westlichen, kapitalistisch geprägten Welt zukommt: »As a vast commercial enterprise and the realm where imagination intersects ideology, fashion is never far from politics – no matter how hard fashion discourse tries to distance itself from the political by invoking its familiar keywords: fantasy and escape.«[49]

Die Sängerinnen sind als Vertreterinnen des Rockpops, Elektropops und Retro-80s-Synthie-Pops Teil des westlich geprägten, nach kommerziellen Prinzipien funktionierenden Mainstreams. Sie vermarkten sich auf professionelle Weise innerhalb eines hoch artifiziellen Umfelds, in dem Aussehen, Mode, Verhalten und Äußerungen zur Produktion von Identitäten und Personae eingesetzt werden. Darin gerade sind sie paradoxen Normen und Regeln ausgesetzt, insofern das Pop-Business eine ständige Erneuerung und starke Individualität verlangt, doch zu radikale Grenzüberschreitungen auch durch die Medien und Fans sanktioniert werden können. Innerhalb dieser Grenzen besitzen Popstars mithin doch einen bestimmten Frei- und Wirkungsraum. Sheila Whiteley legt dar, inwiefern Popstars zugleich zu Objekten der Identifikation und des Begehrens werden können und in diesen von Imagination geprägten Bezügen zwischen Star und Fans das Potential zum Queering angelegt ist. »As fantasy figures they bring with them a whole range of possibilities and, notably, the potential to queer the heterosexual bias of popular music.«[50] Der Kontext Pop kann sich in diesem Sinn zugleich wirkungsreduzierend als auch -steigernd zeigen, indem die Bewegung der Abgrenzung und Separierung von ›Pop‹ als eines besonderen, nach eigenen Regeln funktionierenden Bereichs zum einen zwar die Verharmlosung als ästhetische Spielerei, zum anderen aber auch die Eröffnung eines imaginativen Möglichkeitsraums mit sich bringt. Trotz der Kommerzialität dieses Bereichs können diese Darstellungen widerständig, normabweichend, horizonterweiternd und irritierend wirksam werden.

In diesem Sinn ist den drei Sängerinnen Einfluss auf das Denken und Verhalten ihrer Fans zuzusprechen, durch den deren Wert- und Normvorstellungen bestätigt oder bereichert werden können. Anzunehmen ist, dass die Künstlerinnen eine Wirkung besitzen, die zu einer Erweiterung der gesellschaftlich vorhandenen stereotypen Zuordnungen von Geschlechtsidentität, Sexualität und Aussehen beiträgt, indem sie mit ihren Styles auf Alternativen zum stereotypen weiblichen Popstar hinweisen. Über das Aufgreifen von Stereotypien –

---

49 M. Jolles/S. Tarrant: Introduction, S. 3.
50 S. Whiteley: Popular Music and the Dynamics of Desire, S. 250.

der »Rockerin«, des »Boi«, des »Twink«, des »Dandy« – hinaus, das als solches allein durchaus als heterosexuell-modische Aneignung schwullesbischer Figurationen und Narrative bewertbar wäre, verortet sich das Queering der drei Popstars vor allem darin, die Sichtbarkeit von Ambivalenz zu forcieren, insofern ihre Styles in einer Sichtbarmachung allein zum Beispiel eines typisch lesbischen Aussehens eben gerade nicht aufgehen. Durch die von ihnen erschaffenen konkreten Entwürfe weiblicher, nicht-lesbischer Maskulinität begründen sie die Präsenz ungewöhnlicher, da nicht eindeutig einzuordnender Kombinationen von Geschlecht, Begehren und Style – was, wie zuvor erwähnt, auch an den häufig fragwürdigen Reaktionen der Medien deutlich wird.

Das Auftreten der drei Sängerinnen stellt in diesem Sinn einen nicht unproblematischen Prozess der Dynamisierung homo-normativer Identitätskategorien dar, der zu Judith Butlers Forderung einer »critique of the exclusionary operations of their own production«[51] beiträgt, indem er zunächst auf das Vorhandensein dieser Kategorien hinweist, die Figurationen der Sängerinnen-Personae dann aber nicht wirklich durch diese zu greifen sind. Der Abstand, der zu den Identitätskonzepten besteht, insofern die Sängerinnen sich als nicht-lesbisch definieren, wird dabei gerade zum die Ausstellung und Bewusstmachung ermöglichenden Potential. Dieses Potential gilt in *dieser* speziellen Weise für explizit lesbische Künstlerinnen wie beispielsweise Tegan & Sara oder k.d. lang nicht, sondern kommt bei ihnen anders zum Tragen. Gleichzeitig lässt die Ernsthaftigkeit und die Konsequenz der Erscheinungsweisen von Pink, Robyn und La Roux diese eben nicht als ›nur ein Spiel‹ wirksam werden.[52] Die Queer Styles der Sängerinnen sind eben einerseits nicht einfach dem modischen, artifiziellen Phänomen des »Lesbian Chic« zuzuordnen noch stellen sie andererseits Authentizität suggerierende Personae lesbischer Künstlerinnen dar. Vielmehr verdeutlichen sie in ihrem Zwischenstatus die Performativität dieser Prozesse und verweisen in ihrer ästhetischen Überformung und exaltierten Ausstellung auf

---

51 Vgl. J. Butler: Critically Queer, S. 19.

52 Anzunehmen ist, dass die Prozesse des Queering von lesbischen Identitätskonzepten durch lesbische Künstlerinnen sich eher durch Exzess, Übertreibung, Ironisierung und ähnliche Strategien, durch welche ebenfalls in gewisser Weise ein Abstand zu den ausgestellten Kategorien erzeugt wird, vollziehen; vgl. den kritischen, aber meine These(n) implizit bestätigenden Kommentar von Judith Halberstam: Female Masculinity, S. 28: »I have no doubt that heterosexual female masculinity menaces gender conformity in its own way, but all too often it represents an acceptable degree of female masculinity as compared to the excessive masculinity of the dyke«.

grundlegende, vom Subjekt nicht vollständig kontrollierbare, aber teilweise durchaus gestaltbare Prozesse der Identitäts- und Geschlechterkonstitution.

LITERATUR

Abel, Sam: Opera in the Flesh. Sexuality in Operatic Performance, Boulder/Oxford: Westview 1996.

Askowitz, Andrea: »Hair Piece«, in: Dawn Atkins (Hg.), Looking queer. Image and Identity in Lesbian, Bisexual, Gay, and Transgender Communities, Binghampton, NY: Haworth 1998, S. 93-98.

Bock, Ulla: »Androgynie: Von der Einheit und Vollkommenheit zu Vielfalt und Differenz«, in: Ruth Becker/Beate Kortendiek (Hg.): Handbuch Frauen- und Geschlechterforschung. Theorie, Methoden, Empirie, Teil 1, Wiesbaden: Verlag für Sozialwissenschaften 2008, S. 103-107.

Butler, Judith: »Critically Queer«, in: GLQ: A Journal of Lesbian and Gay Studies 1 (1993), S. 17-32.

— »Performative Acts and Gender Constitution: An Essay in Phenomenology and Feminist Theory«, in: Theatre Journal 40/4 (1988), S. 519-531.

Castle, Terry: The Apparitional Lesbian. Female Homosexuality and Modern Culture, New York: Columbia University 1993.

Dorestal, Philipp: Style Politics. Mode, Geschlecht und Schwarzsein in den USA, 1943-1975, Bielefeld: Transcript 2012.

Dyer, Richard: Heavenly Bodies. Film Stars and Society, 2. Auflage, London/New York: Routledge 2004.

Edelman, Lee: »Against Survival: Queerness in a Time That's Out of Joint«, in: Shakespeare Quarterly 62/2 (2011), S. 148-169.

Fillin-Yeh, Susan (Hg.): Dandies. Fashion and Finesse in Art and Culture, New York/London: New York University 2001.

— »Introduction. New Strategies for a Theory of Dandies«, in: dies. (Hg.), Dandies. Fashion and Finesse in Art and Culture, New York/London: New York University 2001, S. 1-34.

Garelick, Rhonda K.: Rising Star. Dandyism, Gender, and Performance in the Fin de Siècle, Princeton: Princeton University 1998.

Geczy, Adam/Karaminas, Vicky: Queer Style. London u.a.: Bloomsbury 2013.

Haas, Birgit (Hg.): Haare zwischen Fiktion und Realität: Interdisziplinäre Untersuchungen zur Wahrnehmung der Haare, Berlin u.a.: LIT 2008.

Halberstam, Judith: Female Masculinity, Durham/London: Duke University 1998.

Hügel, Hans-Otto (Hg.): Handbuch Populäre Kultur, Stuttgart/Weimar: Metzler 2003.

Janecke, Christian: Haar tragen. Eine kulturwissenschaftliche Annäherung, Köln: Böhlau 2004.

Jolles, Marjorie/Tarrant, Shira: »Introduction«, in: Dies./Dies. (Hg.), Fashion Talks. Undressing the Power of Style, New York: Suny 2012, S. 1-10.

Kosofsky Sedgwick, Eve: Tendencies, Durham: Duke University 1993.

Lowry, Stephen: »Star«, in: Hans-Otto Hügel (Hg.), Handbuch Populäre Kultur, Stuttgart/Weimar: Metzler 2003, S. 441-445.

Lucchesi, Joe: »›The Dandy in Me‹ Romaine Brooks's 1923 Portraits«, in: Susan Fillin-Yeh (Hg.), Dandies. Fashion and Finesse in Art and Culture, New York/London: New York University 2001, S. 153-184.

»Mode«, in: Ralf Schnell (Hg.), Metzler Lexikon Kultur der Gegenwart. Themen und Theorien, Formen und Institutionen seit 1945, Stuttgart/Weimar: Metzler 2000, S. 342ff.

Namaste, Viviane K.: »Genderbashing. Sexuality, Gender, and the Regulation of Public Space«, in: Susan Stryker/Stephen Whitle (Hg.), The Transgender Studies Reader, New York: Routledge 2006, S. 584-600.

Stauffer, Isabelle: »Die Femme Dandy – eine vergessene Tradition?«, in: Joachim H. Knoll/Anna-Dorothea Ludewig/Julius H. Schoeps (Hg.), Der Dandy. Ein kulturhistorisches Phänomen im 19. und frühen 20. Jahrhundert, Berlin/Boston: De Gruyter 2013, S. 43-61.

»Stil«, in: Ralf Schnell (Hg.), Metzler Lexikon Kultur der Gegenwart. Themen und Theorien, Formen und Institutionen seit 1945, Stuttgart/Weimar: Metzler 2000, S. 491f.

Tamagne, Florence: »The Homosexual Age, 1870-1940«, in: Robert Aldrich (Hg.), Gay Life and Culture. A World History, London: Thames & Hudson 2006, S. 167-195.

Tiedemann, Nicole: Haar-Kunst. Zur Geschichte und Bedeutung eines menschlichen Schmuckstücks, Köln: Böhlau 2006.

Völker, Klaus: »Androide«, in: Hans-Otto Hügel (Hg.), Handbuch Populäre Kultur, Stuttgart/Weimar: Metzler 2003, S. 109-114.

Whiteley, Sheila: »Popular Music and the Dynamics of Desire«, in: dies./Jennifer Rycenga (Hg.), Queering the Popular Pitch, New York: Routledge 2006, S. 249-262.

INTERNETRESSOURCEN

Afterellen, http://www.afterellen.com/la-rouxs-elly-jackson-refutes-lesbian-rumors/09/2009/ vom 09.01.2015.

Ampersand: »Two Critiques Of Ariel Levy's Writing About Bois«, http://amptoons.com/blog/2006/08/24/two-critiques-of-ariel-levys-writing-about-bois/ vom 09.01.2015.

Anderson-Minshall, Diane: »The Truth About Pink«, http://www.advocate.com/print-issue/cover-stories/2012/10/16/truth-about-pink vom 09.01.2015.

Coen, Amrai: »Sie nennen ihn Ente«, http://www.zeit.de/2013/43/boxer-homosexualitaet-anerkennung vom 09.01.2015.

Daily Mail, http://www.dailymail.co.uk/home/you/article-1227179/The-La-Roux.html vom 09.01.2015.

Duggan, Tim: »The dangers of fauxmosexuality«, http://www.smh.com.au/news/opinion/the-dangers-of-fauxmosexuality/2008/10/09/1223145536075.html vom 09.01.2015.

Durban, Jonathan: »Red Hot«, http://www.papermag.com/2010/09/la_roux.php, vom 09.01.2015.

Fanpop, »Is Elly Jackson a lesbian? (i hope so!!! hehe)«, http://www.fanpop.com/clubs/la-roux/answers/show/23055/elly-jackson-lesbian-hope-hehe, vom 09.01.2015.

Jonze, Tim: Interview mit Elly Jackson, The Observer: »I don't get fame, I don't know what you're supposed to do«, http://www.theguardian.com/music/2014/may/25/-sp-elly-jackson-i-dont-understand-fame vom 09.01.2015.

— »Killer queen«, http://www.theguardian.com/music/2009/may/23/la-roux-interview vom 09.01.2015.

Krauß, Martin: »Raus aus der Schmuddelecke«, http://www.zeit.de/online/2007/48/frauenboxen vom 09.01.2015.

Kregloe, Karman: »The curious case of La Roux's Elly Jackson«, http://www.afterellen.com/la-rouxs-elly-jackson-refutes-lesbian-rumors/09/2009/ vom 09.01.2015.

Leinenbach, Michael: »Der Umgang mit Minderheiten zeigt viel über das Demokratieverständnis eines Staates«, Report des Deutschen Berufsverbandes für Soziale Arbeit (DBSH), in: Forum sozial 04/2013, http://www.dbsh.de/fileadmin/redaktionell/pdf/Sozialpolitik/Leinenbach_LGBTDeutschland.pdf, vom 09.01.2015.

Levy, Ariel: »Where the Bois Are«, http://nymag.com/nymetro/news/features/n_9709/ vom 09.01.2015.

London, Larry, Voice of America, Interview mit Elly Jackson, http://www.youtube.com/watch?v=EnQlZ_SCVl0 vom 09.01.2015.

Michelson, Noah: »Pop Goes the Damsel«, http://www.out.com/entertainment/music/2011/05/16/pop-goes-damsel vom 09.01.2015.

Oh no they didn't, http://ohnotheydidnt.livejournal.com/36675271.html vom 09.01.2015.

Pink bei den MTV Video Music Awards 2012, http://www.mtv.de/artists/1519-p-nk; http://www.metatube.com/en/videos/152044/P-nk-Blow-Me-One-Last-Kiss-Live-2012-MTV-Video-Music-Awards-HD/ vom 09.01.2015.

Pink im Interview mit Lori Majewski: »Pink, the Singer: A softer Shade«, Health Magazine, http://www.womenshealthmag.com/life/singer-pink?page=1 vom 09.01.2015.

Rogers, Thomas: »What comes after the Twink?«, http://www.theawl.com/2013/07/what-comes-after-the-twink vom 09.01.2015.

Style.com, http://www.youtube.com/watch?v=ujtnDIblm78 vom 09.01.2015.

Topman-Homepage, http://eu.topman.com/?geoip=home, vom 09.01.2015.

VOA Music, http://www.youtube.com/watch?v=EnQlZ_SCVl0 vom 09.01.2015.

Vogue Italia, http://www.vogue.it/en/people-are-talking-about/focus-on/2010/07/la-roux vom 09.01.2015.

Yahoo, »Is la roux gay the girl that sings bullet proof?«, https://answers.yahoo.com/question/index?qid=20100418135218AA9FkIh vom 09.01.2015.

Schöne Schale, harter Kern?
Über Frauenrollen im Metal

SUSANNE SACKL-SHARIF

Auf dem Cover des deutschsprachigen Musikmagazins *Metal Hammer* für den Monat April 2014 werden Angela Gossow, Cristina Scabbia und Sharon Osbourne in typischen Metal-Posen dargestellt: Gossow ist brüllend und zähnefletschend zu sehen, Osbourne mit geballten Fäusten abgebildet, Scabbia steht breitbeinig und mit verschränkten Armen in der Mitte. Darunter wird mit der Schlagzeile »Eiserne Ladys. Diese 30 Powerfrauen regieren den Metal« die Coverstory »Schöne Schale, harter Kern« dieser *Metal Hammer*-Ausgabe beworben, in der sich vier Journalistinnen und Journalisten auf acht Seiten mit Genderaspekten im Metal auseinandersetzen. Den Kern der Diskussion bilden Vorurteile, mit denen sich Frauen im Metal konfrontiert sehen, wobei Formate wie »The Hottest Chicks in Metal« des *Revolver Magazine* und die damit verbundene Fokussierung auf das Aussehen von Metal-Musikerinnen ebenso diskutiert werden wie gesamtgesellschaftliche Diskriminierungsprozesse von Frauen und alltagsweltliche Geschlechterstereotypien außerhalb der Metal-Szene. Mit dem Wunsch für die Zukunft, dass es am besten wäre, »wenn die Metal-Welt einsieht, dass das Geschlecht der Akteure keinerlei Rolle spielt« und einem Verweis, dass Metal nur deshalb so erfolgreich ist, »weil Männer und Frauen oft an einem Strang gezogen haben«, beenden die Autorinnen und Autoren ihre Titelgeschichte.[1]

Diese Diskussion aufgreifend werden im vorliegenden Beitrag aus wissenschaftlicher Perspektive Genderaspekte im Metal diskutiert, wobei der Fokus auf folgende Fragen und Themen gelegt wird: Nach einer Bestandsaufnahme von

---

1 M. Aschenbrenner et al.: Schöne Schale, harter Kern, S. 21.

Frauen in Metal-Bands wird das Verhältnis von Kompetenzen und Schönheitsidealen bei Metal-Musikerinnen erörtert. Dabei werde ich zum einen auf Ergebnisse aus meiner Dissertation *Gender – Metal – Videoclips. Eine qualitative Rezeptionsstudie* und zum anderen auf aktuelle Tendenzen in der Metal-Szene eingehen.[2] Anschließend werden Frauen als Metal-Fans in den Blick genommen; nach einem kurzen Abriss zum Geschlechterverhältnis im Metal-Publikum werden die Ergebnisse meiner Dissertation mit Ergebnissen zweier Beobachtungsstudien kontrastiert. Beide Teile verbinden Fragen nach weiblichen Rollenbildern im Metal sowie Veränderungsperspektiven aufgrund des Anstiegs an Frauen im Metal sowohl *auf* als auch *vor* der Bühne.

Vorweg angemerkt sei, dass in diesem Beitrag aus Platzgründen weder auf die Geschichte noch auf die stilistischen Merkmale des Metal eingegangen werden kann. Wichtig zu erwähnen ist allerdings, dass es seit den 1980er Jahren zu einer extremen Ausdifferenzierung der Szene gekommen ist, weswegen kaum Aussagen über *die* Metal-Szene getroffen werden können. So existieren beispielsweise im Death Metal, Thrash Metal, Symphonic Metal oder Folk Metal unterschiedliche Gesangsstile, Kleidungsstile und Geschlechterverhältnisse im Publikum. Dies sollte bei den folgenden Ausführungen stets mitgedacht werden, an vielen Stellen wird außerdem auf das Subgenre der Band und auf weitere ergänzende Aspekte verwiesen.[3]

FRAUEN IN METAL-BANDS: EINE BESTANDSAUFNAHME

Für den Musikwissenschaftler Robert Walser reproduzieren und beeinflussen Geschlechter-Konstruktionen in Metal-Musik und in Metal-Videoclips patriarchale Ideologien, weswegen er Metal auch als »a discourse shaped by patriarchy« bezeichnet.[4] Die Grundlage für diese Aussage bildet die Tatsache, dass Metal in den 1980er Jahren eine Musikrichtung mit einer deutlichen Männerdominanz war beziehungsweise in einigen Bereichen des Metal auch heute noch

---

2 Meine Dissertation habe ich im Frühjahr 2014 an der Karl Franzens-Universität Graz abgeschlossen.

3 Für nähere Ausführungen zur Geschichte des Metal und dessen Subfelder vgl. I. Christe: Sound of the Beast; K. Kahn-Harris: Extreme Metal; B. Roccor: Heavy Metal; R. Walser: Running with the Devil; D. Weinstein: Heavy Metal. Zur musikalischen Sprache des Metal vgl. D. Elflein: ›Immer die gleichen Klassiker!‹, S. 127-143; ders.: Schwermetallanalysen.

4 R. Walser: Running with the Devil, S. 109.

ist, sowohl in Hinblick auf Musikerinnen und Musiker als auch bezogen auf das Publikum. Marc Halupczok bezeichnet in seiner *Metal Hammer*-Kolumne »Neues aus Trveheim«[5] Metal-Fans knapp 20 Jahre später als »trvesexuell« und verweist darauf, dass »die Geschlechtergrenzen im Trveness-Universum eh fließend sind« und dies »wahre Gleichberechtigung« sei.[6] Er resümiert: »Wir sind weder trans-, noch metro-, sondern trvesexuell«.[7]

Was ist in der Zeit zwischen Walsers Studie und Halupczoks Artikel geschehen? Waren Frauen in Metal-Bands der 1980er Jahren eher die Ausnahme, beispielsweise bei der 1978 gegründeten britischen »all-female metal band« *Girl School* oder der deutschen Heavy-Metal-Band *Warlock*, die von der Sängerin Doro Pesch 1982 mitbegründet wurde, ist seit den 1990er Jahren ein stetiger Anstieg von Frauen in Metal-Bands sowie im Metal-Publikum zu verzeichnen. Die Website *Metaladies – all-female metal bands* listet zum Beispiel über 200 Metal-Bands aus diversen Metal-Stilrichtungen auf, die ausschließlich aus Frauen bestehen.[8] Neben international bekannten Bands wie der kanadischen Nu-Metal-Band *Kittie* oder der griechischen Black-Metal-Band *Astarte* befinden sich auf der Liste auch die Death-Metal-Bands *Matriarch* und *Menstruary*, deren Namen bereits als Hinweis auf weibliche Bandmitglieder gelesen werden können. Ferner gibt es seit einigen Jahren so genannte Tribute Bands, die Songs ihrer Lieblingsband covern und schon im Bandnamen wie *AC/DShe* oder *Queen Diamond* andeuten, dass es sich nicht um gewöhnliche Coverbands handelt, sondern um »all-female tribute bands«.[9] Einige dieser Bands setzen die Tatsache, dass sie als reine Frauenband die ›Werke großer Männer‹ covern, als

---

5   Die Bezeichnung »to be trve« beziehungsweise »to be true« hängt eng mit dem Authentizitätsanspruch im Metal zusammen, die Fans unterscheiden in diesem Zusammenhang etwa zwischen True-Metallerinnen und -Metallern und Poser-Metallerinnen und -Metallern. Während es sich bei truen Fans um echte, authentische Fans handelt, wird den Poser-Metallerinnen und -Metallern jegliche Authentizität abgesprochen: »When someone fails to live up to the standards for being authentic [...] they will usually get labeled as posers, i.e., someone who tries to show herself off as being something she is not« (D. Frandsen: Living for Music, S. 10). Bei der Schreibweise »trve« handelt es sich um einen feldinternen Ausdruck, der zumeist im Black Metal verwendet wird.
6   M. Halupczok: Neues aus Trveheim, S. 49.
7   Ebda.
8   Vgl. http://www.metaladies.com vom 09.01.2015.
9   »AC/DShe« ist als Anspielung auf die Band *AC/DC*, »Queen Diamond« als Anspielung auf den Metal-Sänger King Diamond zu verstehen.

Werbestrategie ein, als Distinktionsmittel gegenüber reinen Männer-Bands. So bezeichnet sich zum Beispiel die *Metallica* Tribute Band *Misstallica* auf ihrer Website als »all chick Metallica tribute band« und bewirbt das Bandprojekt folgendermaßen:

»Formed in 2008 [...], MISSTALLICA was the response to the want and need for old school thrash metal and a pretty face to go with it! MISSTALLICA offers the Metallica experience but with BOOBIES!!! [...] The MISSTALLICA girls are real deal, no joke musicians! They bring the thrash, bang and boom better than most men! Skeptics be prepared for a good olde fashioned ass kicking. Metal friends come one and all to bang your heads!!«[10]

Dieses Zitat spiegelt beispielhaft einige jener Prozesse wider, die derzeit in der Metal-Szene beobachtet werden können. Die Präsentation von *Misstallica* kann einerseits emanzipatorisch gelesen werden, da sich die Musikerinnen selbst als »better than most men« beschreiben und ihr Frau-Sein mit dem Verweis auf ihre »boobies« provokant unterstreichen. Andererseits können dieselben Textpassagen sowie das Hervorheben ihrer »pretty faces« als Akt interpretiert werden, mit dem sich die Musikerinnen in gängige sexualisierte Vermarktungsstrategien von Frauen einordnen. Die »boobies« wären in dieser zweiten Lesart nicht als emanzipatorischer Befreiungsschlag zu verstehen, sondern als Bedienung des so genannten »male gaze«, des voyeuristischen Blicks des Mannes auf Frauen, wodurch die ohnehin schon als »ass kicking Metal« beworbene Musik zusätzlich optische Anreize verspricht. Ferner betont die Band, dass es sich um echte Musikerinnen und keine »joke musicians« handelt, die ihr Handwerk verstehen und Skeptikerinnen und Skeptiker eines Besseren belehren werden. Dies kann als Hinweis darauf gedeutet werden, dass Musikerinnen in der Metal-Szene noch keineswegs zur Selbstverständlichkeit geworden sind beziehungsweise sich Frauen noch nicht selbstverständlich als Musikerinnen in der Metal-Szene positionieren können und ihre musikalischen Fähigkeiten daher prophylaktisch, vor jeder möglichen Kritik, verteidigen müssen. Schließlich hebt die in einem Werbetext etwas kleinlaut erscheinende Selbsteinschätzung als »better than most men« noch einmal hervor, dass die absoluten musikalischen Spitzenleistungen im Metal im Normalfall nur von Männern erbracht werden.

Neben den eben genannten »all-female metal bands« gibt es zahlreiche Bands aus unterschiedlichen Metal-Subgenres, in denen Frauen als Sängerinnen aktiv sind. Diese Bands werden auch als »female fronted metal bands«

---

10 http://misstallica.blogspot.co.at/p/info.html vom 09.01.2015.

bezeichnet und unter anderem durch das *Female Metal Magazine* unterstützt und beworben, dem Organ von »Women in Metal«, ein 2008 gegründeter Weltverband, der sich zum Ziel gesetzt hat

»to support and promote female fronted metal bands. [...] Women in metal and metal female were founded on the belief that metal music is not only for men and this magazine starts supporting front women bands and female voices in solo or band in different styles: heavy metal, gothic, black metal, death metal, rock, Celtic, folk, ambient, medieval, symphonic metal,... and metal in general.«[11]

Seit 2003 findet ferner jährlich das »Metal Female Voices Fest« in Lebbeke, Belgien, statt, bei dem zahlreiche Bands mit Metal-Sängerinnen auftreten, darunter *Epica*, *Lacuna Coil*, *Nightwish*, *Arch Enemy* oder *The Agonist*.[12] Aus dem Fest gingen auch die »Metal Female Voices Awards« hervor, die 2009 erstmals unter anderem in den Kategorien »best & beautiful voice« an Tarja Turunen und »best grunts and growls« an Angela Gossow (*Arch Enemy*) verliehen wurden.

Frauen agieren in gemischtgeschlechtlichen Metal-Bands nicht nur als Sängerinnen, sondern auch als Musikerinnen. So gehören Metal-Bassistinnen wie Jeanne Sagan (*All That Remains*) oder Jo-Anne Bench (*Bolt Thrower*) heute genauso zur Szene wie Metal-Schlagzeugerinnen, beispielsweise Sandra Ivette Alvarenga der US-Metalcore-Band *Modern Day Escape*. Und selbst an der – lange Zeit als letzte Bastion der Männlichkeit bezeichneten – Gitarre finden sich heute in zahlreichen Bands oder Soloprojekten Frauen wie Liz Buckingham (*Electric Wizard*), Katherine Thomas (*The Great Kat*), Orianthi Panagaris (seit 2011 bei Alice Cooper, zuvor bei Michael Jackson und Eric Clapton), Simone Dow (*Voyager*) oder *The-Commander-In-Chief*, die sich selbst auf ihrer Website als »the first female 7-string guitarist/singer/songwriter in metal«[13] bezeichnet.

Inwiefern führt dieser Anstieg an Frauen als Metal-Musikerinnen auch zu einem Aufweichen jener patriarchalen Diskurse, die Walser im Jahr 1993 noch für den Metal beschrieb? Werden an Metal-Musikerinnen dieselben Anforderungen gestellt wie an Metal-Musiker, oder ist das Betonen von weiblichen Vorzügen, wie dies *Misstallica* auf ihrer Website machen, ein Hinweis darauf, dass Schönheit für Metal-Frauen über Erfolg und Misserfolg wesentlich mitentscheidet?

---

11 http://www.femalemetal.com/about.html vom 09.01.2015.
12 Vgl. http://www.metalfemalevoicesfest.be vom 09.01.2015.
13 http://www.thecommanderinchief.net/ vom 09.01.2015.

ZUM VERHÄLTNIS VON SCHÖNHEIT UND KOMPETENZ BEI METAL-MUSIKERINNEN

In meiner Dissertation mit dem Titel *Gender – Metal – Videoclips. Eine qualitative Rezeptionsstudie* diskutierte ich mit 20 Metal-Fans zwischen 14 und 21 Jahren neben meinen Hauptfragestellungen[14] auch über gängige Metal-Klischees.[15] Dazu zählte unter anderem auch die Aussage, dass Metal frauenfeindlich und männerdominiert sei sowie dass Frauen im Metal schön sein sollten, um auch erfolgreich zu sein. Ich formulierte diese Klischees in Anlehnung an Carsten Ullrichs diskursives Interview[16] bewusst provokant, um Deutungsmuster zu erschließen, die in Interviewsettings, die dem Neutralitätsideal verschrieben sind, kaum explizit thematisiert werden.[17] In meiner Studie hat sich beispielsweise gezeigt, dass die meisten Befragten dazu neigten, Metal am Anfang der Interviews

---

14 Zwei Themenkomplexe standen im Zentrum meiner Dissertation: (1) Was ist Metal? Was verstehen Metal-Fans unter dem Begriff Metal? Inwiefern umfassen die Definitions- sowie Distinktionsprozesse der Fans Genderaspekte? (2) Genderaspekte in Metal-Videoclips: Wie wird von Metal-Fans allgemein über Musik-, Sound-, Bild- und Textebene in Videoclips gesprochen? Welchen Stellenwert nehmen die dargestellten Musikerinnen und Musiker in der Diskussion der Videoclips ein? Wie werden die Geschlechterbilder in Metal-Videoclips bewertet? (vgl. S. Sackl-Sharif: Gender – Metal – Videoclips, S. 63f.).

15 Meine Interviewpartnerinnen und -partner wählte ich in Anlehnung an das theoretische Sampling nach B. G. Glaser/A. L. Strauss: Grounded Theory, sequentiell im Forschungsprozess aus. Dabei wurde versucht, eine maximale Variation im Sample zu erreichen, der Annahme folgend, dass »[a]ny common patterns that emerge from great variation are of particular interest and value in capturing the core experiences and central, shard aspects or impacts of a program« (M. Q. Patton: Qualitative Evaluation and Research Methods, S. 172). Die Befragten unterscheiden sich daher hinsichtlich ihres biologischen Geschlechts (sieben Frauen, dreizehn Männer), ihres Alters, ihres Ausbildungsgrads, ihres Wohnorts (urban vs. suburban), ihrer Metalpräferenz und ihrer Position im Feld (Musikerinnen und Musiker, Journalistinnen und Journalisten, unter anderem als aktive Fans versus passiv, eher rezipierende Fans).

16 Vgl. C. G. Ullrich: Deutungsmusteranalyse und diskursives Interview, S. 429-447.

17 Ich folge der Auffassung, dass es sich bei Interviews stets um soziale Situationen handelt, die von Interaktionsdynamiken begleitet werden. Diese sind meines Erachtens konstitutiv für den Prozess der Datenerhebung und -auswertung. Für eine nähere Diskussion von Interaktionsdynamiken in Interviews vgl. auch G. Malli/S. Sackl: Interaktionsdynamiken in Expert_inneninterviews, S. 105-116.

beschönigt oder bewusst positiv dazustellen, gerade weil sie sich im Alltag genau mit diesen Klischees konfrontiert sehen. Daher kamen im Verlauf der Interviews, in denen ich die Befragten durch offene Fragen zum Erzählen aufforderte und eigene thematische Schwerpunkte setzen ließ, Themen wie Frauenfeindlichkeit oder Schönheitsideale im Metal kaum zur Sprache. Die Diskussion der Metal-Klischees setzte ich aus diesem Grund bewusst ans Ende des Interviews, um die befragten Fans nicht bereits zuvor in eine Situation zu bringen, in der sie ihre Musikpräferenz rechtfertigen müssen.

Es hat sich gezeigt, dass die befragten Fans in der expliziten Aufforderung zur Definition von Metal kaum auf Genderaspekte verwiesen und Metal allgemein als Musik charakterisierten, die weder männlich noch weiblich sei, da Musik kein Geschlecht besitzen könne. In der direkten Konfrontation mit Genderklischees ergab sich ein differenzierteres Bild, und Metal wurde in diesem Zusammenhang teilweise auch über Genderaspekte definiert beziehungsweise es wurde über Geschlechterunterschiede im Metal diskutiert. Viele Fans bestätigten beispielsweise, dass die meisten Frauen in Metal-Bands, vor allem im Symphonic Metal und Folk Metal, gesellschaftlichen Schönheitsidealen entsprechen sollten und dieses Ideal für Männer nicht gelte. Simon (15) ging beispielsweise davon aus, dass Männer im Gegensatz zu Frauen im Metal oftmals hässlich sind und bezieht sich in seinen Ausführungen auf die britische Heavy-Metal-Band *Motörhead*:

»Bei den Männern ist das eigentlich anders rum, weil zum Beispiel bei Motörhead, der Sänger, der Lemmy [Kilmister], ist keine Augenweide, wenn ich das so sagen darf. Da ist eher nicht so das Aussehen, sondern mehr die Stimme und das Auftreten wichtig.«[18]

In ihren Erklärungen, warum Schönheit für Metal-Frauen wichtiger sei als für Metal-Männer, bezogen sich die Befragten zum einen auf die nach wie vor vorherrschende Männerdominanz im Metal, die innerhalb der vorangegangenen Diskussionen meist nicht thematisiert wurde. Damit verbunden ist die Annahme, dass Männer gerne schöne Frauen auf der Bühne sehen, weshalb der ›male gaze‹ als Erklärungsgrundlage diente. Zum anderen meinten einige Befragte, dass sich am Beispiel Schönheit im Metal gesamtgesellschaftliche Ungleichheiten zwischen den Ansprüchen an Frauen und Männern ablesen lassen.

Dass das Thema Schönheit von Metal-Frauen eine wichtige Rolle in der Metal-Szene spielt, zeigen auch die Diskussionen rund um die »The Hottest Chicks in Hard Rock«-Tournee des amerikanischen *Revolver Magazine*, das

---

18 S. Sackl-Sharif: Gender – Metal – Videoclips, S. 114.

auch alljährlich den »Hottest Chicks in Metal«-Kalender auf den Markt bringt. Insbesondere Cristina Scabbia, die mit ihrer Band *Lacuna Coil* als Headliner bei der 2014 stattgefundenen Tournee spielte, wird aufgrund ihrer Teilnahme heftig kritisiert. Die Autorinnen und Autoren des eingangs zitierten *Metal Hammer*-Artikels hätten sich etwa »mehr [...] Substanz« von Scabbia erhofft, die in der Vergangenheit bisher eigentlich stets betonte, dass ein schönes Gesicht im Metal nicht ausreiche, um Erfolg zu haben.[19] Scabbia verkaufe sich auf dieser Tournee als »Grande Dame der Geilheit«, was gerade auch aufgrund ihrer Vorbildfunktion kritisiert wird.[20] Eine der schärfsten Kritikerinnen des *Revolver Magazine* ist wohl Angela Gossow, ehemalige Sängerin und aktuelle Managerin der Melodic-Death-Metal-Band *Arch Enemy*. Als sie gegen ihren Willen 2010 im »Hottest Chicks im Metal«-Kalender abgedruckt wurde, kritisierte sie das Magazin in einem Interview folgendermaßen:

»I hate the ›Hottest Chicks in Metal!‹ It's an embarrassment for women...It's an embarrassment for female musicians, who actually are musicians. [...] It's just all about highlighting the crap that's going on backstage, highlighting a pair of tits, and all the crazy stories on tour.«[21]

Gossow hat nach eigenen Angaben stets daran gearbeitet, als Musikerin ernst genommen und respektiert zu werden, und sie lehnt jegliche Fokussierung auf ihr Äußeres entschieden ab, insbesondere, da sie sich ihrer Vorbildwirkung für jüngere Frauen im Metal bewusst ist: »Ich habe immer zweimal darüber nachgedacht, wie ich mich meinem Publikum präsentieren möchte. [...] Und mir ging es immer darum, zuerst Musikerin und dann Frau zu sein. Das sollten mehr Frauen so sehen«.[22]

Auch die befragten Fans meiner Studie waren sich darin einig, dass Schönheit alleine nicht ausreicht, um als Frau mit einer Metal-Band erfolgreich zu sein, sondern dass vor allem Können über Erfolg und Nichterfolg entscheidet. Roland (21) beschrieb dies anhand der beiden Sängerinnen Angela Gossow und Tarja Turunen:

»Ich glaube, dass sowohl Tarja Turunen als auch Angela Gossow es nur aufgrund ihres Könnens geschafft haben und dadurch erfolgreich wurden. Weil wenn Tarja Turunen

---

19 M. Aschenbrenner et al.: Schöne Schale, harter Kern, S. 16.
20 Vgl. ebda.: S. 15.
21 http://knac.com/article.asp?ArticleID=7408 vom 09.01.2015.
22 Zit. nach M. Aschenbrenner et al.: Schöne Schale, harter Kern, S. 16.

niemals gelernt hätte, Opern zu singen, hätte sie niemals Nightwish so groß rausbringen können, denn dadurch sind sie eigentlich so berühmt geworden, eben durch diese Frau. Und genau so ist es auch bei Angela Gossow, die eben durch Zufall ihr Tape da mit beigelegt hat und dann fanden die das geil und dann wurde sie eben auch angenommen. Und wenn sie nicht so geil growlen oder screamen könnte, dann wäre sie auch nie zu Arch Enemy gekommen.«[23]

Zusammengefasst kann festgehalten werden, dass die befragten Fans in meiner Interviewstudie zum einen bestätigten, dass viele Metal-Musikerinnen tendenziell gesellschaftlichen Schönheitsidealen entsprechen und dies für Metal-Musiker nicht in diesem Ausmaß beziehungsweise in manchen Subgenres überhaupt nicht gelte. Zum anderen wird sowohl von den befragten Fans als auch von vielen Musikerinnen selbst betont, dass die musikalischen Fähigkeiten im Vordergrund stehen und Frauen in Metal-Bands nicht auf ihr Äußeres reduziert werden sollten. Viele der Befragten differenzierten in den Interviews ferner zwischen Frauen auf der Bühne und Frauen vor der Bühne und meinten, dass diese Schönheitsideale für Frauen im Publikum nicht gelten würden. Inwiefern dies tatsächlich zutrifft, werde ich im nächsten Abschnitt diskutieren.

FRAUEN ALS METAL-FANS

Durch Beobachtungen auf diversen Metal-Konzerten und in Gesprächen mit Konzertorganisatorinnen und -organisatoren konnte ich feststellen, dass der prozentuale Anteil von Frauen im Metal-Publikum je nach Subgenre zwischen 20 Prozent (etwa im Death Metal oder im Black Metal) und 40 Prozent (unter anderem im Metalcore oder im Symphonic Metal) variiert. In gewissen Subgenres ist das Geschlechterverhältnis somit mittlerweile annähernd ausgeglichen, insbesondere bei ›female fronted metal bands‹, deren Sängerinnen Vorbildcharakter

---

23 S. Sackl-Sharif: Gender – Metal – Videoclips, S. 113. Anmerkung: Die Melodic-Death-Metal-Band *Arch Enemy* wurde 1996 von Michael Amott (Gitarre, Bass), Johan Liiva (Sänger), Christopher Amott (Gitarre) und Daniel Erlandsson (Schlagzeuger) gegründet. Als John Liiva 2000 die Band als Sänger verließ, wurde er 2001 durch Angela Gossow ersetzt, die Michael Amott während eines Interviews ein Demotape mit ihrem Gesang übergeben hatte. 2014 wurde Gossow zur Managerin der Band und Alissa White-Gluz übernahm den Gesangspart (vgl. auch S. Chaker: Eiserne Ladies, S. 123-125; F. Heesch: Extreme Metal und Gender, S. 167-186).

für ihre weiblichen Fans aufweisen. In extremeren Genres wie dem Black Metal und Death Metal ist nach wie vor eine Männerdominanz zu verzeichnen. Diese Beobachtungen decken sich unter anderem mit Forschungsergebnissen von Bettina Roccor, die für den Bereich des Extreme Metal ebenfalls festhielt, dass hier der geringste Anteil an weiblichen Fans vorhanden ist.[24] Auch Sarah Chaker erfasste für die deutsche Black- und Death-Metal-Szene folgende Daten: »In Deutschland kommt auf fünf männliche Black- oder Death-Metal-Anhänger bisher zwar nur eine Black- oder Death-Metal-Anhängerin, allerdings ist das im Vergleich zu der früheren Frauenquote im Black und Death Metal schon viel«.[25] Chaker spricht in diesem Zusammenhang auch von einer »Trendwende«[26], die insbesondere an der wachsenden Zahl an überzeugten Szenegängerinnen abzulesen sei, »die teilweise bis in die Szeneelite vordringen und dort als Musikerinnen, Veranstalterinnen und Journalistinnen das Leben und die Entwicklung in den Szenen maßgeblich mitgestalten und mitbestimmen«.[27]

In meiner Dissertation wurden die Metallerinnen und Metaller – allgemein und unabhängig vom biologischen Geschlecht – von den Befragten als treue Fans ohne Vorurteile, als freundliche, nette und offene Menschen beschrieben, was sich unter anderem auch darin äußere, dass viele Metal-Fans sozialen Berufen nachgehen. Der freundschaftliche Zusammenhalt in der Szene wurde betont und werde auch nicht dadurch gefährdet, dass die meisten Metallerinnen und Metaller eigene, teils unterschiedliche Meinungen und Präferenzen sowie soziale Backgrounds aufweisen.[28] Das Metal-Publikum sei wild, hart, aber kontrolliert, Metal-Konzerte seien von einem respektvollen Umgang miteinander geprägt. Innerhalb der Charakterisierung von Metal-Fans wurde von keinem der Befragten Unterschiede zwischen Metallerinnen und Metallern gemacht. Da die Befragten in den Interviews auch ihre Metal-Freundeskreise beschrieben, weiß ich, dass diese sowohl Männer als auch Frauen umfassen, weswegen ich davon ausgehe, dass sich die Befragten in ihren Ausführungen nicht nur auf Männer, sondern auch auf Frauen bezogen. Ferner wurde von den meisten Befragten auf

---

24 Vgl. B. Roccor: Heavy Metal, S. 172.
25 S. Chaker: Eiserne Ladies, S. 135.
26 Ebda.
27 Ebda.: S. 125f.
28 Während die erste Generation an Metal-Fans im Arbeitermilieu verwurzelt war (vgl. B. Roccor: Heavy Metal, S. 316), sind die sozialen Hintergründe der Fans heute sehr unterschiedlich und spielen in den Metal-Freundeskreisen kaum eine Rolle (vgl. u.a. S. Chaker: Eiserne Ladies).

ein gleichberechtigtes Miteinander im Publikum verwiesen.[29] Dass Frauen und Männer außerdem aus denselben Gründen Metal hören, hat beispielsweise bereits Roccor festgehalten: »Genannt wird die Qualität von Musik und Texten, die Ehrlichkeit, der Zusammenhalt innerhalb der Szene, die starke Emotionalität der Musik, die Power und die Energie«.[30]

Wie bereits angesprochen, haben einige der Befragten während der Interviews Tendenzen gezeigt, Metal zu beschönigen. Einige Fans gaben ferner nach den Interviews an, dass sie an der Studie mitmachen wollten, um endlich einen Ort zu haben, um mit gängigen Klischees aufzuräumen. Im Reden kommen nach Angelika Wetterer außerdem »vor allem die Wissensbestände zum Vorschein [...], die als legitim und validierungsfähig gelten«.[31] Dies könnte eine weitere Erklärungsmöglichkeit dafür sein, dass die befragten Fans die Metal-Klischees teilweise vehement abstritten, da beispielsweise Frauenfeindlichkeit im offiziellen Diskurs der österreichischen Gesellschaft keine legitime Verhaltensweise mehr darstellt. Um die Ergebnisse meiner Interviewstudie in einen breiteren Kontext zu stellen, werde ich im Folgenden auf die Ergebnisse zweier Studien eingehen, in denen hauptsächlich mit teilnehmender Beobachtung gearbeitet wurde, da anhand dieser Methode im besten Falle jene inkorporierten Wissensbestände und Verhaltensweisen erhoben werden können, auf die in Interviews nicht zugegriffen werden kann.

Sonia Vasan beschäftigt sich mit der Frage, aus welchen Gründen Frauen in der nach wie vor männerdominierten Death-Metal-Szene partizipieren, und sie unterscheidet auf der Grundlage von teilnehmenden Beobachtungen auf Konzerten, Interviews und Analysen von Websites zwei Gruppen von weiblichen Death-Metal-Fans:

»women who ›masculinise‹ themselves, or dress and behave like men, and women who exploit their sex appeal by dressing and behaving provocatively. The former type dress in t-shirts and jeans and adopt masculine styles of speech (such as ›Aw, man‹ or ›Dude, that sucks‹) and behaviour (such as slapping hands as a greeting). The latter type dress in low-cut tops and short skirts, wear makeup, and behave in a traditionally feminine manner (holding hands with/being led by men, being waited on by men, having drinks bought for and brought to them by men).«[32]

---

29 Vgl. S. Sackl-Sharif: Gender – Metal – Videoclips, S. 161.
30 B. Roccor: Heavy Metal, S. 191.
31 A. Wetterer: Geschlechterwissen, S. 24.
32 S. Vasan: ›Den Mothers‹ and ›Band Whores‹, S. 72.

Diese Beobachtungen bestätigten sich in Interviews mit weiblichen Fans insofern, als dass diese selbst zwischen ›truen Fans‹ und ›groupies‹ unterschieden. True Fans wurden in diesem Zusammenhang auch als ›den mothers‹[33] oder »tomboys«[34] bezeichnet und in die sich maskulin gebärdende weibliche Fangruppe eingeordnet, ›groupies‹ wurden mit den traditionellen weiblichen Stereotypien in Verbindung gebracht und teilweise als »band whores« abgewertet. Vasan kommt zum Schluss, dass sowohl Frauen als auch Männer durch die Teilnahme an der Death-Metal-Szene ein gesteigertes Selbstbewusstsein erhalten, die Szene als einen Ort des Empowerment wahrnehmen und sich gleichermaßen gewisse Szenecodes aneignen. Ein wichtiger Unterschied ergibt sich allerdings dadurch, dass die Szenecodes von Männern kreiert werden, weshalb Frauen für Vasan diese männlichen Szenecodes zu ihren eigenen machen müssen, um an der Szene partizipieren zu können:

»The difference for women is that men created those codes and are androcentric; thus, women who seek acceptance into the death metal subculture are forced [...] to exist on men's terms. [...] If their gender roles are consistent with the subculture's androcentric codes – i.e., either ›tomboy‹ or feminine sex object – they may be accepted into the scene«.[35]

Von ähnlichen Beobachtungen berichtet Patti Lynne Donze, die mittels teilnehmender Beobachtung in einem Metal Music Club in Los Angeles die beiden Rollen »girlfriend« und »rocker chick« für weibliche Metal-Fans identifizierte.[36] Während ›rocker chicks‹, ähnlich wie die ›den mothers‹ bei Vasan, als echte, authentische Metal-Fans zu verstehen sind, handelt es sich bei den ›girlfriends‹ um Frauen, die mit ihren Metal-Freunden auf Konzerte gehen, denen aber selbst

---

33 Der Begriff »den mother« (wörtliche Übersetzung: Herbergsmutter) entstammt der Pfadfindertradition, in der Frauen jungen Pfadfindern einerseits dabei geholfen haben ihre Abzeichen zu erhalten, andererseits haben sie sich um den Zusammenhalt in der Gruppe gekümmert und Freizeitaktivitäten organisiert. Auf die Metal-Szene übertragen kann der Begriff »den mother« als Metapher für jene Metal-Frauen herangezogen werden, die sich um das Wohlbefinden von Metal-Männern kümmern und selbstlos den Gruppenzusammenhalt stärken.
34 Als »tomboys« werden Mädchen oder Frauen bezeichnet, die sich eher der stereotypen männlichen Geschlechtsrolle entsprechend verhalten. Im Englischen wird dies auch oft mit der Phrase »to be one of the guys« umschrieben.
35 S. Vasan: ›Den Mothers‹ and ›Band Whores‹, S. 73f.
36 Vgl. P. L. Donze: Heterosexuality Is Totally Metal, S. 259-282.

eine Präferenz für Metal zumeist abgesprochen wird. ›Girlfriends‹ erkenne man insbesondere durch die Nutzung des Raums, da sie sich zumeist in Armlänge neben ihrem Freund aufhalten. Obwohl dies auch für jene Metal-Männer gilt, die mit ihren Freundinnen anwesend waren und auch diese ihre Aufmerksamkeit auf ihre Begleiterinnen richteten, wenn sie an die Bar oder auf die Toilette gingen, wurden die Männer weder als »boyfriends« bezeichnet noch mussten sie ihre Anwesenheit und Musikpräferenz rechtfertigen. Ihnen wurde im Gegensatz zu den Frauen automatisch zugeschrieben, dass sie ausschließlich wegen der Musik im Club seien:

»This distinction is important, because at this site higher social status came with being there ›for the music‹, and this status was assumed for the men that entered the scene but not for the women. Being a ›girlfriend‹ did not preclude also being there for the music, but for them this status had to be explicitly claimed«.[37]

Dass nur die beiden Rollen ›girlfriend‹ und ›rocker chick‹ für Frauen verfügbar sind, hat für Donze ferner Konsequenzen, sowohl für die sexuelle Verfügbarkeit als auch für den Grad an Partizipationsmöglichkeiten in der Szene: »Girlfriends had a weak and tenuous attachment to the scene compared to rocker chicks, but were insulated from unwanted sexual attention«.[38]

Während die Ergebnisse meiner Interviews nahelegen, dass im Metal-Publikum ein gleichberechtigtes Miteinander zwischen weiblichen und männlichen Fans existiert und die Teilhabe an der Szene nicht zwangsläufig vom biologischen Geschlecht abhängt, ergeben die Beobachtungen von Vasan und Donze ein anderes Bild der Metal-Szene. So können weibliche Fans entweder über die Übernahme von stereotyp männlichen Attributen wie Kleidungsstil, Slang und Körpersprache oder durch Hypersexualisierung beziehungsweise den Status als Freundin zu einem Teil der Szene werden, wobei sowohl den ›groupies‹ als auch den ›girlfriends‹ eine Präferenz für die Musik und somit eine vollwertige Teilhabe an der Szene abgesprochen wird.

Diese beiden Beobachtungsstudien liefern mit Sicherheit wertvolle Hinweise auf Verhaltensweisen, die in Interviews aufgrund des Gleichberechtigungsdiskurses nicht angesprochen werden oder aufgrund deren Inkorporiertheit nicht angesprochen werden können. Kritisch zu betrachten ist meiner Ansicht nach allerdings, dass sich sowohl Vasan als auch Donze gängiger Dichotomien und Kategorisierungen bedienen, die innerhalb der Popularmusikforschung etwa

---

37 P. L. Donze: Heterosexuality Is Totally Metal, S. 272.
38 Ebda.: S. 279.

bereits an anderen Stellen als Heilige oder Hure[39], als »melancholy victim« oder »iron bitch«[40], als Übermutter oder Verkörperung männlicher Potenzwünsche[41] diskutiert wurden. Frauen, die in diese Kategorien passen, finden sich mit Sicherheit auch im Publikum auf Metal-Konzerten, fraglich bleibt in diesem Zusammenhang allerdings, inwiefern tatsächlich alle anwesenden Frauen in eine dieser beiden Kategorien, den ›girlfriends‹ beziehungsweise ›groupies‹ einerseits und den ›den mothers‹, ›tomboys‹ oder ›rocker chicks‹ andererseits, eingeordnet werden können beziehungsweise von den Fans selbst eingeordnet werden. Die Ergebnisse legen nahe, dass sich der beobachtende Blick der Forscherinnen – womöglich von diesen vielfach diskutierten Dichotomien geprägt – an den gängigen Kategorisierungen unbewusst orientierte und somit die Schattierungen und Überlagerungen zwischen diesen sowie weiteren Kategorien übersah.

FAZIT UND AUSBLICK

Während die Metal-Szene in den 1970er und 1980er Jahre zu großen Teilen als ein »Ritual, in dem sich Männer gegenseitig feiern«[42], beschrieben werden konnte, von dem Frauen weitestgehend ausgeschlossen waren, ist seit den 1990er Jahren ein Anstieg an Frauen im Metal als Musikerinnen, Sängerinnen, Metal-Fans, aber auch als Journalistinnen, Managerinnen oder Konzertorganisatorinnen zu verzeichnen. Trotz proklamierter Gleichberechtigung von Seiten der Fans ist zu beobachten, dass Frauen im Metal insbesondere in ihrer Rolle als Sängerin oder Musikerin, aber zum Teil auch als Metal-Fan mit gängigen Geschlechterklischees konfrontiert werden. Das Ausloten des Verhältnisses von Kompetenzen und Schönheitsidealen zeigt beispielsweise, dass erfolgreichen Frauen ihre Fähigkeiten als Musikerinnen zum einen anerkannt werden, zum anderen sollen die Musikerinnen in vielen Bereichen des Metal zusätzlich bestimmten Schönheitsidealen entsprechen, was für Metal-Männer in diesem Ausmaß nicht feststellbar ist. Zwar existieren auch für Männer je nach Genre spezifische Grenzen und Normen hinsichtlich der Akzeptabilität ihres Aussehens, Schönheit oder sexuelle Attraktivität stehen dabei aber nicht im Vordergrund oder sind sogar unabhängig von diesen Grenzen und Normen.

---

39 Vgl. K. Neumann-Braun/L. Mikos: Videoclips und Musikfernsehen, S. 43.
40 Vgl. D. Lemish: Spice Worlds, S. 26.
41 Vgl. J. Blume: Neue Ästhetik – Alter Sexismus?, S. 93-109.
42 S. Binas: ›Keep It Hard, Keep It Heavy‹.

Methodologisch ist in diesem Zusammenhang zu berücksichtigen, dass nicht vorschnell mit Kategorisierungen gearbeitet werden sollte, die aus Studien zu anderen Gesellschaftsbereichen stammen. So haben sowohl Vasan als auch Donze in ihren Beobachtungen Handlungen von Fans als typisch männliche oder weibliche Verhaltensweisen charakterisiert, ohne darauf zu achten, inwiefern diese Konnotationen auch tatsächlich in der Metal-Szene relevant sind. Bereits Chaker hat für Black- und Death-Metal-Sängerinnen, die die extremen Gesangsstile der Männer übernehmen, festgehalten:

»Darin sehe ich kein Anpassungsverhalten. Growlen und Kreischen sind Wesensmerkmale von Black- und Death-Metal-Musik, die Art des Gesangs fungiert als wichtiges Unterscheidungsmerkmal zu anderen Musikstilen des Heavy Metal. Ein klarer Gesang würde das musikalische Gesamtkonzept des Black Metal und des Death Metal in Frage stellen. [...] Wenn die Leistung und [die] innere Einstellung stimm[en] [...] spielen Geschlechterunterschiede keine Rolle mehr«.[43]

In meiner Dissertation konnte ich ferner feststellen, dass Metal-Fans über feldspezifisches Geschlechterwissen[44] verfügen, das dem Alltagswissen über die Geschlechter entsprechen, aber interessanterweise auch widersprechen kann. Letzteres zeigte sich insbesondere in der Diskussion über die Sängerin Angela Gossow, die durch ihren männlich konnotierten, tiefen Gesangsstil mit jenen Alltagserwartungen bricht, die besagen, dass Frauen tendenziell höher sprechen und singen als Männer. Von den befragten Death-Metal-Fans wurde ihr Gesang aber dennoch als typischer Death-Metal-Gesang wahrgenommen, da diese Fans growlende Frauen über ihre Erfahrungen in der Szene bereits kannten und die Stimmen im Death Metal unabhängig vom biologischen Geschlecht der Sängerinnen und Sänger bewerteten.[45]

Der Gefahr der Essentialisierung von kontingenten Konnotationen könnte beispielsweise durch die von Irene Dölling und Monika Götsch vorgeschlagenen »Reifizierungsbremsen«[46] entgegengewirkt werden, die ein Offenhalten des Forschungsprozesses vorsehen und bestimmten (Genus-)Gruppen nicht bereits im Vorfeld gewisse Eigenschaften zusprechen. Offenheit bedeutet in diesem Zusammenhang »sich überraschen zu lassen, davon wie die (soziale) Welt

---

43 S. Chaker: Eiserne Ladies, S. 138.
44 Vgl. I. Dölling: Geschlechter-Wissen, S. 44-62.
45 Vgl. S. Sackl-Sharif: Gender – Metal – Videoclips, S. 156f.
46 I. Dölling/M. Götsch: Rhetorische Modernisierung reifiziert, S. 42.

(nicht) erklärt und (nicht) erzählt wird – möglichst ohne den eigenen Maßstab, ohne eigene Kategorisierungen anzulegen«.[47]

LITERATUR

Aschenbrenner, Melanie et al.: »Schöne Schale, harter Kern. Die 30 wichtigsten Frauen im Metal«, in: Metal Hammer 31/4 (2014), S. 14-21.

Binas, Susanne: »»Keep It Hard, Keep It Heavy‹. Zu einigen Aspekten soziokorporeller Kommunikationsmuster im Prozess der Geschlechtersozialisation«, in: PopScriptum 1/92 (1992), auch online verfügbar unter: http://www2.huberlin.de/fpm/popscrip/themen/pst01/pst01_binas.htm vom 20.10.2012.

Blume, Jutta: »Neue Ästhetik – Alter Sexismus? Frauenbilder in populären Musikvideoclips. Popularität vs. Eigensinn«, in: Heidi Hutschenreuter/Claudia Schurian (Hg.), Feministische Streifzüge durch's Punkte-Universum. Medienkunst von Frauen, Essen: edition filmwerkstatt 1993, S. 93-109.

Chaker, Sarah: »Eiserne Ladies: Frauen(-bilder) im Black und Death Metal«, in: Gabriele Rohmann (Hg.), Krasse Töchter. Mädchen in Jugendkulturen, Berlin: Archiv der Jugendkulturen 2007, S. 123-144.

Christe, Ian: Sound of the Beast. The Complete Headbanging History of Heavy Metal, New York: It Books 2004.

Donze, Patti Lynne: »Heterosexuality Is Totally Metal: Ritualized Community and Separation at a Local Music Club«, in: Journal of Popular Music Studies 22/3 (2010), S. 259-282.

Dölling, Irene: »Geschlechter-Wissen – ein nützlicher Begriff für die ›verstehende‹ Analyse von Vergeschlechtlichungsprozessen«, in: Zeitschrift für Frauenforschung & Geschlechterstudien 23/1+2 (2005), S. 44-62.

Dölling, Irene/Götsch, Monika: »Rhetorische Modernisierung reifiziert«, in: Gerlinde Malli/Susanne Sackl-Sharif (Hg.), Wider die Gleichheitsrhetorik. Soziologische Analysen – theoretische Interventionen. Texte für Angelika Wetterer, Münster: Verlag Westfälisches Dampfboot 2014, S. 37-49.

---

47 Ebda. Für weiterführende kritische Diskussionen zur Kategorienbildung in der Erforschung von Genderaspekten in Videoclips und im Popmusikjournalismus aus einer konstruktivistischen Geschlechterperspektive vgl. C. Lessiak/S. Sackl: Konstruktivistische Geschlechtertheorien in der Musikforschung, S. 165-189; S. Sackl: Geschlechterbilder in Videoclips, S. 91-106.

Elflein, Dietmar: »›Immer die gleichen Klassiker!‹. Heavy Metal und der Traditionsstrom«, in: Dietrich Helms/Thomas Phleps (Hg.), No Time for Losers. Charts, Listen und andere Kanonisierungen in der populären Musik (= Beiträge zur Popularmusikforschung, Band 36), Bielefeld: transcript Verlag 2008, S. 127-143.

Elflein, Dietmar: Schwermetallanalysen. Die musikalische Sprache des Heavy Metal (= texte zur populären musik, Band 6), Bielefeld: Transcript 2010.

Frandsen, Daniel: »Living for Music, Dying for Life: The Self-Destructive Lifestyle in Heavy Metal Culture«, in: Rosemary Hill/Karl Spracklen (Hg.), Heavy Fundamentalisms. Music, Metal & Politics, Oxford: Inter-Disciplinary 2010, S. 9-16.

Glaser, Barney G./Strauss, Anselm L.: Grounded Theory. Strategien qualitativer Forschung, aus dem Amerikanischen von Axel T. Paul und Stefan Kaufmann, 2. korrigierte Auflage, Bern: Verlag Hans Huber/Hogrefe AG 2005.

Halupczok, Marc: »Neues aus Trveheim. Trve Mädchen«, in: Metal Hammer 28/10 (2011), S. 49.

Heesch, Florian: »Extreme Metal und Gender. Zur Stimme der Death-Metal-Vokalistin Angela Gossow«, in: Sabine Meine/Nina Noeske (Hg.), Musik und Popularität. Aspekte zu einer Kulturgeschichte zwischen 1500 und heute (= Populäre Kultur und Musik, Band 2), Münster u.a.: Waxmann 2011, S. 167-186.

Kahn-Harris, Keith: Extreme Metal. Music and Culture on the Edge, New York: Berg 2007.

Lemish, Dafna: »Spice Worlds. Constructing Femininity the Popular Way«, in: Popular Music and Society 26/1 (2003), S. 17-31.

Lessiak, Christina/Sackl, Susanne: »Konstruktivistische Geschlechtertheorien in der Musikforschung. Methodologische Implikationen in der Analyse von Videoclips und Printmedien«, in: Malik Sharif et al. (Hg.), Umfang, Methoden und Ziele der Musikwissenschaften, Wien u.a.: Lit-Verlag 2013, S. 165-189.

Malli, Gerlinde/Sackl, Susanne: »Interaktionsdynamiken in Expert_inneninterviews. Methodische Herausforderungen im Kontext der Hochschulforschung«, in: Kristina Binner et al. (Hg.), Die unternehmerische Hochschule aus der Perspektive der Geschlechterforschung. Zwischen Aufbruch und Beharrung (= Forum Frauen- und Geschlechterforschung, Band 39), Münster: Verlag Westfälisches Dampfboot 2013, S. 105-116.

Neumann-Braun, Klaus/Mikos, Lothar: Videoclips und Musikfernsehen. Eine problemorientierte Kommentierung der aktuellen Forschungsliteratur unter Mitarbeit von J. Astheimer, D. Gerbode, A. Schmidt und B. Richard (= Schriftenreihe Medienforschung der LfM, Band 52), Düsseldorf: Vistas 2006.

Patton, Michael Q.: Qualitative Evaluation and Research Methods, 2. Auflage, Newbury Park u.a.: Sage 1990.

Roccor, Bettina: Heavy Metal. Kunst. Kommerz. Ketzerei, Berlin: I. P. Verlag 1998.

Sackl, Susanne: »Geschlechterbilder in Videoclips. Eine kritische Diskussion wissenschaftlicher Analysen«, in: Susanne Sackl/Malik Sharif (Hg.), Jenseits von Hören und Sehen: Zur Ästhetik audiovisueller Medien (= Beiträge zur Medienästhetik der Musik, Band 13), Osnabrück: epos 2013, S. 91-106.

Sackl-Sharif, Susanne: Gender – Metal – Videoclips. Eine qualitative Rezeptionsstudie, Unveröffentlichte Dissertation, Graz 2014.

Ullrich, Carsten G.: »Deutungsmusteranalyse und diskursives Interview«, in: Zeitschrift für Soziologie 28/6 (1999), S. 429-447.

Vasan, Sonia: »›Den Mothers‹ and ›Band Whores‹: Gender, Sex and Power in the Death Metal Scene«, in: Rosemary Hill/Karl Sprecklen (Hg.), Heavy Fundamentalisms. Music, Metal & Politics, Oxford: Inter-Disciplinarity 2010, S. 69-77.

Walser, Robert: Running with the Devil. Power, Gender, and Madness in Heavy Metal Music, Hanover/New England: Wesleyan University 1993.

Weinstein, Deena: Heavy Metal. The Music and Its Culture, Revised Edition, USA: Da Capo 2000.

Wetterer, Angelika: »Geschlechterwissen: Zur Geschichte eines neuen Begriffs«, in: Dies. (Hg.), Geschlechterwissen und soziale Praxis. Theoretische Zugänge – empirische Erträge, Königstein und Taunus: Helmer 2008, S. 13-36.

**(Selbst)Inszenierung
und Visualisierung**

Verlockende Madonna, frohlockende Björk?
Zur Visualisierung von Frauenstimmen im Videoclip

MATTHIAS WEISS

> I'm not the same I have no shame / I'm on fire
> MADONNA, BURNING UP
>
> You ring the bell / Bim bam
> BJÖRK, IT'S OH SO QUIET
>
> L*U*V, Madonna!
> MADONNA, GIVE ME ALL YOUR LOVIN'

Befasst man sich mit der Visualisierung von Frauenstimmen im Videoclip, so gilt es zunächst einmal zu präzisieren, was im Folgenden unter »Frauenstimmen« und »Videoclip« verstanden wird. Erstens: Mit Frauenstimmen sind keine wie auch immer gearteten ›natürlichen‹ Stimmen gemeint, sondern geformte, das heißt technisch sowohl geschulte als auch verstärkte, vor allem aber apparativ bearbeitete und mithin veränderte Stimmen, die ihre Künstlichkeit als solche ausstellen – wofür der Stimmeinsatz von Björk und Madonna paradigmatisch einsteht.[1] Zweitens: Da der Verfasser dieses Beitrags kein Musikwissenschaftler, sondern Kunsthistoriker ist, fehlt ihm zu einer tiefgreifenden Analyse des Gesangs beziehungsweise der Stimmen beider Künstlerinnen das differenzierte Instrumentarium und vor allem ein entsprechend geschultes Ohr.

---

1 Dies gilt bereits für frühe Songs wie Madonnas »Like A Virgin« (1984) und Björks »Violently Happy« (1993), wird jedoch bei den Alben *Music* von Madonna und *Vespertine* von Björk besonders augen- beziehungsweise ohrenfällig. Zu letzteren vgl. J. Arndt: Madonna und Björk.

Besser ausgebildet sind seine Augen, weshalb der Fokus auf der jeweiligen *Visualisierung* der Frauenstimmen liegt. Kurzum: Im Folgenden wird es um die filmische Umsetzung oder Erweiterung bereits medialisierter Stimmen im und durch das Musikvideo gehen, das als seinerseits medialisierte, nämlich televisuelle Form des Musiktheaters zu begreifen ist.[2]

Exemplarisch vorgestellt werden Björks WHO IS IT (CARRY MY JOY ON THE LEFT CARRY MY PAIN ON THE RIGHT) und Madonnas TAKE A BOW. Gewählt wurden diese beiden Clips, weil sie einander diametral gegenüberstehende Konzeptionen der weiblichen Stimme ins Bild setzen. Diese gleichsam antagonistische Gegenüberstellung wird allerdings gegen Ende des Beitrags zumindest ein Stück weit wieder zurückgenommen, lässt sie sich doch mit Blick auf die bisherigen Oeuvres beider Künstlerinnen in der zunächst herausgearbeiteten Trennschärfe nicht aufrecht erhalten.

»FEMME TORÉRO« – MADONNAS TAKE A BOW, 1994. REGIE: MICHAEL HAUSSMAN

Bei »Take A Bow« handelt es sich um den letzten Song des 1994 veröffentlichten Albums *Bedtime Stories*,[3] das er sinnfällig mit einer »Verbeugung« beschließt. Der Songtext der Ballade (Anhang 1), den Madonna in einer Mischung aus Wehmut und Ernüchterung vorträgt, legt vor allem zwei Lesarten nahe: Wörtlich verstanden beschreiben die Lyrics das Gefühl der Leere, das sich nach dem Fallen des letzten Vorhanges einstellt; das Unbehagen, das aus der Spaltung von dargestellter Emotion und tatsächlichem Gefühlszustand resultiert; die Einsamkeit des bewunderten Stars, der nach dem Ende der Vorstellung allein zurückbleibt. Der Refrain wiederum beschreibt das Verhältnis zwischen Star und Publikum, das einer Liebesbeziehung gleicht, wobei diese nur während der Aufführung auf Gegenseitigkeit zu beruhen scheint. Als lyrisches Du ließe sich demnach besagtes Publikum identifizieren, als lyrisches Ich die Sängerin – und damit vielleicht Madonna selbst. Verkehrt man das Verhältnis von metaphorischem und literalem Sinn, so könnte es sich bei »Take A Bow« jedoch auch um ein Liebeslied im engeren Sinne handeln, welches das Ende einer längeren Beziehung, einer lange herbeigesehnten Liebesnacht oder eines für mehr

---

2   Zur Herleitung des Videoclips aus den Konventionen des Musiktheaters vgl. M. Weiß: Madonna revidiert, S. 21-22.
3   Madonna: *Bedtime Stories*, Maverick Recording Company 1994, Track 11. Den Titelsong »Bedtime Story« schrieb unter anderem Björk.

gehaltenen One-Night-Stands beklagt. Die aus dem Theaterkontext übernommenen Formulierungen würden dann das konventionalisierte und wohl nicht immer aufrichtige Verhalten des durch die Stimme Madonnas weiblich konnotierten lyrischen Ichs und ihres mutmaßlich männlichen Gegenübers beschreiben: Verstellung also, Täuschung und Enttäuschung, das selbstverständliche Voraussetzen der Liebe des anderen und so fort.

Dass diese beiden Lesarten ineinander verschränkt sind, deuten die zwei ersten Zeilen der Bridge an, die Verse aus William Shakespeares Komödie *As You Like It* paraphrasieren. Singt Madonna: »All the world is a stage / And everyone has their part«, so lässt Shakespeare eine seiner Figuren aus *As You Like It* sagen: »All the world's a stage, / And all the men and women merely players. They have their exits and their entrances, / And one man in his time plays many parts« (2.7,140-143).[4] Diese Einsicht lässt sich mit den Thesen von philosophischen Anthropologen wie Helmuth Plessner, Soziologen wie Erving Goffman und Gendertheoretikerinnen wie Judith Butler kurzschließen, denen zufolge das Sozialverhalten im Allgemeinen und die Geschlechterverhältnisse im Besonderen nichts weiter als immer wieder neu aufgeführte Rollenspiele oder Maskeraden sind.[5] Auffällig ist zudem, dass die Adressierung des Songtextes nicht so eindeutig ist, wie es beim ersten Hören scheint.[6] Nimmt sich das Lied über weite Strecken wie ein Selbstgespräch aus, so könnten manche Passagen auch an ein

---

4   W. Shakespeare: As You Like It, S. 140. Shakespeares Formulierung wiederum geht zurück auf ein seit der Antike geläufiges Motiv, das sich in der Spätrenaissance zur Vorstellung des *Theatrum mundi* verdichtet – der Vorstellung nämlich, dass das gesamte Welttreiben nichts als ein dem Menschen von Gott auferlegtes Schauspiel sei, das erst mit dem Tod ende. Zur Einführung in den Begriff vgl. A. Hass: Theatrum mundi. Zur weiteren Auslotung des Begriffs erschien jüngst B. Quiring: Theatrum mundi.

5   Vgl. E. Goffman: Wir alle spielen Theater; H. Plessner: Die Stufen des Organischen und der Mensch; J. Butler: Das Unbehagen der Geschlechter. Die bis heute nachhallende These, derzufolge »Weiblichkeit als Maskerade« einzustufen ist, geht zurück auf den erstmals 1929 publizierten Aufsatz »Weiblichkeit als Maskerade« von J. Riviere.

6   Zum Moment der Verunsicherung in der Musik und dem Gesang Madonnas vgl. das Kapitel »Living to Tell. Madonna's Resurrection of the Fleshly«, in: S. McClary: Feminine Endings, S. 148-166. Zur Musik Madonnas vgl. außerdem den Abschnitt »Credit Where It's Due: Madonna's ›Material Girl‹«, in: N. Cook: Analysing Musical Multimedia, S. 147-173, sowie das Kapitel »Madonna, Eroticism, Auto-eroticism and Desire«, in: S. Whiteley: Women and Popular Music, S. 136-151.

Gegenüber gerichtet sein. Entsprechend unklar ist, welche Rolle den von Co-Autor Babyface eingesungenen Chorpartien zukommt, lassen sie sich doch als Echo oder Entgegnung verstehen.

Das Video TAKE A BOW (1994, R: Michael Haussman) entstand im Rahmen der Single-Auskopplung, der zweiten von insgesamt vier.[7] Das Video ist mit einer Laufzeit von 4'32'' etwa fünfzig Sekunden kürzer als die Albumversion des Songs. Erscheinungsdatum der Single war der 6. Dezember 1994. Die Erstausstrahlung des Clips erfolgte vierzehn Tage früher, also Ende November.[8] Gedreht wurde Anfang des Monats in Andalusien, genauer in der Altstadt von Ronda und der Arena von Antequera. Die von Madonna getragenen Kostüme stammen von John Galliano und anderen namhaften Modeschöpfern.[9]

Der Kleidung nach ist der Plot von TAKE A BOW im Spanien der vierziger Jahre des 20. Jahrhunderts angesiedelt und lässt sich wie folgt zusammenfassen: Eine blonde Dame (Madonna) besucht einen Stierkampf,[10] um den Matador für sich zu gewinnen.[11] Besagter Matador (Emilio Muñoz) scheint die Zuneigung der Dame zu erwidern, widmet er ihr doch seinen Sieg durch einen Wink mit seiner Kappe (*montera*).[12] Beim Stelldichein im Hotelzimmer der Dame jedoch

---

7   Bei den Singles und den zugehörigen Clips handelt es sich um »Secret« (1994, R: Melodie McDaniel), »Bedtime Story« (1995, R: Mark Romanek) und »Human Nature« (1995, R: Jean-Baptiste Mondino). Zu »Bedtime Story« siehe M. Weiß, Madonna revidiert, S. 73-111. Zur Ergänzung M. Weiß: Videoclips als Bildersturm.

8   So das branchenübliche Verfahren.

9   Im ›Making of‹ nennt Madonna außer Galliano auch Versace, Prada und andere (vgl. Madonna: No Bull! The Making of Take A Bow, MTV News 1994).

10 Das Streichermotiv legt eine Situierung der Narration im Fernen Osten nahe – was Madonna und ihre Musiker 1995 während eines Live-Auftritts anlässlich der Verleihung der American Music Awards stärker herausarbeiteten. Auf Spanien fiel die Wahl wohl in Vorbereitung auf die Musicalverfilmung EVITA (USA 1996, R: Alan Parker). Madonna soll eine Kopie des Videos ihrem ›Bewerbungsschreiben‹ um die Titelrolle beigelegt haben.

11 Ein – wenn auch nicht allzu gewichtiger Grund – für die Themenwahl mag gewesen sein, dass es sich beim Stierkampf auch um ein musikalisches Ereignis handelt. Zu hören sind Signalhörner und Kesselpauken, es wird vor allem Pasodoble gespielt (vgl. R. Neuhaus: Der Stierkampf, S. 217, 234).

12 Dass der Matador im Ringen mit dem Stier auch um die Gunst einer Dame wetteifert, ist vielfach literarisch vorgebildet – etwa in Lion Feuchtwangers Roman *Die Jüdin von Toledo*, in dem sich der kastilische König Don Alfonso durch die Gegenwart der schönen Raquel herausgefordert fühlt, am Stierkampf teilzunehmen; oder in Ernest

wird schnell deutlich, dass der Stierkämpfer nicht an einer Liebesbeziehung, sondern nur an einem Liebesabenteuer gelegen ist, was die Dame nach dem Vollzug in tiefe Verzweiflung stürzt.

Dass der sepiatonige Clip denn auch weniger das Mit- als vielmehr das Gegeneinander der Geschlechter verhandelt,[13] deutet schon die Parallelmontage während der ersten Strophe an, die sowohl inhaltlich als auch formal an den Vorspann des Spielfilms DANGEROUS LIAISONS (GEFÄHRLICHE LIEBSCHAFTEN, USA/UK 1988, R: Stephen Frears) erinnert. Dem rituellen Anlegen des Lichtkleids (*traje de luces*), mit dem sich der Matador auf den lebensgefährlichen Kampf gegen den Stier vorbereitet,[14] entspricht das Ankleiden der Dame, die sich in einem korsettierten Kostüm in Richtung Kampfplatz begibt.[15] Während der Bridge wiederum werden Stierkampf und Liebesakt parallelgeführt,[16] wobei der Höhepunkt der Corrida – das Töten des Bullen – sowohl mit dem sexuellen Höhepunkt als auch mit dem dramaturgischen Wendepunkt korreliert. Das in der

---

Hemingways Roman *The Sun Also Rises*, in welcher der Matador Pedro Romero der Amerikanerin Brett Ashley direkt vor dem Kampf seinen Umhang anvertraut, den Großteil seiner *muletazos* vor ihrem Platz aufführt und ihr nach dem Kampf das abgeschnittene Ohr des getöteten Stiers schenkt (vgl. L. Feuchtwanger: Die Jüdin von Toledo, S. 88-90; E. Hemingway: The Sun Also Rises, S. 211-221, bes. S. 213, 216, 220-221). Gerade das Schreiben Hemingways ist es denn auch, in dem der Stierkämpfer zum idealtypischen, weil heldisch-kämpferischen Mann wird – ein Geschlechterbild, dass der Schriftsteller in der erst jüngst veröffentlichten Kurzgeschichte *My Life in the Bull Ring with Donald Ogden Stewart* auch auf sich selbst zu übertragen suchte (vgl. E. Hemingway: My Life in the Bull Ring).

13 Einen anderen methodischen Zugang, aber ähnliche Ergebnisse liefert J.-O. Decker: Madonna, S. 370-381.

14 Dies ein eigentlich in strenger Abgeschiedenheit durchgeführter Brauch, an dem nur der Matador und sein Kleiderbursche (*ayuda*) teilhaben. Eine der subtilen Beobachterinnen dieses ebenso intimen wie konzentrierten Moments war die Magnum-Fotografin Inge Morath (vgl. Kunsthalle Wien/S. Folie/G. Matt: Inge Morath, S. 70-73, 81).

15 Wie Madonnas Stylistin Lori Goldstein erwähnt, ist das Enge, Steife der Kleidung auch Ausdruck gesellschaftlicher Zwänge (vgl. Madonna: No Bull! The Making of Take A Bow, MTV News 1994).

16 Insbesondere das Eindringen der Klinge in den Leib des Stiers und die Penetration während des Geschlechtsakts werden – gerade mit Blick auf das Schreiben Hemingways – immer wieder analogisiert (vgl. etwa P. Schwenger: Phallic Critiques, S. 133; M. Backman: Hemingway, S. 5).

Eingangssequenz erfolgende Verstauen eines Degens in einen hohen, schlanken Ständer und der Stich mit einer Broschennadel weisen hierauf bereits voraus. Zu vermuten steht außerdem, dass sowohl die Dame als auch der Matador den jeweils anderen vor der Begegnung in der Arena nicht persönlich kannten, sondern nur das jeweilige Image begehrten. So zeigt die erste Einstellung eine Plakatankündigung des Kampfs, und im Zimmer der Dame befindet sich eine Zeitschrift, deren Titelblatt der Matador ziert. Der Matador wiederum trägt die Muttergottes und mithin (die) Madonna in Form einer aufwändigen Stickerei als Schutzpatronin auf seinem Prunkmantel (*capote*),[17] der während des Kampfs wie ein heraldisch verzierter Überwurf auf der Brüstung vor dem Sitzplatz der Dame liegt. Vor allem jedoch scheint sich beider Begehren auf die Fernsehbilder des jeweils anderen zu richten.

Bemerkenswert ist darüber hinaus, das die oben grob zusammengefasste erzählerische Hauptlinie nicht klar durchgehalten ist oder – positiv gewendet – immer wieder Störungen erfährt: Dass zum Beispiel der Matador seinen etwas rüden Abgang zu bereuen scheint, deutet die sehnsuchtsvolle Geste an, die er dem Fernsehbildschirm mit einer Großaufnahme Madonnas zuteilwerden lässt.[18] Und Verse wie »Wish you well / I cannot stay« oder die Intonation des letzten »Good-bye« vermitteln den Eindruck, dass die Frau die Trennung als solche annimmt.[19] Bezieht man außerdem den Stier in die von Kampf bestimmte Geschlechterkonstellation mit ein, so erweist sich das Verhältnis auf den zweiten Blick als zunehmend ambivalent – und zwar nicht zuletzt, weil die bestickte und mit Spitzen besetzte Unterwäsche von Madonna auf die *traje de luces* anspielt,

---

17 Dass die Muttergottes ›tatsächlich‹ vor Stieren schützt, verdichtet sich in einem Lied aus dem 13. Jahrhundert, dem zufolge Maria – die »unvergleichliche Jungfrau« – in Plasencia (Cáceres) einen Bullen lähmte, als er einem gläubigen Mann nachjagte, um ihn aufzuspießen (Cantiga 144, in: Alfonso X: Cantigas de Santa Maria, S. 122-124). Zur englischen Übersetzung vgl. Song 144, in: Songs of Holy Mary, S. 177.

18 Hierbei handelt es sich um ein Zitat aus der Eröffnungs- beziehungsweise Schlusssequenz von PERSONA (S 1966, R: Ingmar Bergman), in der allerdings nicht die unüberwindliche Distanz zwischen Mann und Frau, sondern zwischen Sohn (Jörgen Lindström) und Mutter (Liv Ullmann) zum Ausdruck kommt.

19 Das in TAKE A BOW verweigerte Happy End wird im Clip YOU'LL SEE (1995, R: Michael Haussman) nachgereicht. Besagter Clip enthält Filmmaterial, das während der Dreharbeiten zu TAKE A BOW entstand, und lässt sich nicht zuletzt deshalb als Fortsetzung lesen (vgl. C. Bullerjahn: Populäres und Artifizielles in den Musikvideos von Madonna, S. 245).

während ihr Umgang mit den Laken an die virtuosen Tuchschwünge (*muletazos*) des Matadors erinnert.[20]

Abbildung 1: Pablo Picasso, Corrida: la mort de la femme torero, 1933. Öl und Bleistift auf Leinwand, 21,7 x 27 cm. Paris, Musée Picasso.

Quelle: Picasso. Toros y Toreros, Paris 1993, S. 159.

Bezogen auf die von Madonna gespielte Figur lassen sich diese Ambivalenzen im Doppelsinn des Begriffs »Femme toréro« fassen. Dieser benennt die fast völlig entblößte Frauengestalt aus den Tauromachien Picassos (Abb. 1),[21] die in Bearbeitung eines Motivs von Domenico Mastroianni (Abb. 2) rücklings und

---

20 Die Muleta-Schwünge, von denen es mehr als fünfundvierzig verschiedene gibt, sind festgelegt und muten entsprechend wie ein choreografierter Tanz an (vgl. Neuhaus: Der Stierkampf, S. 234).

21 Zur »Femme toréro« Picassos vgl. D. Siegelin: Picassos Stierkämpfe, S. 15-19; R. Hirner: Picassos Toros, S. 13-14; M.-L. de Bernadac: 1933-1940 – Du Minotaure à Guernica, S. 158-168. Siegelin bezeichnet dieses Motiv in ihrer Dissertation als eine Erfindung des Basken, Hirner und Bernadac folgen ihr unwidersprochen.

lasziv verrenkt auf dem Rücken eines tödlich verwundeten Stiers liegt.[22] Wie die bisweilen auf wenige Linien reduzierten Kleiderreste deutlich machen, handelt es sich bei besagter Figur um einen weiblichen Torero respektive eine Torera,[23] in deren Gestalt sich Ermächtigungs- und Männerfantasien verquicken. Denn historisch betrachtet ist die Torera eine »Femme moderne«, die sich körperlich ertüchtigen und dabei ihre Beine in Hosen zeigen darf. Gerade deshalb aber wird sie auch mit sexueller Libertinage, ja mit Prostitution in Verbindung gebracht, was sich beispielsweise darin verdichtet, dass Manet jene Frau von zweifelhaftem Ruf als Stierkämpferin malte, die ihm auch für das Kurtisanenbildnis *Olympia* Modell lag.[24] Picasso wiederum geht noch einen Schritt weiter, indem er seine ihres Lichtkleids entledigte »Femme toréro« erst sterben lässt, nachdem sie selbst einen tödlichen Degenstoß platzieren konnte. Auf den Clip zurückgewendet bedeutet all dies, dass sich die Rolle der Dame kaum auf jene des willfährigen Objekts beschränken lässt, auch wenn sie dem Matador – zumindest vordergründig – nicht nur in physischer Hinsicht unterliegt.

---

22 Siegelin, Hirner und Bernadac (siehe Anm. 21) ist entgegenzusetzen, dass besagtes Motiv auf den 1895/96 erschienenen und 1905 mit dem Nobelpreis für Literatur ausgezeichneten Roman *Quo vadis?* von Henryk Sienkiewicz zurückgeht. In dessen sechsundsechzigstem Kapitel rettet ein Hüne namens Ursus seine Herrin Lygia im Rund eines Amphitheaters vor einem Stier, dem das Mädchen nackt auf den Kopf gebunden ist. Bindeglied zwischen dem Roman und der bislang Picasso zugeschriebenen Bildfindung ist eine ab 1913 in Postkartenform europaweit vertriebene Sculptochromie des oben erwähnten Domenico Mastroianni (*Quo vadis*, Nr. 14: Ursus bezwingt den Auerochsen), der besagte Szene abweichend von der Romanvorlage, aber in Übereinstimmung mit den später entstandenen Stierkampfszenen von Picasso umsetzte. Mastroianni und Sienkiewicz wiederum scheinen auf die mythische Entführung der Europa zu rekurrieren, wobei sie die dem Frauenraub immanente Gewalt radikalisieren und in ein öffentlich bestauntes Spektakel überführen (vgl. H. Sienkiewicz: Quo vadis, S. 565-571, bes. S. 567).

23 Sieht man von den durch kretische Fresken überlieferten Stierspringerinnen ab, so beginnt die Geschichte weiblicher Toreros spätestens im Spanien des 17. Jahrhunderts und setzt sich bis heute fort. In den neunziger Jahren des 20. Jahrhunderts zum Beispiel feierte die Spanierin Cristina Sánchez große Erfolge (vgl. R. Bérard: Femmes Toreras).

24 Vgl. H. Körner: Die sportliche Frau, S. 290-291, 295-296. Wie Körner darlegt, malte Manet auch die Mätresse Nadars als (liegende) Torera, während sich die skandalumwitterte Lola Montez als Stierkämpferin fotografieren ließ.

Dass Manet die von Victorine Meurent verkörperte Figur als »Espada« bezeichnete, lenkt den Blick wiederum auf die psychoanalytische Auslegung der Corrida,[25] stehen das spanische Wort für ›Degen‹ und das damit verbundene Penetrationsmotiv doch metonymisch für den Matador. Erwähnenswert ist dies, weil der Matador in der Psychoanalyse weniger eine ambivalente als vielmehr eine fluide Figur ist, die mit ihrem körperbetonten und üppig mit Gold bestickten Anzug, den pinkfarbenen Seidenstrümpfen, den zierlichen Schühchen (*zapatillas*) und nicht zuletzt mit den grazilen, tänzerisch anmutenden Bewegungen eine weiblich besetzte Kultiviertheit verkörpert, der als ›Stiertöter‹ (*matatoros*) zugleich eine ebenso rohe wie sinnliche Kraft eignet wie dem von ihr attackierten Tier. Anders formuliert: Aus psychoanalytischer Perspektive erhält der Matador seine Männlichkeit erst dadurch, dass er dem Stier die seine Pirouette um Pirouette nimmt und ihn am Ende des Kampfes nicht nur symbolisch, sondern tatsächlich kastriert.[26]

Abbildung 2: Domenico Mastroianni: Ursus bezwingt den Auerochsen (aus der Postkartenserie Quo vadis*), 1913. Sculptochromie, 8,9 x 13,9 cm © Armand Noyer.*

Quelle: Berlin, Privatbesitz.

---

25 Vgl. G. Schmid-Noerr/A. Eggert: Die Herausforderung der Corrida.
26 So der wohl vormals tatsächlich ausgeübte Brauch. Heute werden (nur mehr) ein oder zwei Ohren, in Ausnahmefällen auch der Schwanz abgetrennt (vgl. Neuhaus: Der Stierkampf, S. 243; G. Schmid-Noerr/A. Eggert: Die Herausforderung der Corrida, S. 136). Nicht psychoanalytisch, aber dennoch in die gleiche Richtung argumentiert Hemingway, wenn er in der ersten Stierkampfvignette aus *In Our Time* (jener zu Kapitel IX) einen Jungen in der Arena durch das Töten von fünf Stieren zum Mann reifen lässt (vgl. E. Hemingway: In Our Time, S. 107).

Zu den Brüchen im Erzählfluss des Videos zählt außerdem, dass die Fernsehbilder von Madonna nicht nur den Topos des Bildes im Bild bedienen, der auf den medialen Status des Gesehenen und Gehörten verweist,[27] sondern auch den im Songtext nachweisbaren Adressatenwechsel vollziehen. Denn wenn Madonna mit den Händen über den Bildschirm streicht, verlässt sie die Diegese und ist nicht länger die Dame, sondern Madonna selbst;[28] und ihre Sehnsucht gilt nicht länger dem Matador, sondern den Zuschauenden – wobei sich nicht nur der Vereinigungswunsch, sondern auch dessen Scheitern von den Protagonisten auf das Verhältnis zwischen Sängerin und Publikum überträgt.

Genau dieses Miteinander von Verheißung und Versagung aber ist es, in dem die Stimmkonzeption Madonnas sichtbar wird.[29] Denn in TAKE A BOW steht die Stimme nicht für sich selbst, sondern für etwas jenseits ihrer selbst, das jedoch uneinlösbar ist: Die geschlechtliche Verschmelzung mit dem Frauenkörper nämlich, an den die Stimme trotz all ihrer technischen Bearbeitung gebunden bleibt und den uns der Clip in all seinem Reiz vor Augen führt.[30] Anders formuliert: Was Susan McClary nur allzu treffend als »Wiederauferstehung des Fleischlichen« bezeichnete,[31] gründet weniger in der physischen Attraktivität der Sängerin als vielmehr in dem, was Michel Poizat als »Lust« (*plaisir*) des Zuhörens beschreibt,[32] wobei diesem und dem ihm zur Seite gestellten Terminus *jouissance* kaum zufällig eine sexuelle Note eignet.[33] Musik und Gesang figurieren in TAKE

---

27 Vgl. E.A. Kaplan: Rocking Around the Clock, S. 34-37.
28 Diese behauptete Identität von Darstellerin und Rolle gilt auch für den Matador, wird er auf dem eingangs entfalteten Plakat doch als »Emilio Muñoz« angekündigt.
29 Die Filmwissenschaftlerin Gertrud Koch hingegen spricht Madonna gerade in Anschauung von TAKE A BOW eine musikalische und stimmliche »auctoritas« ab (vgl. G. Koch: FilmMusikVideo, S. 17-21).
30 Zur körperlichen Bedingtheit der Stimme und deren – vermeintlicher – Aufhebung durch moderne Aufnahmetechniken vgl. einführend A. Mungen: Gesang/Stimme/ Stimmfächer, S. 245-246. Den durch die Stimme erzeugten Lustgewinn, den auch und gerade das Heraushören des Körpers bewirkt, beschreibt unter anderem R. Barthes: Die Rauheit der Stimme, S. 307-308. Zur mit technischen Mitteln aufgeführten Stimme siehe außerdem V. Pinto: Stimmen auf der Spur.
31 S. McClary: Resurrection of the Fleshly.
32 Vgl. zuvorderst das Kapitel »Plaisir et jouissance«, in: M. Poizat: L'Opéra, S. 15-21.
33 Die von Poizat verwendete Terminologie ist an das psychoanalytische Vokabular Lacans zurückzubinden. Zur Einführung vgl. die Lemmata »Genießen« und »Lustprinzip« in D. Evans: Wörterbuch der Lacanschen Psychoanalyse, S. 113-115, 179-180.

A Bow demnach als ›Präludium amoris‹ – ein Vorspiel zwischen Sängerin und Publikum allerdings, das schlussendlich doch um seiner selbst willen vollzogen wird wie dasjenige von Jan van Bijlerts *Mädchen mit Laute* (Abb. 3), das die musikalische *und* körperliche Vereinigung und deren gleichzeitige Verweigerung im koketten Blick über die entblößte Schulter fokussiert.[34] Die Dame und der Matador wiederum vollziehen vor diesem Hintergrund den Beischlaf nur ›per procurationem‹.[35]

Abbildung 3: Jan van Bijlert: Mädchen mit Laute, 1630-35. Öl auf Leinwand, 74,5 x 57,5 cm. Braunschweig, Herzog Anton-Ulrich Museum.

Quelle: Paul Huys Janssen: Jan van Bijlert 1597/98-1671.

---

34 Zum Bildmotiv des Blicks über die Schulter vgl. K. Krüger: Der Blick ins Innere des Bildes, S. 153-154.
35 Mit Blick auf die Werbefunktion des Clips gelang die Verführung indes: Die Single war in den USA sieben Wochen lang auf Platz 1 der Billboard Hot 100. Das Video wurde als »Best Female Video« bei den MTV Music Video Awards des Jahres 1995 ausgezeichnet. Darüber hinaus erhielt der Clip den Museum of Modern Art Award (vgl. S. Reiss/N. Feineman: Thirty Frames Per Second, S. 131).

HEILIGER BIMBAM – BJÖRKS WHO IS IT, 2004.
REGIE: DAWN SHADFORTH

Der Song mit dem umfänglichen Titel »Who Is It (Carry My Joy On The Left Carry My Pain On The Right)« findet sich auf dem vielleicht radikalsten Album von Björk, *Medúlla*.[36] Der Albumtitel ist aus dem Lateinischen abgeleitet und bedeutet so viel wie »Mark«,[37] was darauf bezogen ist, dass sich »Medúlla« unter Einsatz von Kehlkopfgesang, Beatboxing und so weiter fast ausschließlich auf das ursprünglichste aller Instrumente beschränkt – die menschliche Stimme. Bei »Who Is It« handelt es sich allerdings um eines der eingängigeren Stücke,[38] das sich beim ersten Hören ähnlich wie »Take A Bow« als Liebeslied ausnimmt, auch wenn die von Björk ebenso brav wie beherzt besungene Liebe weniger von Leidenschaft als vielmehr von Geborgenheit und Halt bestimmt zu sein scheint (Anhang 2): Wie in einer Festung fühlt sich das durch das brüchige Timbre Björks ebenfalls weiblich konnotierte lyrische Ich in der Umarmung dessen, der diesmal ausdrücklich als Mann vorgestellt wird. Ja, wie eine Königin behandelt er sie, übereignet er ihr doch ihre verloren geglaubte Krone, und eine rundum ornamentierte noch dazu.

Ein zweites Hören jedoch macht dem Kunsthistoriker oder der anderweitig im christlichen Sprachgebrauch Geschulten deutlich, dass es hier nicht um die Liebe zwischen Mann und Frau oder die Liebe irgendeines Mannes und mithin nicht um die Liebe zu ihm, sondern um die Liebe zu Ihm geht. Denn die Verse des Songs paraphrasieren Formulierungen aus dem Alten und Neuen Testament – Psalm 18,3 etwa, der da lautet: »Herr, du mein Fels, meine Burg, mein Retter, mein Gott, meine Feste, in der ich mich berge«, oder Offenbarung 2,10, wo es heißt: »Sei getreu bis an den Tod, so will ich dir die Krone des Lebens geben«. Sogar das Singen selbst lässt sich an die Verlautbarungen der Bibel zurückbinden, bekennt doch das lyrische Ich aus Psalm 13,6: »Singen will ich dem Herrn, / weil er mir Gutes getan hat«. Der Song »Who Is It« lässt sich demzufolge als Gotteslob (*laus Dei*)[39] oder präziser als ein mit der Stimme und dem

---

36 Björk: *Medúlla*, Wellhart Ltd./One Little Indian 2004, Track 6.
37 Der auf dem ›u‹ platzierte Akzent suggeriert ein isländisches Wort.
38 Dies erklärt sich unter anderem daraus, dass die Ballade bereits für das Vorgängeralbum *Vespertine* entstanden war.
39 Vgl. K. Richter: Lob. Mit Blick auf den deutschsprachigen Raum ist anzumerken, dass Gotteslob auch der Titel eines 1975 herausgegebenen einheitlichen Gebet- und Gesangbuchs ist, das allerdings in jeder Diözese in einer eigenen Version vorliegt. Siehe zum Beispiel Gotteslob Freiburg. Zur Einordnung des Gotteslobs vgl. U.

Herzen dargebrachtes Gotteslob (*laus Dei voce et corde prolata*)[40] verstehen, das gegen Ende des Songs sogar in einer Gottesschau (*visio Dei*)[41] kulminiert, weist die Sängerin doch wiederholt darauf hin, dass ihr genau in dem Moment, indem wir sie hören, die Krone überreicht wird.

Das Video WHO IS IT (CARRY MY JOY ON THE LEFT CARRY MY PAIN ON THE RIGHT) (2004, R: Dawn Shadforth) entstand ebenfalls anlässlich der Single-Auskopplung, auch hier war dies die zweite von vier.[42] Veröffentlichungsdatum der Single war der 18. Oktober 2004. Für die Tonspur des vermutlich Anfang des Monats erstausgestrahlten Clips wurde allerdings nicht die Albumversion,[43] sondern der »Bell Choir Mix« von Björk und Mark Bell verwendet, der eine Spieldauer von 3'49'' verzeichnet.[44] Mit einer Spieldauer von 3'53'' entspricht die Länge des Videos ungefähr jener des Remix. Bei dem im Titel genannten Glockenchor handelt es sich um den *Bústaðakirkja Bell Choir* unter Leitung von Jóhanna Þórhallsdóttir. Die Beats stammen von Rahzel, dem selbsternannten »Godfather of Noyze«. Drehort war der im Süden Islands gelegene Inselberg Hjörleifshöfði. Das von Björk getragene – und gespielte – Kleid stammt von Modemacher Alexander McQueen.

In ihrer Reduziertheit korrespondiert die visuelle Ebene des Clips mit der auditiven: Zu sehen ist eine Fläche aus schwarzem Sand, aus dem sich in weiter Ferne ein eigentümlich geformtes Felsmassiv erhebt. Gewohnt ungewohnt tritt Björk in einem silbergrauen Kleid mit weitem hohen Kragen auf, das in seiner Silhouette die Form einer Glocke beschreibt und über und über mit Schellen unterschiedlicher Größe besetzt ist. Hierzu trägt sie helle Strümpfe und Wanderstiefel. Ihr dunkles Haar ist geflochten und aufgesteckt, zwei der Zöpfe unter-

---

Hildenbrand: Das Einheitsgesangbuch Gotteslob. Zur 2004 begonnenen Neuedition siehe H. Kurzke/A. Neuhaus: Gotteslob-Revision.

40 Dies freilich ein historischer, kein auf die Popkultur der Gegenwart bezogener Begriff (vgl. G. Laube-Przygodda: Das alttestamentliche und neutestamentliche musikalische Gotteslob).
41 Vgl. B. Oberdorfer: Visio Dei.
42 Zuvor ausgekoppelt und mit einem Clip bedacht wurden »Oceania« (2004, R: Lynn Fox), »Triumph Of Heart« (2005, R: Spike Jonze) und »Where Is The Line« (2005, R: Gabriela Fridriksdóttir).
43 Ebenfalls nicht zur Albumversion, sondern zu einem Remix entstand Madonnas »What It Feels Like For A Girl« (vgl. M. Weiß: Zur Rekursivität des Videoclips).
44 Björk: *Who Is It*, Wellhart Ltd./One Little Indian 2004, Track 3. Wohl eher als Aperçu zu werten ist, dass der Nachname des Co-Produzenten von Björk »Bell« lautet.

fangen ihre Augen bogenförmig.[45] Begleitet wird die Sängerin von fünf Kindern, die schwarze Leotards mit Kapuzen und Schellenbesatz tragen und von Zeit zu Zeit Handglocken erklingen lassen. Darüber hinaus führt Björk zuweilen zwei Huskys an der Leine.

Anders als im Falle des narrativ angelegten Clips TAKE A BOW handelt es sich bei WHO IS IT zumindest auf den ersten Blick um ein reines Performancevideo: Björk tritt auf und gibt ihr Lied zum Besten, bewegt sich mehr oder minder rhythmisch, interagiert mit den musizierenden Kindern und scheint einen Teil des Glockenspiels mit Hilfe ihres extravaganten Kleides hervorzubringen. Alle ihre Handlungen und selbst die Form ihres Kostüms scheinen auf den Vortrag des Songs abgestimmt und damit auf nichts weiter als auf die hörbare Musik zu verweisen. Dennoch liegt es bei der relativ klaren Botschaft des Songtexts nahe, auch das im Clip Hör- und Sichtbare im Sinne christlicher Heilslehre auszulegen, zumal der tiefe Klang der schweren Glocke kaum zufällig an eine Kirchenglocke erinnert, die zum Gottesdienst ruft.

Glocken symbolisieren ganz allgemein die Verkündigung des Evangeliums,[46] während sie in der Patristik auf die Propheten verweisen, welche die Ankunft Christi vorhersagen.[47] Schellen wiederum schmücken laut Altem Testament den Gewandsaum der Hohepriester (2. Mose 28,34). Eingedenk dessen ließe sich die von Björk angenommene Rolle als die einer Hohepriesterin oder einer Prophetin begreifen. Das Kleid besteht jedoch nicht nur aus Schellen, es stellt in seinem Umriss auch eine Glocke dar, und die Sängerin setzt Kopf und Leib immer wieder als Klöppel ein. Björk scheint demnach nicht als eine von Gott oder den Menschen ausgezeichnete Frau, sondern als Mensch gewordene Glocke aufzutreten, die sich zwischen Himmel und Erde befindet und von den Wohltaten Gottes kündet. In deutlichem Gegensatz zu Madonnas Performance in TAKE A BOW verkörpert Björk in WHO IS IT also eine im doppelten Wortsinn ›reine‹ Stimme: Im Sinn des Ausschließlichen nämlich, weil die Stimme Björks in der Logik des Clips nichts anderes als eine weitere Manifestation des Glockenklangs ist; und zugleich im Sinne einer geläuterten Stimme, die alle irdischen Versuchungen überwunden hat und nur noch zum Lobe Gottes singt und sich dabei derart

---

45 In ihrer Grundform erinnert die Haartracht an einen sogenannten Brillen- oder Vendelhelm, wie er zum Beispiel durch den Grabfund von Gjermundbu (Norwegen) überliefert ist (vgl. T. Capelle: Gjermundbu, S. 127, mit Abbildung).
46 Vgl. das Lemma »Glocke« in M. Lurker: Wörterbuch der Symbolik, S. 241.
47 Vgl. das Lemma »Glocke« in E. Kirschbaum: Lexikon der christlichen Ikonographie, S. 162.

verausgabt, dass sie am Ende des Clips erschöpft niedersinkt oder besser – verklingt.

Einer solchen Lesart entsprechen das die Weiblichkeit ihres Körpers überspielende Kleid genauso wie das Kindliche ihrer Bewegungen – das Täppische, das Trippeln, das Herumalbern mit den ›anderen‹ Kindern – sowie die Tatsache, dass die vorgebliche Überwindung des Bildschirms hier keine Verführungsgeste ist, sondern dem Publikum die von Gott empfangene Krone herüberreichen und es damit an der Heilserfahrung teilhaben lassen will. Bekräftigt wird dies dadurch, dass sich auch die übrigen Motive des Clips in die hier vorgeschlagene Auslegung fügen: der Sand, bei dem es sich nicht um den hellen Boden (*albero*) der klar umgrenzten Arena aus TAKE A BOW handelt, in welcher Mann und Frau den Kampf der Geschlechter austragen, sondern der in seiner Unendlichkeit einen spirituellen Raum markiert; der burgartige Felsen, der an die besungene Festung gemahnt; und nicht zuletzt die Hunde, die als Sinnbild des Predigers gelten, aber auch die Allegorie einer der christlichen Kardinaltugenden, die Treue (*fides*) nämlich, begleiten.[48]

Abbildung 4: Fides, die Allegorie der Treue, trägt ein helles, meist weißes Kleid und wird von einem Hund begleitet.

Quelle: Cesare Ripa: *Iconologia*, Rom 1603 (Reprint Hildesheim 2000), S. 153.

---

48 Vgl. das Lemma »Hund« in M. Lurker: Wörterbuch der Symbolik, S. 323.

Diese erscheint in Gestalt einer hell, meist weiß gekleideten Frau, zu deren Füßen sich ein ebenfalls weißer Hund befindet (Abb. 4).[49] Möglich wäre freilich auch, dass die Hunde zur Rechten und zur Linken von Björk die Namen »Joy« und »Pain« tragen, sind diese laut Songtext doch ihre Begleiter – was dem hier geführten Argument insofern nicht widerspricht, als Gottestreue zwar Anlass zur Freude bietet, aber auch eine schwere Prüfung sein kann.

ALL IS FULL OF LOVE – SEXUALISIERTE KÖRPER ALS SITZ DES SPIRITUELLEN

Abschließend soll darauf aufmerksam gemacht sein, dass man wohl weder Björk noch Madonna gerecht würde, legte man sie auf die gerade aufgezeigten, antagonistisch angelegten Rollen – hier die Verlockende, dort die Frohlockende – fest. Denn auch wenn dies in der Grundtendenz seine Berechtigung haben mag, so lassen sich doch für beide Künstlerinnen Clips benennen, die einer Generalisierung des hier Dargelegten widersprechen. So kriecht zum Beispiel in Björks ALARM CALL (1998, R: Alexander McQueen) als – wenig subtile – Penetrationsmetapher ein Python zwischen den Beinen der Sängerin empor, während ihr in PAGAN POETRY (2001, R: Nick Knight) eine Art Brautkleid in die bloßen Brüste und die Haut des Rückens gepierct wird. Björks ALL IS FULL OF LOVE (1999, R: Chris Cunningham) wiederum kulminiert in einer Beischlafszene zwischen zwei Roboterinnen mit den Gesichtszügen der Sängerin, die wohl weniger lesbisch oder narzisstisch als vielmehr solipsistisch zu verstehen ist, weil sie die dem Clip vorgängige akustische Vereinigung von Mensch und Maschine visuell nachvollzieht.[50]

Bei Madonna wiederum beschränkt sich die Verhandlung religiöser oder spiritueller Inhalte nicht auf Provokationen wie die Gleichsetzungen mit der Muttergottes in TAKE A BOW, den Liebesakt mit einem schwarzen Jesus in LIKE A PRAYER (1989, R: Mary Lambert)[51] oder Christusanleihen wie dem Gang über

---

49 Dies zum Teil in Vermischung mit Fidelitas, der Allegorie einer allgemeiner verstandenen Treue (vgl. G. A. Schüßler: Fides II, bes. Sp. 776, 780, 800, 812, mit Abbildungen).

50 Vgl. J. Arndt: Madonna und Björk, S. 78. Arndt verwendet hierfür den Begriff des Cyborgs, und zwar anknüpfend an D. Haraway: Ein Manifest für Cyborgs.

51 Vgl. R. B. Scott: Images of Race & Religion. Eine Untersuchung wert wäre darüber hinaus, welcher Stellenwert den augenfälligen Rekursen auf den im Jahr zuvor

das Wasser in LOVE PROFUSION (2003, R: Luc Besson). DIE ANOTHER DAY (2002, R: Traktor) zum Beispiel, der Clip zum Titelsong des zwanzigsten James-Bond-Films (STIRB AN EINEM ANDEREN TAG, USA 2002, R: Lee Tamahori), enthält jüdische beziehungsweise kabbalistische Motive.[52] Denn bei der Verschnürung des Arms handelt es sich um Gebetsriemen (*Teffilin*), die traditionell jüdischen Männern vorbehalten sind. Und die drei hebräischen Buchstaben, die sich als Tätowierung auf dem Arm Madonnas befinden und sich gegen Ende des Clips auf wundersame Weise in die Rückenlehne eines elektrischen Stuhls einbrennen, erweisen sich als die Buchstabentrias *Lamed, Aleph* und *Waw* (לאו), die als einer der zweiundsiebzig heiligen Namen Gottes gilt und darauf zielt, das menschliche Ego zu zerstören – »I'm gonna destroy my ego« heißt es im Songtext entsprechend.[53] Mit Blick auf den Namen der Sängerin und ihre katholische Herkunft ist dem freilich hinzuzufügen, dass es sich bei »LAW« um ein Homophon des englischen Substantivs »love« handelt, das wiederum eine andere der drei christlichen Kardinaltugenden benennt: die Liebe nämlich, womit freilich die Liebe zu Gott und am Nächsten (*caritas*) gemeint ist.[54]

Führt DIE ANOTHER DAY also christliche und jüdische Heilslehren zusammen, so hybridisiert Madonna in NOTHING REALLY MATTERS (1999, R: Johan Renck) eine christliche und eine buddhistische Heilsfigur, namentlich die Muttergottes und Kannon, eine Manifestation des transzendenten Bodhisattva Avalokiteśvara.[55] Im Clip FROZEN (1998, R: Chris Cunningham) wiederum, der sowohl inhaltlich als auch formal einige frappierende Ähnlichkeiten mit WHO IS IT aufweist, versöhnt Madonna alle drei Glaubensbekenntnisse, tritt sie dort doch nicht nur in Gestalt der mit Hunden und Raben in der Wüste hausenden Dämonin Lilith (Jes 34,8-15) beziehungsweise als deren Gegenspielerin Matronit auf, sondern sie verkörpert einmal mehr auch Avalokiteśvara und die Muttergottes,

---

angelaufenen Spielfilm MISSISSIPPI BURNING (MISSISSIPPI BURNING – DIE WURZEL DES HASSES, USA 1988, R: Alan Parker) zukommt.
52 Vgl. B. Huss: Madonna, bes. S. 279-281, 287.
53 So zumindest die Lehrmeinung des von Philip und Karen Berg gegründeten Kabbalah Centre, dem Madonna angehört.
54 In diese Richtung ist wohl auch der im Song »Give Me All Your Lovin'« mehrfach wiederholte Ausruf »L*U*V« zu verstehen. Besagter Song erschien auf dem derzeit letzten Madonna-Album, *MDNA*.
55 Vgl. M. Weiß: Madonna im Kimono, S. 250-258.

die in der Logik des Clips alle die Gleiche und alle ihrem Gegenüber in Liebe zugewandt sind.[56] Alles voller Liebe eben, und das nicht nur im sexuellen, sondern auch im spirituellen Sinn.

ANHANG

1   »Take A Bow«
    Written by Babyface and Madonna.

Take a bow / The night is over / This masquerade is getting older / Lights are low / The curtains are down / There's no one here / (There's no one here in the crowd) / Say your lines / But do you feel them / Do you mean what you say / When there's no one around / Watching you, watching me / One lonely star / (One lonely star you don't know who you are) // *Chorus:* I've always been in love with you / I guess you've always known it's true / You took my love for granted why oh why / The show is over say good-bye / Say good-bye / Say good-bye // Make them laugh / It comes so easy / When you get to the part / Where you're breaking my heart / Hide behind your smile / All the world loves a clown / (Just make 'em smile the whole world loves a clown) / Wish you well / I cannot stay / You deserve an award / For the role that you played / No more masquerade / You're one lonely star / (One lonely star and you don't know who you are) // *Chorus* // All the world is a stage / And everyone has their part / How was I to know / Which way the story'd go / How was I to know you'd break / You'd break, you'd break, you'd break / You'd break my heart // *Chorus.*

Die Textwiedergabe folgt dem Abdruck im Booklet der CD Madonna: *Bedtime Stories*, Maverick 1994.

2   »Who Is It« (»Carry My Joy On The Left Carry My Pain On The Right«)
    Written by Björk.

His embrace, a fortress / It fuels me / And places / A skeleton of trust / Right beneath us / Bone by bone / Stone by stone / If you ask yourself patiently and carefully: / Who is it? // *Chorus:* Who is it that never lets you down? / Who is it

---

56 Vgl. M. Weiß: Madonna revidiert, S. 113-140, bes. S. 127-140.

that gave you back your crown? / And the ornaments are going around / Now they're handing it over / Handing it over / Handing it over // He demands a closeness / We all have earned a lightness / Carry my joy on the left / Carry my pain on the right.

Die Textwiedergabe folgt dem Abdruck im Booklet der CD Björk: *Medúlla*, Wellhart Ltd./One Little Indian 2004.

LITERATUR

Alfonso X, el Sabio: Cantigas de Santa Maria, Band 2, hg. von Walter Mettmann, Madrid: Castalia 1988.

Arndt, Jürgen: »Madonna und Björk. Stimmen zwischen Körper und Computer«, in: Lorenz Engell/Britta Neitzel (Hg.), Das Gesicht der Welt. Medien in der digitalen Kultur, München: Fink 2004, S. 67-78.

Barthes, Roland: »Die Rauheit der Stimme«, in: Karlheinz Barck et al. (Hg.), Aisthesis. Wahrnehmung heute oder Perspektiven einer anderen Ästhetik, Leipzig: Reclam 1990, S. 299-309.

Beckman, Melvin: »Hemingway: The Matador and the Crucified«, in: Modern Fiction Studies 1/3 (8/1955), S. 2-11.

Bérard, Robert: »Femmes Toreras«, in: Ders. (Hg.), La Tauromachie. Histoire et dictionnaire, Paris: Laffont 2003, S. 485-487.

Bernadac, Marie-Laure de: »1933-1940 – Du Minotaure à Guernica«, in: Picasso. Toros y Toreros, Paris: Réunion des Musées Nationaux u.a. 1993, S. 145-189.

Bullerjahn, Claudia: »Populäres und Artifizielles in den Musikvideos von Madonna«, in: Dies./Hans-Joachim Erwe (Hg.), Das Populäre in der Musik des 20. Jahrhunderts. Wesenszüge und Erscheinungsformen, Hildesheim/New York/Zürich: Olms 2001, S. 203-268.

Butler, Judith: Das Unbehagen der Geschlechter, Frankfurt am Main: Suhrkamp 1991.

Capelle, Torsten: »Gjermundbu«, in: Heinrich Beck/Heiko Steuer/Dieter Timpe (Hg.), Reallexikon der Germanischen Altertumskunde, Band 12, Berlin/New York: De Gruyter 1998, S. 126-128.

Cook, Nicholas: Analysing Musical Multimedia, Oxford: Oxford University 2000.

Decker, Jan-Oliver: Madonna: Where's That Girl? Starimage und Erotik im medialen Raum, Kiel: Ludwig 2005.

Evans, Dylan: Wörterbuch der Lacanschen Psychoanalyse, Wien: Turia und Kant 2002.

Feuchtwanger, Lion: »Die Jüdin von Toledo [1955]«, in: Ders.: Die Jüdin von Toledo. Jefta und seine Tochter. Zwei Romane, Berlin/Weimar: Aufbau 1973.

Goffman, Erving: Wir alle spielen Theater. Die Selbstdarstellung im Alltag, München: Piper 1969.

Gotteslob. Katholisches Gebet- und Gesangbuch, hg. von den Bischöfen Deutschlands und Österreichs und den Bistümern Bozen-Brixen und Lüttich. Ausgabe für das Erzbistum Freiburg mit dem gemeinsamen Eigenteil für die Diözesen Freiburg und Rottenburg, Freiburg im Breisgau u.a.: Herder 1975.

Haraway, Donna: »Ein Manifest für Cyborgs. Feminismus im Streit mit den Technowissenschaften«, in: Dies., Die Neuerfindung der Natur. Primaten, Cyborgs und Frauen, Frankfurt am Main/New York: Campus 1995, S. 33-72.

Hass, Adriana: »Theatrum mundi«, in: Manfred Braunek/Gérard Schneilin (Hg.), Theaterlexikon. Begriffe und Epochen, Bühnen und Ensembles, Reinbek bei Hamburg: Rowohlt 1992, S. 1051.

Hemingway, Ernest: In Our Time [1925], New York: Scribner 1958.

— The Sun Also Rises [1926], New York: Scribner 1954.

— »My Life in the Bull Ring with Donald Ogden Stewart« [1924], in: Sandra Spanier/Albert J. DeFazio III/Robert W. Trogdon (Hg.), The Letters of Ernest Hemingway, Band 2, 1923-1925, Cambridge: Cambridge University 2013, S. 192-195.

Hildenbrand, Udo: Das Einheitsgesangbuch Gotteslob. Eine theologische Analyse der Lied- und Gesangtexte in ekklesiologischer Perspektive, Frankfurt am Main u.a.: Lang 2009.

Hirner, René: »Picassos Toros. Die Metamorphosen der Stierkampfmotivik in Pablo Picassos Werk 1921-1964«, in: Ders./Wendelin Renn (Hg.), Picassos Toros. Stier und Stierkampf in Picassos graphischem Werk 1921-1964, Ostfildern-Ruit: Hatje 1996, S. 9-35.

Huss, Boaz: »Madonna, die 72 Namen Gottes und eine postmoderne Kabbala«, in: Daniel Tyradellis/Michael S. Friedlander (Hg.), 10 + 5 = Gott. Die Macht der Zeichen, Köln: Dumont 2004, S. 279-294.

Kaplan, E. Ann: Rocking Around the Clock. Musictelevision, Postmodernism, and Consumer Culture, New York/London: Routledge 1987.

Kirschbaum, Engelbert (Hg.): Lexikon der christlichen Ikonographie, Band 2, Freiburg im Breisgau u.a.: Herder 1970.

Koch, Gertrud: »FilmMusikVideo. Zu einer Theorie medialer Transgression«, in: Frauen und Film 58/59 (1996), S. 3-23.

Körner, Hans: »Die sportliche Frau und die ›Männerphantasien‹ der Avantgarde – eine andere Erzählung von der Befreiung des weiblichen Körpers«, in: Ders./Angela Stercken (Hg.), Kunst, Sport und Körper 1926-2002, Ostfildern-Ruit: Hatje Cantz 2002, S. 288-299.

Krüger, Klaus: »Der Blick ins Innere des Bildes. Ästhetische Illusion bei Gerhard Richter«, in: Pantheon. Internationale Jahreszeitschrift für Kunst 53 (1995), S. 149-166.

Kunsthalle Wien/Sabine Folie/Gerald Matt (Hg.): Inge Morath. Das Leben einer Photographin, Wien: Kunsthalle 1999.

Kurzke, Hermann/Neuhaus, Andrea (Hg.): Gotteslob-Revision. Probleme, Prozesse und Perspektiven einer Gesangbuchreform, Tübingen u.a.: Francke 2003.

Laube-Przygodda, Gerda: Das alttestamentliche und neutestamentliche musikalische Gotteslob in der Rezeption durch die christlichen Autoren des 2. bis 11. Jahrhunderts, Regensburg: Bosse 1980, S. 36-168.

Lurker, Manfred (Hg.): Wörterbuch der Symbolik, Stuttgart: Kröner 1988.

McClary, Susan: Feminine Endings. Music, Gender, and Sexuality, Minnesota/Oxford: University of Minnesota 1992.

Mungen, Anno: »Gesang/Stimme/Stimmfächer«, in: Annette Kreutziger-Herr/ Melanie Unseld (Hg.), Lexikon Musik und Gender, Kassel: Bärenreiter 2010, S. 245-247.

Neuhaus, Rolf: Der Stierkampf. Eine Kulturgeschichte, Frankfurt am Main: Insel 2007.

Oberdorfer, Bernd: »Visio Dei«, in: Hans Dieter Betz et al. (Hg.), Religion in Geschichte und Gegenwart, Band 8, Tübingen: Mohr Siebeck 2005, Sp. 1125-1126.

Pinto, Vito: Stimmen auf der Spur. Zur technischen Realisierung der Stimme in Theater, Hörspiel und Film, Bielefeld: transcript 2012.

Plessner, Helmuth: Die Stufen des Organischen und der Mensch. Einleitung in die philosophische Anthropologie, Berlin/New York: De Gruyter 1975.

Poizat, Michel: L'Opéra ou Le Cri de l'ange. Essai sur la jouissance de l'amateur d'opéra, Paris: Métailié 1986.

Quiring, Björn (Hg.): Theatrum mundi. Die Metapher des Welttheaters von Shakespeare bis Beckett, Berlin: August 2013.

Reiss, Steve/Feineman, Neil: Thirty Frames Per Second. The Visionary Art of the Music Video, New York: Abrams 2000.

Richter, Klemens: »Lob«, in: Hans Dieter Betz et al. (Hg.), Religion in Geschichte und Gegenwart, Band 5, Tübingen: Mohr Siebek 2002, Sp. 476-478.

Riviere, Joan: »Weiblichkeit als Maskerade«, in: Liliane Weissberg (Hg.), Weiblichkeit als Maskerade, Frankfurt am Main: Fischer 1994, S. 34-47.

Schmid-Noerr, Gunzelin/Eggert, Annelinde: »Die Herausforderung der Corrida. Vom latenten Sinn eines profanen Rituals«, in: Kultur-Analysen, Frankfurt am Main: Fischer 1988, S. 99-162.

Schüßler, Gosbert A.: »Fides II. Theologische Tugend«, in: Zentralinstitut für Kunstgeschichte (Hg.), Reallexikon zur deutschen Kunstgeschichte, Band 8, München: Beck 1987, Sp. 774-830.

Schwenger, Peter: Phallic Critiques. Masculinity and Twentieth-Century Literature, London u.a.: Routledge 1984.

Scott, Ronald B.: »Images of Race & Religion in Madonna's Video Like a Prayer: Prayer and Praise«, in: Cathy Schwichtenberg (Hg.), The Madonna Connection. Representational Politics, Subcultural Identities, and Cultural Theory, Boulder/San Francisco/Oxford: Westview 1993, S. 57-77.

Shakespeare, William: As You Like It, hg. von Juliet Dusinberre, London: Arden Shakespeare 2006.

Siegelin, Dorothée: Picassos Stierkämpfe im Kontext surrealistischer Diskussionen um Mythos und Stierkampf, München: Kyrill und Method 1990.

Sienkiewicz, Henryk: Quo vadis? Vollständige Ausgabe. Auf der Grundlage der Übertragung von J. Bolinski neu erarbeitet und mit einer Nachbemerkung und Anmerkungen von Marga und Roland Erb, München: Deutscher Taschenbuchverlag 2000.

Songs of Holy Mary of Alfonso X, The Wise. A Translation of the Cantigas de Santa Maria, translated by Kathleen Kulp-Hill, Tempe: Arizona Center for Medieval Studies 2000.

Strychacz, Thomas: Hemingway's Theaters of Masculinity, Baton Rouge: LSU 2003.

Weiß, Matthias: Madonna revidiert. Rekursivität im Videoclip, Berlin: Reimer 2007.

— »Madonna im Kimono. Hybridität und Transgression in den japanoiden Videoclips *Nothing Really Matters, Paradise (Not For Me)* und *Mer Girl*«, in: Hans Rudolph Velten/Kathrin Audehm (Hg.), Differenz – Transgression – Hybridisierung. Zum kulturellen Umgang mit Grenzen, Freiburg: Rombach 2007, S. 249-271.

— »Videoclips als Bildersturm? Zum kunstkritischen Potenzial kommerzieller Musikvideos«, in: Henry Keazor (Hg.), Musikvideo, Kunstgeschichte und Bildwissenschaft, Berlin: Reimer 2015 (im Druck).

— »Zur Rekursivität des Videoclips am Beispiel von Madonnas *What It Feels Like For A Girl*«, in: André Wendler/Daniela Wetzel (Hg.), Die Medien und das Neue, Marburg: Schüren 2009, S. 29-40.

Whiteley, Sheila: Women and Popular Music. Sexuality, Identity and Subjectivity, London/New York: Routledge 2000.

Voices on and off

Audible empowerment in recent documentary films about female pop artists

ELISABETH JAGL & KORDULA KNAUS

INTRODUCTION

The documentary film is one of the core products of the music industry in creating an artist's image. Its main attraction is to give insight into the personality and offstage life of a star. Its purpose is to communicate to an audience an intimacy and realness that connects the artist's stage persona with his or her history, opinions and private life. In the music industry it is also, according to Robert Strachan and Marion Leonard, »part of the promotional package«, and therefore »aimed at elaborating and reinforcing the star personae rather than seeking to deconstruct it.«[1]

Voice is an extremely powerful agent in documentary films about pop artists and singers. It is not only the power of a singing voice that is usually on display but also the power of those who are given a voice in documentaries. Either the artist can be made an object that is talked about by family, producers, reporters and fans or a narrator's voice – or the artist expresses his or her own subjectivity by using both the speaking and the singing voice. Many successful female artists, musicians, and singers have produced documentaries in the past years. To discuss the use of voice in these documentaries is at the heart of many debates surrounding women in popular music: debates about women as sexualized objects or women artists as models for empowerment. Particularly because such

---

1 R. Strachan/M. Leonard: Rockumentary, p. 285.

discussions often focus on visual spheres, it is interesting to examine the voice (in its multi-layered meaning) that is given to female artists in current documentaries.

VOICE, SOUND, AND MUSIC IN FILM

For the discussion of voice in documentary films about pop artists many theoretical approaches from different fields (film studies, film music studies, sound studies, cultural studies and semiotics) provide useful tools. The premises for the analysis presented here are taken from these diverse fields and display a (rather eclectic) conglomerate that seems to serve best in approaching this topic. First of all, it is important to be aware of the technical possibilities of altering and manipulating voice as well as sound in general during production and postproduction.[2] Voices can be placed in the fore-, middle-, or background of an auditory space. These various dimensions direct the viewer/listener to certain modes of perception and indicate what is more and what is less important.[3] Foregrounding and backgrounding are also related to certain recording techniques, such as close micing versus distant micing or the addition of reverb.[4] The technological innovations of the past decades have resulted in the common multi-channel techniques (stereophonic, surround sound and, most recently, digital sound) that allow a nuanced spacing of sound in the cinemas and home cinemas of today. Within an auditory space film studies often describe a hierarchical *relationship* between the voice and other elements of the soundtrack.[5] Particularly when uttering speech, voices are usually foregrounded (to be understood by the audience) and take a higher hierarchical position compared to noise and music. A documentary about a pop musician or singer, however, differs from these general observations because one of its particular features is the placement of songs within the film narrative. In contrast to a classical film music soundtrack song in these documentaries is often a foregrounded (and preferably diegetic) element with various purposes: songs should promote the artist's music, display his or her

---

2   See E. Yu: Sounds of Cinema, pp. 93-96. One might consider, however, that documentary films use more sound recorded on location than narrative films where sound effects are preferably added in post-production and voices are sometimes dubbed. See J. K. Ruoff: Conventions of Sound in Documentary, pp. 217-234.
3   See T. van Leeuwen: Speech, Music, Sound, pp. 14-16.
4   See M. Chion: The Voice in Cinema, p. 51.
5   See e.g. T. Corrigan/P. White: The Film Experience, pp. 199-203.

abilities and give the audience the feeling of being part of a mediated live performance (when using concert excerpts). In particular, documentaries about singers create a specific tension between the speaking voice and the singing voice. With regard to the film musical or music biopic, several authors described the challenge of producing a smooth transition between the dialogue and the music.[6] Similarly, in documentary films about pop artists this transition is part of the even larger challenge to create a meaningful relation between song and narrative, between the speaking voice and the singing voice, and between the stage persona and the private persona of the artist.

Other key concepts in studying sound, voice and music in film include the distinction between diegetic and nondiegetic sound as well as the distinction between synchronous and asynchronous sound. Among the sounds that are not synchronized with the images (and are nondiegetic), voiceover has a particular position in film-making. Michel Chion describes it as a bodiless voice that has the »ability to be everywhere, to see all, to know all, and to have complete power«.[7] In the documentary film, voiceover also has a particular function in creating a narrative for visual footage that has no connection at all.[8] Thus, it is of particular significance who is speaking a voiceover in a documentary about an artist (the artist himself or herself, an expert, a reporter, an anonymous narrator, etc.) as it presents an authorial voice.

Finally, the various features that voices themselves can have should be considered in the analysis. Theo van Leeuwen describes as the many vocal features that create meaning the pitch range, the level of loudness, the roughness, smoothness or breathiness of a voice, nasality, articulation, resonance, dialects and accents.[9] In the multidimensional medium of film voice reveals its meaning only in combination with other parameters. Adapting recent approaches to live concert film by Lori Burns and Jada Watson the following analysis will also take into consideration the interaction between the aforementioned voice, sound, and music and other parameters such as visual mediation, song lyrics, and the staging of live performance excerpts.[10]

---

6   See e.g. J. Schlotterbeck: ›Trying to Find a Heartbeat‹, pp. 82-90.
7   M. Chion: The Voice in Cinema, p. 24.
8   See S. Nieberle: An den Schwellen performativen Handelns, p. 261.
9   See T. van Leeuwen: A Semiotics of the Voice, pp. 425-436.
10 See L. Burns/J. Watson: Spectacle and Intimacy in Live Concert Film, pp. 103-140.

RECENT DOCUMENTARIES ABOUT FEMALE POP ARTISTS

In documentary films about female pop artists the meaning of voice crystallizes very differently depending on the involvement of the artist's management or the artist herself in the production and production process. Many documentaries and portraits that are produced for the cultural programs on TV do not actively involve the artist at all. They use a large amount of video footage from various sources (archived interview material, clips from concerts and music videos, private video recordings and photographs) to illustrate the most important stages of an artist's career such as the first recording contract, the first commercial success, a concert tour, etc. This material is usually interpolated with new elements, for example, interviews with experts taken exclusively for the production such as music journalists and fellow musicians, companions and co-workers, friends and family members commenting on the footage seen or on the life events contained in it. An anonymous voiceover often keeps the manifold material together by narrating transitional passages. This kind of documentary film in which the artist does not speak apart from stock footage, is represented among many others in the ten-part documentary QUEENS OF POP, first broadcasted by the German-French TV station ARTE (Association Relative à la Télévision Européenne) in July 2011 for their program focal point on women in pop music, called SUMMER OF GIRLS. Before ARTE aired these documentaries an open list with 50 female pop stars was created and put on their website for the users to vote for their two most important singers of each decade (1960s-2000s). Subsequently, ten artists of the past and the present, among them Aretha Franklin, Kate Bush, Madonna, Britney Spears, and Beyoncé, were chosen to be portrayed in a 25-30 minute documentary, followed by another viewer voting on the broadcasting website to crown the ultimate queen of pop.[11]

In documentary films involving the artist's management and the artist herself the voice is commonly used in a different way. Such documentaries often aim at promoting recent work such as a new album, a new tour, or even the change of an artist's image. The video footage shows the artist at work for their current project, e.g. producing video clips, recording albums, rehearsing for a show, giving concerts, etc. Alongside these insights into an artistic journey, the documentaries use personal videos or behind-the-scenes material to give viewers a

---

11 The German singer Nena was nominated as one of the 1980s-queens, but refused to give permission for the use of archive footage, so the TV station chose to portray Debbie Harry, the 3rd place in the 1980s (see http://www.arte.tv/de/queens-of-pop/3601776.html on 09.01.2015).

glimpse of the private life of the star. In contrast to the documentaries mentioned above, these promotional documentaries use video segments that are produced exclusively for that particular film. The artist herself can talk both on and off-screen to comment on her work and private life. Prominent recent examples include the three-part documentary series MY TRUTH featuring Nicki Minaj, first aired in November 2012 by the TV station E! (Entertainment Television) as a part of their reality serial, and Beyoncé's BEYONCÉ: YEAR OF 4, a 30-minute special for MTV (Music Television) that premiered on June 30, 2011, promoting her fourth studio album *4*. Miley Cyrus's MILEY: THE MOVEMENT follows her return to the music industry in the run-up to her fourth studio album *Bangerz*. It premiered on October 2, 2013, only six days before the album's release as a one-hour special for MTV. Besides delivering scenes that capture her when recording in the studio, performing live or on the set of her latest music video, archive footage not only highlights the significant stages of her artistic career, but aims at emphasizing the strong contrast between her old self or rather her old image and her newly found independence as an artist. The documentary narrates this new independence mostly through the artist's voice as Miley Cyrus is almost continuously talking both on and offscreen.

The most popular form of documentary in the pop music business is the tour documentary, where the viewer gets an impression of life on the road in addition to seeing a film-mediated live performance. Recent documentary films such as Rihanna's 777...7 COUNTRIES 7 DAYS 7 SHOWS, a documentary about her in many ways extraordinary project of giving seven shows in seven cities on seven days in November 2012, Taylor Swift's JOURNEY TO FEARLESS, a three-part documentary about her *Fearless* Tour in 2010, or Katy Perry's KATY PERRY: PART OF ME, a film that documented her *California Dreams* Tour in 2011/12, offer different approaches to various aspects of voice. In Rihanna's *777* the viewers can not only follow the artist and her band and staff members around the globe for seven days, but also that of a group of fans and journalists who were invited to join the tour.[12] The artist's background is not discussed and the video recordings reflect only on life during the tour, such as the excitement before a concert, the trip to the locations, and the after-show parties. In short interview sections everyone on tour, from Rihanna's fans to her bass player and even to the pilot, can share with the audience their personal expectations and experiences on the tour. Rihanna herself remains strangely absent because she is

---

12 Only a short excerpt of an interview with Rihanna announcing the tour in Access Hollywood and a video of her manager talking about the anticipation for the project was filmed before the tour started.

not given a prominent voice in this documentary. Taylor Swift's and Katy Perry's films not only document the tour itself but give insight into the artist's background and private life before and during the tour. A large quantity of home video footage and private photographs present important stages of the artist's professional and personal life and the preparations for the tour. The artists comment extensively on and offscreen on material that shows the rehearsing of music and choreography, the planning and building of scenery and stage, the designing and fitting of costumes, etc. They can tell their story in their own words. While the interviewees in Rihanna's documentary talk more about their own experiences and opinions, for example how they would describe life on tour or what they think of Rihanna's personality, the documentaries about Taylor Swift and Katy Perry focus on the stars' lives. For example, when Katy Perry's personal assistant is questioned by the interviewer about her work, she explains how it is to work *with* Katy instead of giving a description of her daily work routine.[13]

These tour documentaries follow different strategies not only with regard to speaking voices. They also present different attempts at connecting private and stage persona as well as the artist's speaking voice and the singing voice in live concert excerpts. Rihanna performs the eight songs in her documentary in full length, each song being related to one concert of the tour. Before the song performance the video footage shows the band members getting ready and Rihanna showing off her costumes, talking about the specific city or concert venue she is going to perform in, but nobody is talking about the song or its content and the lyrical narrative stands in no relation to Rihanna's life or anything presented in the scenes ahead of the performance. In Taylor Swift's JOURNEY TO FEARLESS[14] the songs are also presented in full length, but the musical performance often fades into the background to make room for an interview setting or a voiceover that connects the lyrical narrative in the song with one of her real life experiences. The various layers of how these narratives are created are visible and audible, for example, in the performance of the song »15« in the documentary. An interview where Taylor Swift and her best friend from high school, Abigail, talk about the first time they met and the experiences they shared during their school years and which Taylor wrote about in this song, is interpolated and illustrated with photographs and video snippets from the past. This introduction

---

13 The segment starts at 14:30, the analysis is based on KATY PERRY. PART OF ME, DVD, Paramount Insurge 2012. Indicated time cues follow the DVD.
14 TAYLOR SWIFT. JOURNEY TO FEARLESS, DVD, Hasbro Studios 2010. Indicated time cues follow the DVD.

to the song ends with Taylor saying: »You learn lessons and a lot of them you learn the hard way«, which refers to the content of the song (first love, first sexual experience, first heartbreak). The scene visually changes from the interview situation to a video lasting a few seconds of Taylor screaming of joy and finally blending in to the screaming audience. The very intimate performance with only Taylor shown on a smaller stage surrounded by the crowd starts at 24:50 and continues until Abigail is first mentioned in the third verse: »You sit in class next to a redhead named Abigail and soon enough you're best friends, laughing at the other girls who think they're so cool – we'll be outta here as soon as we can.« The live performance fades visually and audibly into the background, as a photograph of a younger Taylor with a guitar is shown and her voiceover speaks about the first time she played the song for Abigail. After a few seconds the photograph blends into the interview segment with Taylor (now a synchronized on-screen voice), followed by a short commentary in an interview with Abigail. Then the volume of the music is increased again and the video of the live performance continues. During the song there are several such interpolated scenes where Taylor and her friend Abigail comment on or tell personal anecdotes about the song's content or its origin.

In contrast, it appears that in Katy Perry's PART OF ME the songs, that is, the songs' contents are telling a story about Katy Perry, not the other way around. At 1:04:44 of her documentary a visibly shaken Katy Perry (due to the stress and strains of the tour as well as private problems) is trying to activate her energy reserves and to motivate herself for the upcoming concert. A voiceover of Katy explains her ideas about relationships and partnerships. After a few seconds the scene visually changes from the footage to an interview with Katy, where she says that marriage is »not like the movies«. At this point the intro to the song »Not like the movies« starts in the background; Katy goes on talking about her beliefs and ideas about marriage and at the same time she is shown getting ready for a meet and greet with fans. After about 40 seconds of the extended intro the scene changes from backstage to her live performance. The full performance of the song is delivered and it fades out with the screams of her fans. The song lyrics depict a subject who is struggling with a relationship that is not as perfect as the romantic picture displayed in the movies and who is, although very unhappy with this situation, still a strong believer that things will improve, exactly like Katy Perry presented in the film. By establishing such narrative transitions the songs in Katy Perry's documentary represent another voice that tells her actual personal story. This approach is distinctly different from the Taylor Swift documentary where voiceover, photographs and interviews only explain the history and content of the song.

BEYONCÉ: LIFE IS BUT A (FEMINIST) DREAM

In 2013 pop icon Beyoncé Knowles-Carter produced the 90-minute documentary film LIFE IS BUT A DREAM that premiered on American cable network HBO (Home Box Office) in February and was released on DVD and Blu-ray (together with the live concert recording LIFE IN ATLANTIC CITY) in November of the same year. The documentary covers the years 2011 and 2012 of Beyoncé's life and career (starting off with the break from her musical career in 2010 and the split with her father as her manager), but is interpolated with various footage from previous years. Beyoncé announced that she would be taking a break from her music career at the end of January 2010, heeding her mother's advice, »to live life, to be inspired by things again«.[15] During the break she and her father parted ways as business partners.[16] The film uses common narrative elements of the artist's documentary: Beyoncé is shown as a child and in the early stages of her career, in the recording studio, on stage in live performances, at rehearsals, in private with her husband Jay-Z and daughter Blue Ivy, and in an interview situation. What stands out in this documentary film and distinguishes it from many others is the use of both the artist's singing and speaking voice and their interaction with what might be called a feminist message of the film.

First of all, there is extensive (almost ongoing) use of voiceover spoken by Beyoncé herself. Beyoncé is also the only person who appears in a classical interview situation. In contrast to other documentaries there are no interviews with friends, family, teachers, managers, or other persons related to the star. Only in some of the rehearsal situations do short dialogues exist between an interviewer and the staff working with Beyoncé (for example, the programmer of the video animation or members of the band), but nobody in this documentary ever talks about how Beyoncé is as a person or at work, or any other aspect of her life. Beyoncé is the authorial voice of this documentary, but not only because of the sheer amount of speech she utters. The documentary also uses particular visual and auditory techniques to blur the boundaries between Beyoncé as a narrator and Beyoncé as an artist being interviewed. This effect is already established in a very specific way in the first minutes of the film. It starts with a slow tracking shot from grass and trees to the house where Beyoncé grew up, being accompanied by nondiegetic sound effects (the twittering of birds, footsteps, and children's laughter) and underscored with music by Ben Salisbury (a slow paced

---

15   D. Sperling: Beyoncé: ›Career break saved my sanity‹; E. Gardner: Beyoncé is poised to take a well-deserved break in 2010.
16   G. D. Kennedy: Beyoncé severs management ties with father.

string and piano soundtrack), both establishing a nostalgic, »once upon a time« character in this scene. A narrative voiceover starts at 00:25[17]: Beyoncé speaks about childhood memories (»I remember the moss on the trees, I remember the sprinklers...«), her Southern accent giving these memories a personal geographic and social background. Though the text spoken creates a subjective perspective (»I remember...«) particular features of the voice and recording technique in combination with the fairytale soundscape described above put Beyoncé in the position of an authorial offscreen narrator. She speaks rather slowly, pausing often between words and phrases and using a repetitive speech melody;[18] the voice is recorded with close micing and has a rather dry character (typical for an offscreen narrator's voice). At 01:15 the scene visually changes, now showing Beyoncé in an interview situation, located in what the audience might imagine being her home and showing the singer in a very casual outfit. Aurally, however, the scene continues with the underscored music and Beyoncé's voice that now turns into an on-screen synchronized voice but keeps the vocal qualities of her offscreen narration (for example, close micing, etc.). This effect of closeness is supported visually by using mainly close-ups and medium close-ups in the interview,[19] thus not forcing the soundscape of the beginning to drastically change with the new images presented. By keeping the sound and vocal features of the first scene for the interview, Beyoncé's authority as a voiceover narrator is strengthened and transferred to her onscreen voice.

Another peculiar feature of the documentary LIFE IS BUT A DREAM is the way it creates vocal intimacy both for Beyoncé's speaking and singing voice and the overlapping between the two. The first song that can be heard after the opening credits is already significant.[20] As mentioned, the film starts chronologically with

---

17 This analysis is based on BEYONCÉ. LIFE IS BUT A DREAM, DVD, Parkwood Entertainment 2013. Indicated time cues follow the DVD.

18 These particular features of her narration distinguish Beyoncé's off-screen voice from other documentary films where the artist's off-screen voice is used extensively. Miley Cyrus – for example – is continuosly speaking very fast and with a tone of casual chatting that does not give her an authorial off-screen narrator's voice.

19 This is rather untypical for interview situations in documentary films. Many other documentaries use either medim close ups and medium shots to show an ambience that narrates a particular story about the artist, e.g. Taylor Swift is surrounded by musical instruments (a piano and a guitar) to emphazise her song writing and musical abilities.

20 The opening credits use excerpts from a live performance of »Crazy in love«, the song that was Beyonce's first hit single as a solo artist.

Beyoncé's split with her father as her manager. Beyoncé is speaking about this painful time first to the computer screen in her video diary[21] with a soft and nearly whispering voice and then to her interviewer with a slightly trembling voice (it is visually the same interview situation as before and throughout the film). Those scenes are crosscut with footage from Beyoncé and her father in the past while Beyoncé continues speaking (06:30-09:10). The emotionality of the situation is supported by an ongoing piano, flute and string soundtrack introducing a slow-paced descending motif that highlights the doleful mood of the scene. The audio is blended to the string and piano intro of the song »Listen«, accompanied by a visual cut that provides a new situation: Beyoncé is seen close up in profile in a quite natural look, now singing the song »Listen« that was written for the film adaptation of the Broadway musical DREAMGIRLS (2006), where Beyoncé played the character of Deena Jones. Both visually and aurally the situation is quite unclear for a very long time. Beyoncé is singing with her eyes closed, her profile in this long single shot is only framed by a black background, giving the audience no hints about her surroundings. The placement of the sound is rather diffuse and presents multiple and even inconsistent sources.[22] The lack of visual variety and the auditory spacing clearly brings into focus Beyoncé's voice sounding raw and natural and the lyrics offering a narrative account of becoming independent and finding one's own voice. Only in the last line of the song »But now I've gotta find my own« there is a visual cut from the close-up to a medium close-up (10:14) revealing her surroundings: Beyoncé is sitting in the back seat of a car with a laptop in front of her (narrated as being the source of the playback) and seems to be singing to herself. In this song she expresses emotions that fit perfectly to the split with her father. There is also an intertextual reference to the corresponding scene in DREAMGIRLS where Beyoncé's character, Deena Jones, expresses her wish for independence from her manager and husband, Curtis Taylor, Jr. The verses Beyoncé sings in the documentary film are care-

---

21 Beyoncé uses her video diary to create intimacy not only in LIFE IS BUT A DREAM but in her promotion in general. By filming herself non-professionally with a computer webcam she creates a private persona available to an audience via various online media channels.

22 Beyonce's face is not directed at the viewer and the auditory spacing of her voice first presents that indirect angle to the viewer, contrary to the music that is much closer and seems to come from a source not yet clear to the viewer. In the middle of the second phrase, however, the volume of the voice is increased rather abruptly and it now seems to come from everywhere. The audio spacing is again changed with the visual cut from close-up to medium close-up.

fully selected from different parts of the original song. The purpose and effect of this scene is to connect Beyoncé's singing to her personal emotions and to present her voice in an intimate setting that suggests an exclusive and private situation. This leads to an interesting simultaneousness of seemingly contradictive purposes. The scene puts a focus on Beyoncé's voice that communicates its extraordinary capabilities; at the same time it shows Beyoncé in the everyday situation of singing to herself in a car and thereby expressing intimate emotions. The scene has an overtly liminal character[23] that fluctuates between performance and private intimacy. It hereby succeeds in transferring Beyoncé's already established authorial voice to her music and claiming that she expresses her truest and most intimate emotions in her songs.

In LIFE IS BUT A DREAM Beyoncé creates an extremely multifaceted image of herself: there is the vulnerable, sensitive Beyoncé, there is the businesswoman Beyoncé, there is the sexy dancer and performer Beyoncé, there is the incredible voice Beyoncé, there is the creative artist Beyoncé, there is the pregnant Beyoncé and there is the mother Beyoncé. She works mainly with her voice against a public image that is dominated by looks, visual exposure and rumors.

Throughout the documentary her songs are carefully chosen and perfectly fitted to the story she wants to tell. The documentary film uses several song excerpts (lasting less than two and a half minutes) but only three songs can be heard in a complete stage performance. After about one third of the film's length the performance of »Run the World (Girls)« at the Billboard Music Awards Show in May 2011 (where Beyoncé was honored with the Billboard Millennium Award) is mediated. About ten minutes later »End of Time« (also from her then latest album *4*) follows and nearly at the end of the documentary as a musical highlight »Resentment« (from her album *B'day*), both recordings from Beyoncé's live concerts at the Revel Resort in Atlantic City in May 2012.[24] »End of Time« and »Resentment« complement each other and show Beyoncé's versatility on stage. The first song is a five-minute upbeat number with an extensive dance intro, emphasizing Beyoncé's physical exertions; the second song is a

---

23 Sigrid Nieberle uses Victor Turner's concept of liminality in her article about documentary films of female singers in classical music to describe the transition between stage persona and private persona (S. Niberle: An den Schwellen performativen Handelns, pp. 254-257). This approach is also useful for the study of pop artists as the documentaries use similar techniques to create those liminal spaces.

24 Meanwhile, Beyoncé published her 5th studio album *Beyoncé*. The documentary film, however, promotes her then newest album *4*.

six-minute emotive ballad, filmed in one single close-up shot that draws the viewer's attention to Beyoncé's musicality and vocal artistry.

The most exposed song in the documentary is »Run the World (Girls)«, an upbeat dance number with a characteristic march-like rhythm that is audible for more than ten minutes of the film. First short excerpts appear when Beyoncé is in the studio, recording the song. Later it accompanies the dance rehearsals for the performance at the Billboard Music Award Show as well as scenes at the hotel where the crew is putting together the video animation, and finally it is delivered as a complete stage performance at the show. Moreover, it is the only song in the documentary that Beyoncé interprets verbally on several occasions and describes as her message. She starts at 29:53 of the documentary with a voiceover accompanying the dance rehearsals to »Girls«:

»I'm always thinking about women and what we need to hear. It's difficult being a woman. It's so much pressure. We need that support. And we need that escape sometimes.« (29:53-30:05)

Shortly afterwards she refers to female sisterhood when talking about the women customers in her mother's hair salon:

»We are all going through our problems but we all have the same insecurities and we all have the same abilities. We all need each other and, you know, I have been around the world. I have seen so many things. I love my husband. But, there's nothing like a conversation with a woman that understands you. I grow so much from those conversations. I need my sisters.« (31:25-31:56)

During the rehearsals for »Girls« the words from the beginning of the song are delivered (later audible again in the full version of the performance):

»Men have been given the chance to rule the world. But ladies, our revolution has begun. Let's build a nation. Women everywhere, run the world!« (32:44-32:59)

Throughout the live performance Beyoncé again comments on the song by delivering an extensive voiceover:[25]

---

25 In the pauses indicated in this quote the volume of the music from the live stage performance is increased, then again decreased when Beyoncé speaks.

»Billboard was a huge artistic gamble. But the urge to give my message out was so overwhelming I didn't even pay attention to the risk I was taking. [Pause] Nobody knew I was pregnant doing that performance, and I'm cool with that. I'm not interested in a free ride but it absolutely proved to me that women have to work much harder to make it in this world. [Pause] It really pisses me off that women don't get the same opportunities as men do, or money for that matter, because, let's face it, money gives men the power to run the show. [Pause] It gives men the power to define our values and to define what's sexy and what's feminine, and that's bullshit. At the end of the day it's not about equal rights, it's about how we think. We have to reshape our own perception of how we know ourselves. [Pause] We have to step up as women and take the lead and reach as high as humanly possible. That's what I'm gonna do, that's my philosophy. And that's what ›Girls‹ is all about.« (37:18-38:48)

Beyoncé puts quite a large amount of words and time in the documentary to communicate this message of female empowerment. The song's musical character, dominated rhythmically by march-like elements and using vocal rap elements as well as Beyoncé's almost aggressive stage presence, support this message.

This opens up a series of new thoughts when put into a larger context. In her book *The Aftermath of Feminism* Angela McRobbie defined various types of present day »top girls« (meaning a seemingly available freedom for young women), hereby analyzing »a range of specified practices which are understood to be both progressive but also consummately and reassuringly feminine.«[26] As women become less dependent the »Symbolic has to re-secure the terms of heterosexual desire«.[27] McRobbie identifies particularly »the commercial domain (beauty, fashion, magazines, body culture, etc.) which becomes the sources of authority and judgment for young women.«[28] Following McRobbie's arguments, Paula-Irene Villa identified a specific use of pornographic elements particularly in popular music culture: to act as empowered, sovereign and individual subjects, women have to sexualize themselves.[29]

Beyoncé is one of the top female pop artists to use pornographic elements. They are visible in her costumes and her dance moves, for example in the video clip of »Girls« that was often criticized by feminists for putting women once

---

26 A. McRobbie: The Aftermath of Feminism, p. 57.
27 Ibid.: p. 62.
28 Ibid.: p. 61.
29 P.-I. Villa: Pornofeminismus?, p. 242. Cf. Sheila Whiteley's article in this volume, pp. 17-31.

again solely in the position of sex symbols.[30] In contrast to other artists like Lady Bitch Ray, Lady Gaga or others discussed in this volume, Beyoncé does not engage in taking on masculine codes or deconstructing gendered symbols in any playful or less playful way. Beyoncé is a sex symbol without any ambiguity or ambivalence. Visually, she in fact confirms the stereotypical image of (particularly African-American) women as being obsessively sexual.[31] Examples are easy to find: in the month LIFE IS BUT A DREAM premiered the men's magazine GQ published a photo series revealing Beyoncé's sexualized body and declared her to be the »hottest woman of the 21st century«. Shortly afterwards Beyoncé promoted the H&M bikini campaign with pictures of her in three different bikinis glowing from posters in cities around the globe.

Beyoncé incorporates many elements of the antagonism identified by McRobbie and Villa. She appears as being independent and reassuringly feminine at the same time. Particularly in the song »Run the World (Girls)« and its appearance in the documentary LIFE IS BUT A DREAM these elements go hand in hand with different media. Visually the stage performance and the music video show sexualized female bodies and use pornographic elements while the lyrics of the song, the vocal rap elements, the march-like rhythm and Beyoncé's voice-over mediate a message of female empowerment and can also be read as a feminist message.

CONCLUSION

The voice is a symbolically, politically, and socially highly charged medium with regard to gender differences and inequalities. Throughout history women have been silenced but still have stood up to make their voices heard. When Cecily Hamilton's and Ethel Smyth's *March of the Women* starts with the lyrics

---

30 See, for example, Samhita »Behind every strong man, there is an even stronger Beyoncé« published on the online platform *feministing* on May 24, 2011 (see Internet Resources).

31 See, for example, R. James: ›Robo-Diva R&B‹, p. 412. It has to be mentioned, however, that being an African-American woman is no topic whatsoever in the documentary LIFE IS BUT A DREAM. If and to what extent Beyoncé hereby (and with aspects of her visual appearance such as dyed blond hair or the remarkable pale skin) serves tendencies of »whitewashing« of black artists in the pop music industry is a topic worth discussing in a broader context.

»Shout, shout, up with your song!« then it represents only one example of many demanding the right for women to speak, sing, and shout in this world.

The voices of women artists in documentary films unsheathe this symbolic capital (to cite Bourdieu). Particularly as an offscreen narrator the woman artist acquires an authorial voice that transgresses gendered stereotypes.[32] The documentaries examined here, however, make different use of this symbolic capital. The approaches range from a rather uninvolved Rihanna to a rather overinvolved Miley Cyrus, from a Katy Perry who mediates her personal love tragedy in her music to a Beyoncé who wants her feminist message to be heard. It is particularly the documentary (as a medium with various visual and aural techniques) that allows voice to be an agent of female authority and empowerment. But it is often somebody else's decision to give the female voice that permission.

Literature

Burns, Lori/Watson, Jada: »Spectacle and Intimacy in Live Concert Film. Lyrics, Music, Staging, and Film Mediation in P!nk's *Funhouse Tour* (2009)«, in: Music, Sound and the Moving Image 7/2 (2013), pp. 103-140.

Chion, Michel: The Voice in Cinema, New York: Columbia University 1999.

Corrigan, Timothy/White, Patricia: The Film Experience. An Introduction, 2nd edition, Boston & New York: Bedford/St. Martins 2009.

James, Robin: »›Robo-Diva R&B‹: Aesthetics, Politics, and Black Female Robots in Contemporary Popular Music«, in: Journal of Popular Music Studies 20/4 (2008), pp. 402-423.

Leeuwen, Theo van: »A Semiotics of the Voice«, in: Graeme Harper/Ruth Doughty/Jochen Eisentraut (Ed.), Sound and Music in Film and Visual Media, London: Continuum 2009, pp. 425-436.

— Speech, Music, Sound, Houdsmills/Baskingstoke/London: Macmillan 1999.

McRobbie, Angela: The aftermath of feminism. Gender, culture and social change, Los Angeles: Sage 2009.

Nieberle, Sigrid: »An den Schwellen performativen Handelns. Medialität und Performanz am Beispiel der biographischen Sängerinnen-Inszenierung«, in: Martina Oster/Waltraud Ernst/Marion Gerards (Ed.), Performativität und Performance. Geschlecht in Musik, Theater und MedienKunst (= Focus Gender, Vol. 8), Münster: LIT 2008, pp. 250-265.

---

32 Michel Chion and others observed that the narrator's voice is usually a male voice. See, for example, M. Chion: The Voice in Cinema, pp. 55-56.

Ruoff, Jeffrey K.: »Conventions of Sound in Documentary«, in: Rick Altman (Ed.), Sound Theory Sound Practice, New York/London: Routledge 1992, pp. 217-234.

Schlotterbeck, Jesse: »›Trying to Find a Heartbeat‹: Narrative Music in the Pop Performer Biopic«, in: Journal of Popular Film and Television 36/2 (2008), pp. 82-90.

Strachan, Robert/Leonard, Marion: »Rockumentary. Reel to Real: Cinema Verité, Rock Authenticity and the Rock Documentary«, in: Graeme Harper/ Ruth Doughty/Jochen Eisentraut (Ed.), Sound and Music in Film and Visual Media, New York/London: Continuum 2009, pp. 284-299.

Villa, Paula-Irene: »Pornofeminismus? Soziologische Überlegungen zur Fleischbeschau im Pop«, in: Paula-Irene Villa et. al. (Ed.), Banale Kämpfe? Perspektiven auf Populärkultur und Geschlecht, Wiesbaden: Springer 2012, pp. 229-247.

Yu, Emily: »Sounds of Cinema: What Do We Really Hear?«, in: Journal of Popular Film and Television 31/2 (2003), pp. 93-96.

Internet Resources

Gardner, Elysa: »Bayonce is poised to take a well-deserved break in 2010«, http://usatoday30.usatoday.com/life/music/news/2010-01-11-beyonce_N.htm on 09.01.2015.

Kennedy, Gerrick D.: »Beyonce severs management ties with father«, http://latimesblogs.latimes.com/music_blog/2011/03/beyonce-severes-ties-management-ties-with-father.html on 09.01.2015.

Sperling, Daniel: »Beyoncé: ›Career break saved my sanity‹«, http://www.digitalspy.co.uk/showbiz/news/a332509/beyonce-career-break-saved-my-sanity.html#~oWQMOII5OsMih6 on 09.01.2015.

http://www.arte.tv/de/queens-of-pop/3601776.html.

http://feministing.com/2011/05/24/behind-every-strong-man-there-is-an-even-stronger-beyonce/ on 09.01.2015.

Film List

KATY PERRY. PART OF ME (USA 2012, R: Dan Cutforth/Jane Lipsitz).
TAYLOR SWIFT. JOURNEY TO FEARLESS (USA 2010).
BEYONCÉ. LIFE IS BUT A DREAM (USA 2013, R: Ed Burke/Beyoncé Knowles).

Autorinnen und Autoren

Brüstle, Christa, ist Musikwissenschaftlerin, seit 2011 Senior Scientist PostDoc am Institut für Musikästhetik sowie seit 2012 Leiterin des Zentrums für Genderforschung an der Kunstuniversität Graz. Promotion 1996 an der Freien Universität Berlin. 1999-2005 und 2008 Wissenschaftliche Mitarbeiterin des Sonderforschungsbereichs »Kulturen des Performativen« an der Freien Universität Berlin mit Arbeitsschwerpunkten im Bereich Aufführungspraxis neuer Musik und experimentelles Musiktheater. 2007 Habilitation über »Konzert-Szenen: Bewegung – Performance – Medien«. 2008-2011 Gastprofessorin an der Universität der Künste Berlin und 2014 an der Universität Heidelberg.

Bullerjahn, Claudia, geb. 1962 in Berlin. Lehramtsstudium (Musik, Biologie, Philosophie, pädagogische Psychologie) an der Hochschule für Musik und Theater Hannover und der Universität Hannover; 1987 Musiklehrer-Diplom (Klavier); 1988 Erstes Staatsexamen für das Lehramt an Gymnasien; Aufbaustudium Musikwissenschaft/Musikpädagogik, 1997 Promotion (Theorien und Experimente zur Wirkung von Filmmusik); 1992-2002 Wissenschaftliche Angestellte und Wissenschaftliche Assistentin, 2002-2004 Verwalterin einer Professur für Musik und ihre Didaktik sowie Systematische Musikwissenschaft am Institut für Musik und Musikwissenschaft der Universität Hildesheim; seit 2004 Professorin für Systematische Musikwissenschaft und Musikkulturen der Gegenwart an der Justus-Liebig-Universität Gießen; 1991-2005 Vorstandsmitglied der Deutschen Gesellschaft für Musikpsychologie, 1997-1999 Mitglied des wissenschaftlichen Beirats, 1999-2005 Schriftleiterin und seit 2005 Mitherausgeberin des Jahrbuchs Musikpsychologie. Forschungen zu Erscheinungsformen und Wirkungen von Musik in den Medien (Filmmusik, Musikfilm, Computerspielmusik, Werbemusik, Handyklingeltöne etc.) sowie zur Motivation von jungen Komponierenden und jungen Instrumentalschülern und –schülerinnen. Ferner Publikationen zur Kinderkultur und zum musikalisch Populären, zu Musikermythen und zum Verhältnis von Musik und Ökonomie.

Deflem, Mathieu, is Professor of Sociology at the University of South Carolina. His specialty areas include sociology of law, popular culture, and theory. He has published dozens of articles in journals and anthologies and is the author of three books and the editor of nine volumes, including »Music and Law« (2013) and »Popular Culture, Crime, and Social Control« (2010). Since 2011, he has taught »Lady Gaga and the Sociology of the Fame«, a university course that gained worldwide attention.

Flath, Beate, studierte Musikwissenschaft, Kunstgeschichte und Betriebswirtschaftslehre an der Karl-Franzens-Universität Graz; 2009 Promotion ebendort mit einer experimentellen Arbeit zum Thema Sounddesign in der Fernsehwerbung (publiziert 2012 bei epOs, Electronic Publishing Osnabrück); 2009-2013 Universitätsassistentin in Forschung und Lehre am Institut für Musikwissenschaft, Graz (Arbeitsbereich: pop/musik + medien/kunst); zudem Mitarbeit in Drittmittelprojekten zu Social Sounddesign; 2013 Verleihung des Lehrpreises der Karl-Franzens-Universität Graz für die Ringvorlesung »Transdisziplinäre Ringvorlesung zu Aspekten des Alltagsphänomens Werbung«; zuletzt erschienen: »Advertising & Design. Interdisciplinary Perspectives on a Cultural Field«, hrsg. von Beate Flath und Eva Klein (transcript Verlag, 2014); seit 2014 freischaffende Wissenschaftlerin und Autorin; Forschungsschwerpunkte: Sound/Musik an der Schnittstelle von Massenmedien, Alltagsästhetik und Ökonomie sowie Fragen zur Methodologie empirischer Forschung. Kontakt und Information: www.beateflath.net.

Gerards, Marion, Musikwissenschaftlerin und Diplom-Sozialpädagogin; nach mehrjähriger Berufstätigkeit als Sozialpädagogin, vornehmlich im sozialpsychiatrischen Bereich, Studium der Musikwissenschaft, Soziologie und Pädagogik an der Universität zu Köln (M.A.); bis 2010 wissenschaftliche Mitarbeiterin am Sophie Drinker Institut Bremen und Lehrbeauftragte an diversen Hochschulen (Aachen, Frankfurt, Köln, Oldenburg); Promotion an der Universität Oldenburg mit einer Arbeit über »Frauenliebe – Männerleben. Die Musik von Johannes Brahms und der Geschlechterdiskurs im 19. Jahrhundert« (Köln: Böhlau Verl. 2010); 2010 bis 2013 Professorin für »Musik und Soziale Arbeit« an der Hochschule für Angewandte Wissenschaften Hamburg, seit September 2013 an der Katholischen Hochschule NRW, Abt. Aachen.

Jagl, Elisabeth, is studying musicology in the master's program at the Karl-Franzens-Universität in Graz. She is currently working in the department of musicology in Graz as a student assistant in teaching, administration and research. Her bachelor's thesis is about Korean popular music (2013) and her research fields include popular culture, the history of popular music and gender studies.

Jauk, Werner, Ao. Univ.-Prof. am Institut für Musikwissenschaft der Karl-Franzens-Universität Graz; Doktorat in Psychologie, Habilitation in Musikwissenschaft. Die Forschungsschwerpunkte »pop / music + medien / kultur« basieren auf der Hypothese, dass Musik ein para-sprachlicher Prozess der Mediatisierung des kommunikativen emotionalen Ausdrucks sei. Dabei wird *digital culture* mit ihrer Transgression des Mechanistischen als musikalisierte Kultur betrachtet, die das Hören formalisiere. Nunmehr in diese eingebettet, sei in der (Massen-) Medienkultur Popmusik als Stimulans entstanden. Diese Musik sei eine funktionale Größe im Betriebssystem der Massenmedien und diene der Bindung von Rezipienten und Rezipientinnen; die Technologien der Massenmedien ›verstärken‹ diese Funktion – Sound sei ihr primärer Wirkungsparameter. Zu diesem Hypothesengebäude liegen wissenschaftliche Publikationen und art-based research im Bereich der Medienkunst vor. Methodisch basieren diese Arbeiten auf der Adaption experimenteller Designs und versuchen, eine empirische Kulturwissenschaft zu etablieren.

Knaus, Kordula, studied classical guitar and musicology at the University Graz. She received her doctoral degree in 2003 with a dissertation on Alban Berg's opera *Lulu* and her venia docendi (habilitation) in 2010 with a book about cross-gender casting in Baroque opera. From 1998 to 2001 she was assistant stage director at the Graz opera house. Since 2001 she has been working at the department of musicology in Graz, she currently holds the position of an Associate Professor. For the spring term 2007 she was Visiting Professor at New York City College. Since September 2013 she has been carrying out a research project at the Università di Bologna about the comic operas of Baldassare Galuppi (funded by the Austrian Science Foundation). Her research areas include Italian and German opera, performance aesthetics, and gender studies.

Pinto, Vito, studierte Theaterwissenschaft und Romanistik an der Freien Universität Berlin. Er war wissenschaftlicher Mitarbeiter im Sonderforschungsbereich »Kulturen des Performativen« an der Freien Universität Berlin und verfasste eine theaterwissenschaftliche sowie medienästhetische Promotionsschrift zur Stimme, die 2012 unter dem Titel »Stimmen auf der Spur. Zur technischen Realisierung der Stimme in Theater, Hörspiel und Film« bei Transcript publiziert wurde. Derzeit ist er freischaffend in diversen Zusammenhängen tätig, unter anderem als Kurator beim »Berliner Hörspiel-Festival der freien Szene«; als Lehrbeauftragter an der Freien Universität Berlin; als freischaffender Lektor und Desktop-Publisher. Vito Pintos Forschungsschwerpunkte sind: zeitgenössisches (Dokumentar-)Theater; Theorie und Ästhetik der Stimme; urbane Soundscapes und Audiowalks; (Selbst-)Inszenierungsstrategien im Pop sowie Geschichte und Ästhetik des Hörspiels und des Musikvideos.

Reitsamer, Rosa, Soziologin, Senior Scientist am Institut für Musiksoziologie an der Universität für Musik und darstellende Kunst in Wien. Forschungsschwerpunkte: Musik-, Jugend-, Medien- und Geschlechtersoziologie. Zuletzt erschienen sind ihre Monographie »Die Do-It-Yourself-Karrieren der DJs. Über die Arbeit in elektronischen Musikszenen« (Bielefeld: Transcript 2013) und zahlreiche Artikel, u.a. »›Born in the Republic of Austria‹. The invention of rock heritage in Austria«, in: International Journal of Heritage Studies 20/3 (2014), und »Not Singing in Tune. The Hor 29 Novembar choir and the invention of a translocal do-it-yourself popular music heritage in Austria«, in: Popular Music and Society (im Druck).

Rost, Katharina, ist wissenschaftliche Mitarbeiterin am Institut für Theaterwissenschaft der Freien Universität Berlin. Zentrale Forschungsinteressen sind auditive Wahrnehmung und Aufmerksamkeit im Theater, Popmusik und -kultur, Sound Design in der Gegenwart und der Geschichte sowie Gender und Queer Theory. Zurzeit arbeitet sie an einer Dissertation zum Hören und zur Aufmerksamkeit im Gegenwartstheater und ist der internationalen Forschungsgruppe ›Le Son du Théâtre‹ assoziiert sowie Teilnehmerin der Gender AG der Gesellschaft für Theaterwissenschaft. 2012 hat sie an der Nachwuchsgruppe der Gesellschaft für Theaterwissenschaft zum Thema »Sound & Performance« teilgenommen. Von 2008 bis 2010 war sie wissenschaftliche Mitarbeiterin im Sonderforschungsbereich »Kulturen des Performativen« der Freien Universität Berlin. Sie hat Theaterwissenschaft, Philosophie und Neuere deutsche Literatur an der Freien Universität Berlin studiert. Neben der wissenschaftlichen Arbeit hat sie außerdem in der Presse- und Öffentlichkeitsarbeit diverser Theater- und Tanzfestivals (z.B. für *Tanz im August*) sowie für einzelne Produktionen und Theater assistiert.

Sackl-Sharif, Susanne, Studium der Musikwissenschaft (Abschluss: 2007) und der Soziologie (BA-Abschluss: 2008, MA-Abschluss: 2010) an der Universität Graz. 2014 Promotion in den Fächern Systematische Musikwissenschaft und Kultursoziologie an der Geisteswissenschaftlichen Fakultät der Universität Graz.

2009 Gründung der Arbeitsgruppe music I *media* I publishing. 2010-2012 1. Vorsitzende des Dachverbands der Studierenden der Musikwissenschaften e. V. Seit 2009 Lehraufträge an der Universität Graz (Musikwissenschaft, Soziologie, Gender Studies) und an der Universität Salzburg (Gender Studies). Seit 2012 wissenschaftliche Mitarbeiterin im FWF/DFG-Projekt »Nach Bologna. Gender Studies in der unternehmerischen Hochschule«, geleitet von Angelika Wetterer (Institut für Soziologie, Universität Graz) und Sabine Hark (Zentrum für Interdisziplinäre Frauen- und Geschlechterforschung, Technische Universität Berlin).

Weiß, Matthias, studierte Architektur in München sowie Kunstgeschichte und Theaterwissenschaft in Berlin. 2004 Promotion an der Freien Universität Berlin. 2005-2010 wissenschaftlicher Mitarbeiter im Sonderforschungsbereich »Kulturen des Performativen« an der Freien Universität Berlin. 2011-2012 wissenschaftlicher Mitarbeiter in einem von der Fritz Thyssen Stiftung geförderten Projekt über das Joseph Beuys Medien-Archiv im Hamburger Bahnhof, Staatliche Museen zu Berlin. Seit 2013 wissenschaftlicher Mitarbeiter im Sonderforschungsbereich »Ästhetische Erfahrung im Zeichen der Entgrenzung der Künste« an der Freien Universität Berlin mit einem Unterprojekt zu den medialen Ent- und Begrenzungen der Aktionskunst von Joseph Beuys. Neben der Monografie »Madonna revidiert. Rekursivität im Videoclip« (Berlin 2007) publizierte er zum Thema Musikvideo zuletzt: »Rekursivität und Männlichkeit im Videoclip – oder: Warum Robbie Williams die neue Königin des Pop ist«, in: Frédéric Döhl, Renate Wöhrer (Hg.): Zitieren, appropriieren, sampeln. Referenzielle Verfahren in den Gegenwartskünsten, Bielefeld 2014, S. 233-256.

Whiteley, Sheila, is Professor Emeritus at the University of Salford, United Kingdom, and Research Fellow at the Bader International Study Centre, Queen's University (Canada), Herstmonceux. As a feminist musicologist with research interests in issues of identity and subjectivity, she is known for her work on gender and sexuality. She is author of »Women and Popular Music: Popular Music and Gender« (2000); and »Too Much Too Young: Popular Music, Age and Identity« (2005), editor of »Sexing the Groove: Popular Music and Gender« (1996), co-editor (with Jennifer Rycenga) of »Queering the Popular Pitch« (2006) and is currently co-editing (with Shara Rambarran) the OUP »Handbook of Music and Virtuality«.

Studien zur Popularmusik

Susanne Binas-Preisendörfer
Klänge im Zeitalter ihrer medialen Verfügbarkeit
Popmusik auf globalen Märkten
und in lokalen Kontexten

2010, 280 Seiten, kart., 27,80 €,
ISBN 978-3-8376-1459-6

Christina M. Heinen
»Tief in Neukölln«
Soundkulturen zwischen Improvisation und
Gentrifizierung in einem Berliner Bezirk

2013, 350 Seiten, kart., 33,80 €,
ISBN 978-3-8376-2321-5

Ole Löding
»Deutschland Katastrophenstaat«
Der Nationalsozialismus im politischen Song
der Bundesrepublik

2010, 532 Seiten, kart., 36,80 €,
ISBN 978-3-8376-1567-8

Leseproben, weitere Informationen und Bestellmöglichkeiten
finden Sie unter www.transcript-verlag.de

Studien zur Popularmusik

Julio Mendívil
Ein musikalisches Stück Heimat
Ethnologische Beobachtungen
zum deutschen Schlager

2008, 388 Seiten, kart., zahlr. Abb., 32,80 €,
ISBN 978-3-89942-864-3

Ole Petras
Wie Popmusik bedeutet
Eine synchrone Beschreibung popmusikalischer
Zeichenverwendung

2011, 318 Seiten, kart., 31,80 €,
ISBN 978-3-8376-1658-3

Rosa Reitsamer
Die Do-it-yourself-Karrieren der DJs
Über die Arbeit in elektronischen Musikszenen

2013, 258 Seiten, kart., 29,80 €,
ISBN 978-3-8376-2323-9

Leseproben, weitere Informationen und Bestellmöglichkeiten
finden Sie unter www.transcript-verlag.de

Studien zur Popularmusik

Silke Borgstedt
Der Musik-Star
Vergleichende Imageanalysen
von Alfred Brendel, Stefanie Hertel
und Robbie Williams
2007, 314 Seiten, kart., 29,80 €,
ISBN 978-3-89942-772-1

*Immanuel Brockhaus,
Bernhard Weber (Hg.)*
Inside The Cut
Digitale Schnitttechniken und
Populäre Musik. Entwicklung –
Wahrnehmung – Ästhetik
2010, 230 Seiten, kart., zahlr. Abb.,
inkl. Begleit-CD-ROM, 26,80 €,
ISBN 978-3-8376-1388-9

Michael Custodis
Klassische Musik heute
Eine Spurensuche in der Rockmusik
2009, 274 Seiten, kart., zahlr. z.T. farb. Abb.,
27,80 €, ISBN 978-3-8376-1249-3

Fernand Hörner, Oliver Kautny (Hg.)
Die Stimme im HipHop
Untersuchungen eines
intermedialen Phänomens
2009, 204 Seiten, kart., zahlr. z.T. farb. Abb.,
22,80 €, ISBN 978-3-89942-998-5

Heinrich Klingmann
Groove – Kultur – Unterricht
Studien zur pädagogischen
Erschließung einer musik-
kulturellen Praktik
2010, 440 Seiten, kart., zahlr. Abb., 34,80 €,
ISBN 978-3-8376-1354-4

Volkmar Kramarz
Warum Hits Hits werden
Erfolgsfaktoren der Popmusik.
Eine Untersuchung erfolgreicher
Songs und exemplarischer
Eigenproduktionen
2014, 390 Seiten, kart., zahlr. Abb., 37,99 €,
ISBN 978-3-8376-2723-7

*Thomas Krettenauer,
Michael Ahlers (Hg.)*
Pop Insights
Bestandsaufnahmen aktueller
Pop- und Medienkultur
2007, 152 Seiten, kart., 16,80 €,
ISBN 978-3-89942-730-1

Oliver Seibt
Der Sinn des Augenblicks
Überlegungen zu einer
Musikwissenschaft
des Alltäglichen
2010, 244 Seiten, kart., zahlr. Abb., 28,80 €,
ISBN 978-3-8376-1396-4

**Leseproben, weitere Informationen und Bestellmöglichkeiten
finden Sie unter www.transcript-verlag.de**